本书系国家社会科学基金项目"科技和管理创新对加快西藏高原生态农牧业跨越式发展的实证研究(12BMZ081)"之成果

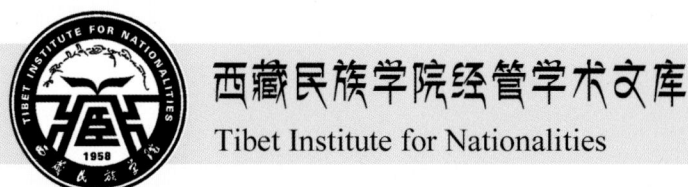

西藏民族学院经管学术文库
Tibet Institute for Nationalities

西藏特色产业发展研究

张剑雄 沈宏益 等 著

厦门大学出版社 国家一级出版社
XIAMEN UNIVERSITY PRESS 全国百佳图书出版单位

前　言

西藏自治区（以下简称"西藏"）自和平解放60年和改革开放30多年以来，全区社会经济面貌发生了很大变化，取得了举世瞩目的成就。但是，随着西藏经济社会的发展和对外交流程度进一步扩大，西藏经济发展面临着许多新的挑战，诸如市场发育滞后、产业水平低、资金技术人才匮乏、交通运输成本高、市场竞争力弱、生产效率低下、生态环境破坏、发展后劲不足以及与东部发达地区的发展差距扩大等问题，继而影响着西藏整个社会经济的可持续发展。因此，需要因地制宜、立足本地区的资源优势发展特色产业，突出区域比较优势。西藏是水能、矿产、旅游、农牧业等资源相对丰富的地区，而且劳动力成本低，市场发展潜力大，又毗邻印度和尼泊尔等国家，其边贸市场和区位资源具有比较优势。因此，西藏经济发展要立足于国内、国外两个市场的变化，利用区内各种优势资源，大力探讨发展西藏特色产业的一般路径。

发展特色产业已经成为一个国家和地区实现经济快速增长的重要措施，培育和发展特色产业是区域经济发展的必然要求。结合国家西部大开发和西藏实现跨越式发展的背景，发展特色产业已成为西藏强区富民的重大战略选择，它是在激烈的区内外市场竞争体系中全面提升西藏产业结构和产业竞争力的重要途径，也是培育西藏核心竞争力的必然选择。因此，发展特色产业和特色经济，对于促进西藏经济社会又好又快健康发展，提高全区人民生活水平，具有十分重要的现实意义。

本书立足于西藏的特殊区情，根据新形势下西藏经济社会发展总体目标与战略任务，从根本和长远解决西藏可持续发展中存在的问题出发，结合国家民族政策和整体生态功能区划，因地制宜、科学合理地探讨和设计推动西藏特色产业发展的有关对策与路径，为西藏实现跨越式发展和全面建成小康社会目标提供研究基础。

本书选择西藏特色产业发展作为研究对象，运用产业经济学、发展经济学、区域经济学、民族经济学等相关理论和方法,对西藏特色产业发展的必然性、可行性及有关产业现状进行深入分析,通过对其产业发展的可行性及其产业活动在区域经济发展中的功能差异、重点和薄弱环节等进行分析,为进一步提升和优化西藏产业结构提供研究思路。

本书根据分析的需要提出以下研究假设:(1)如果能够根据区域经济发展理论的总体要求开发西藏地区特色资源,则有助于降低和消除影响西藏特色产业发展的各种不合理因素,西藏特色产业发展将是必然的;(2)如果西藏特色产业得到快速发展,必将进一步带动西藏经济社会全面和谐发展;(3)如果西藏经济社会全面和谐发展形成良性循环,则整个西藏能够实现可持续发展。

本书主要探讨了特色产业的含义、特征、发展背景、产业理论基础和特色产业发展的战略目标与实现路径等;在此基础上,主要阐述了西藏特色农牧业、新型工业化、城镇化和信息化、文化产业、旅游产业和现代服务业等产业,既从总体上概括了西藏特色产业发展的基础和环境,又从各个产业发展现状入手,了解其资源特色和发展中存在的问题,进而提出相关对策与建议,便于读者全面、系统地分析和了解西藏特色产业发展的具体路径。

本书由西藏民族学院财经学院副院长张剑雄研究员和沈宏益教授负责拟定全书大纲、组织编排和内容审查等工作,各章节具体分工如下:第一章由沈宏益教授、王庆讲师、张剑雄研究员执笔;第二章由马鸿谭博士、张剑雄研究员执笔;第三章由刘好博士执笔;第四章由毛阳海教授和田秋莉讲师执笔;第五章由王小娟博士和张金玲讲师执笔;第六章由陈爱东教授和谭天明副教授执笔;第七章由秦国华教授、乔鹏程讲师、马锦讲师、陈亚玲博士执笔;第八章由王学梅和马琳讲师执笔的。

本书的出版得到了厦门大学的资助,系西藏自治区人文社科重点研究基地"西藏经济与社会发展研究基地"之子基地——西藏产业发展研究中心、西藏自治区2011计划"西藏文化传承发展协同创新中心"之子基地——西藏文化产业发展研究平台、国家民委人文社会科学重点研究基地"西藏社会经济与文化发展研究基地"之子基地——西藏经济发展研究中心、国家社会科学基金项目"科技和管理创新对加快西藏高原生态农牧业跨越式发展的实证研究(12BMZ081)"、西藏自治区重点学科"中国少数民族经济"、"西藏数量经济学科团队",以及博士点二级学科"中国少数民族经济"建设规划的系列研究成果之一。西藏民族学院科研处处长狄方耀教授、财经学院院长毛阳海教授、厦门大学经济学院刘龙政副教授等各位专家、学者给予了大力支持与指导。

西藏民族学院财经学院张志恒教授、魏小文教授等参与了书稿的修改与校对工作。

由于编者水平有限,错误和不足之处在所难免,恳望广大读者提出宝贵修改意见,便于我们今后不断修订完善。在此,向所有提供支持和协助的相关部门及人员一并致谢!

编　者

2015 年 4 月 12 日

目 录

基础篇

第一章 导 论 ·· 3
  第一节 特色产业的含义及特征 ······························ 3
  第二节 研究背景、目的和意义 ······························ 6
  第三节 特色产业研究综述及经验借鉴 ······················ 10
  第四节 研究内容和结构框架 ································ 15

第二章 产业组织理论基础 ································· 17
  第一节 产业组织理论的萌芽 ································ 17
  第二节 产业组织理论的产生 ································ 19
  第三节 产业组织理论的发展 ································ 20
  第四节 产业组织理论的演化 ································ 23
  第五节 信息时代的产业组织理论 ··························· 25

第三章 西藏特色产业发展战略构想 ······················ 27
  第一节 建立农牧业市场经济体制,实现农牧业产业化 ······ 27
  第二节 充分发挥比较优势,走西藏特色的新型工业化道路 ···· 29
  第三节 西藏文化产业发展战略 ······························ 34
  第四节 以旅游业为支柱,带动服务业全面发展 ············· 36

产业发展篇

第四章 西藏新型工业化发展 ······························ 41
  第一节 新型工业化概述 ···································· 41
  第二节 西藏走新型工业化道路的意义、条件和目标定位 ····· 53

第三节　西藏新型工业化发展的历史和现状 …………………… 62
第四节　西藏新型工业化发展的路径 …………………………… 70
第五节　进一步推进西藏新型工业化的建议 …………………… 105

第五章　西藏城镇化、信息化发展研究 …………………………… 111
第一节　城镇化、信息化相关理论 ……………………………… 112
第二节　西藏城镇化、信息化发展现状分析 …………………… 119
第三节　西藏城镇化、信息化协调发展的对策及建议 ………… 130
第四节　西藏"智慧城市"的建设：高效新兴的城市信息化
　　　　发展模式 ………………………………………………… 140

第六章　西藏文化产业发展研究 …………………………………… 147
第一节　西藏文化产业分析 ……………………………………… 147
第二节　西藏文化产业发展战略目标 …………………………… 167
第三节　西藏文化产业发展模式与建议 ………………………… 174

第七章　西藏旅游业发展研究 ……………………………………… 178
第一节　西藏旅游产业发展研究综述 …………………………… 178
第二节　西藏旅游产业发展的现实意义及背景分析 …………… 181
第三节　西藏旅游产业发展的总体思路与战略目标 …………… 190
第四节　西藏旅游产业发展路径选择 …………………………… 193
第五节　促进西藏旅游产业发展的保障措施 …………………… 197

第八章　西藏现代服务业发展研究 ………………………………… 200
第一节　西藏现代服务业发展研究背景 ………………………… 200
第二节　相关概念界定及理论基础 ……………………………… 204
第三节　西藏现代服务业发展现状分析 ………………………… 211
第四节　西藏现代服务业发展的 SWOT 分析 ………………… 218
第五节　西藏现代服务业发展的战略路径与对策建议 ………… 232

参考文献 …………………………………………………………………… 239

第一篇

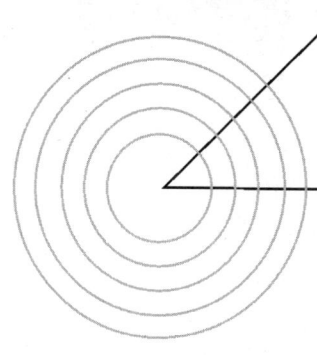

基础篇

第一章 导 论

第一节 特色产业的含义及特征

一、关于特色产业的界定

特色产业是指一个国家或地区在长期的发展过程中所积淀成型的,拥有一种或几种特有的资源、文化、技术、管理、环境、人才等方面的优势,从而形成的具有本国或本地区特色的,具有市场竞争力的产业或产业集群。

对于特色产业的界定,截至目前,国内学者对其理解不一,尚未形成统一认识,也缺乏对特色产业的理论分析,没有一种得到大家都认可的研究方法。何谓特色?古人云:"事物之独胜处曰特色,言其特别出色也。"也即特色是特别出色之所在,含有独具于众者之意,是才能杰出、事物迥异于众者之称。所以,特色产业的"特"在于其产业形成基础独特,产品与服务的制造或提供过程独特,产品与服务的使用价值或品质独特。主要表现在以下几方面:

一是产业形成基础独特。产业是社会分工的产物,地域性越强的自然资源,越具有独占优势,从而越易形成地域性分工。资源的地域专属性强化了区域的专业分工与地域分工,导致以地域特色资源为特征、有别于其他区域的产业部门的形成。资源的地域专属性越强、稀缺程度越高,以此而形成的产业就越具有独占优势,其产业特色也越为突出。因此,独具特色的资源是特色产业形成的基础。

二是产品与服务的制造或提供过程独特。拥有专门化的生产技术装备、技术经济特点和专门化的从业人员是产业形成的重要条件。特色产业具有显著的区别于其他产业类型的生产技术特征。从供给角度看,特色产业一般具有独特的生产技术、生产工艺、生产工具、生产流程和生产组织方式。这种独特的生产技术、生产工艺、生产工具、生产流程和生产组织方式或者来自于当地传统的精良技艺,或者滋生于当地独特的自然条件、社会文化传统,或者源于区域强大的技术创新能力对科学发明、专利技术、专有技术的独占以及有效的开发利用。其独特的技术经济特点为特色产品的制造提供了技术保障,为特色产品与特色服务的市场独占提供了条件,促进了生产经营规模的扩大和企业群体的形成,从而促成了特色产业的产生和发展。因此,独特的生产技术、生产工艺、生产工具、生产流程和生产组织方式等是特色产业形成和发展的重要条件。

三是产品或服务独特。生产或提供特色产品与特色服务是特色产业的核心。特色产业与一般产业的根本区别在于其生产或提供了独具特色的产品与服务。因此,特色产品与特色服务是特色产业的核心和基础,也是特色资源以及特色生产技术与生产工艺的最终体现。特色产品与特色服务的"特"体现在具有与同类产品和服务相区别或不可替代的某种使用价值或服务内容,能够满足消费者的特殊需求。具体表现在:①供给上的独占性或稀缺性,即只有少数或极少数地方能够制造或提供此类产品与服务。②品质优良或独特。与同类产品或服务相比,特色产品与特色服务具有更为优良的品质,或与其他同类产品或服务相比具有显著的区别。③具有一定的知名度或品牌效应。特色产品与特色服务往往与某一特定地域联系在一起,形成了地域性品牌,得到国内、国际市场的广泛认同。因此,特色产品与特色服务的"特"体现为"独、优、名",这些特征决定了特色产业必然具有明显的竞争优势和广阔的市场前景。

上述从不同角度描述了特色产业的诸多属性和特征,但是特色产业的定义一定要结合某区域的内外因素综合考虑。可以看出,特色产业就是以一定区域内自然资源、人文环境、区位优势为基础,对自然资源进行综合开发、合理应用,以生产特色产品为目的形成的特色产业体系。首先,特色产业是一个体系,是某一区域多个特色产业构成的,是一个集合概念,是某种同类属性经济活动的总和。一个企业不构成产业,多个企业也不一定构成产业。特色产业形成的标志之一,即特色产品的制造或特色服务的提供形成了企业群体或产业链,达到了一定的产出量或服务量,拥有一定数量的专门生产技术人员和专门化的生产技术装备。其次,特色产业重在"特"字上,所谓"特",即某区域的产业是由该地区的地理位置、自然资源、气候条件、人文环境和生产技术决定的;再次,特色产业不单纯追求"特色",更追求经济效益。

二、特色产业的特点

1. 优势性。特色产业的优势性是指特色产业具有显著的地区比较优势，优势性是特色产业的经济特征。由于特色产业以区域特有的资源、独特的生产技术和组织管理方式为基础和条件，其制造或提供的产品和服务与同类产品和服务相比具有显著的品质差异或具有不可替代性，能够满足人们的特殊需求，因而特色产业具有市场独占性和竞争性。一个产业的特色愈是突出，其市场独占性和竞争性则愈强，产业的比较优势则愈大。正是由于特色产业的优势性使得特色产业能够得以存在和不断发展壮大，进而可能发展成为地区优势产业和支柱产业，并形成地区特色经济。

2. 地域性。特色产业的地域性是指特色产业总是依附于一定的空间地域，地域性是特色产业的空间特征。一方面，特色资源是特色产业形成的基础。正是由于资源的地域专属性引致并强化了区域经济活动的专业分工与地域分工，促进了有别于其他区域的生产部门的形成。离开了特定的地域，特色产业就失去了赖以存在的基础。另一方面，独特的生产技术、生产工艺、生产工具、生产流程和管理组织方式是特色产业形成和发展的重要支撑，这些独特的生产技术、生产工艺、生产工具、生产流程和管理组织方式往往植根于当地的自然地理条件、悠久的历史传统和社会文化习俗，离开了特定的地域，这些独特的生产技术、生产工艺、生产流程以及管理组织方式往往也难以传承和推广。因此，特色产业总是依附于特定的空间地域，离开了一定的区域，特色产业将失去存在的基础和条件而不复存在。

3. 相对性。特色产业并不是绝对的，它具有时间、空间的相对性。从时间来看，随着时间的推移，特色产业可以从无到有，从特色资源→特色产品→特色产业逐渐成长起来；也可以从有到无，即特色产业行业本身由于各种原因而消失。从空间来看，一个产业可能在一定的空间范围是特色产业，而随着空间条件的不同，也可能变成一般产业。此外，有些产业相对大区域是特色产业，而相对小区域不是特色产业，比如相对于全国乃至全世界，藏传佛教文化是青藏地区的特色，但是不能说是西藏的特色，更不能说是拉萨的特色；另一方面，相对小区域是特色，而相对大区域就不是特色，如西双版纳、思茅的咖啡和橡胶种植，在云南是特色，但相对于全国或世界范围便是一般的产业，因为这类资源的市场需求量大，适宜种植的地方多。所以，区域不同，对产业的定性就不同。

4. 规模性。发展特色产业必须具有适度的规模性，零星的、个别的、偶然的经济行为,不能称之为产业。至于规模化的程度,应根据市场的需求而定。一是只有具备了一定的规模,才能形成一定的市场,如果只有很少的一部分人生产不多的产品,就难以形成相对稳定的市场;二是具备了一定的规模才能形成品牌,如果数量少且仅限于自己消费或当地消费,而只有少量的产品外销,就难以形成市场品牌,因为某种品牌的创立是众多的消费者在消费过程中认可,在认可中扩散的;三是具有一定的规模才能构成产业,才能带动一个地区经济社会的发展,包括占相当的经济比重和吸纳相当数量的劳动力,以及有相当的科技投入和积累,同时还包括龙头企业、配套企业、服务业之间的分工、协调,进而推动各种要素的优化并系统配置。

5. 可持续性。某种特色经济要形成一种产业,需要历经长期的培育过程,需要投入大量的人力、物力、财力和技术,它一经产业化,便是一个地区的利益共同体。因此,能否将培育的产业步入可持续发展的轨道,在某种程度上关系到一个地区的发展前景。回望西藏地区的特色产业发展,有以下几种情况需要注意:一是选择不当或是起点低,就会缺乏市场竞争力;二是对市场的前景认识不够,逐风赶浪,容易结构趋同;三是选择虽好,但培育的措施不力、方法不当、投入不足、管理不善等,造成市场开发不深;四是虽已产业化,但缺乏持续创新,缺乏应对新形势的举措,使已产业化的特色日趋萎缩,被异地的同类产业取而代之。因而,无论某个区域,一旦确立发展特色产业,应对其发展注重可持续性培育。

第二节　研究背景、目的和意义

一、研究背景

发展特色产业已经成为一个国家和地区实现经济快速增长的重要措施,培育和发展特色产业是区域经济发展的必然要求。在国家西部大开发和西藏实现跨越式发展的背景下,发展特色产业成为西藏强区富民的重大战略选择,它是在激烈的区内外市场体系中全面提升产业结构和产业竞争力的重要途径,是培育西藏核心竞争力的必然选择。与西部其他省区相比,西藏存在市场发育滞后、资源贫乏、产业水平低、资金技术人才匮乏、交通运输成本高、市场竞争力弱等劣势。因此,需要因地制宜,立足特色,发展特色优势产业,突出区域比较优势。西藏是水能资源、矿产资源、有色金属资源、旅游资源和农牧业资源等相对丰富且劳动力成本低、市场潜力大的区域,又毗邻印度和尼泊尔等国家,其边贸市场和区位资源具有比较优势,发展特色产业具有良好的前景与背景,本课题正是立足于此背景下提出并进行研究的。

西藏独特的地理环境和生态资源状况铸就了特色经济在其整个国民经济发展体系中的重要战略支撑作用。西藏自和平解放60年以来,社会经济发生了很大变化,也取得了一些举世瞩目的成就。但随着西藏经济社会快速发展和对外交流及合作程度进一步扩大,西藏经济发展面临着许多新的问题,诸如生态资源枯竭、生产效率低下、发展后劲不足及与先进地区发展差距扩大等,继而影响着西藏整个社会经济的和谐稳定与可持续发展等。在如今实现跨越式发展和全面建成小康社会目标的关键时期,西藏面临着新时期、新任务的挑战,如何根据新形势下社会经济发展总体目标与战略任务要求,从根本上,从长远角度解决西藏可持续发展等问题,需要结合国家民族政策和整体生态功能区划,因地制宜,科学合理地探讨和设计推动西藏特色产业发展的有关对策和路径,它对于研究和解决当前西藏社会经济发展中存在的各种问题具有现实作用。由于在传统的计划经济体制下,各地追求自成体系,很少考虑本地区的要素禀赋以及由此带来的成本和效益的差异,重复投资,盲目引进,造成产业结构趋同,分工协作程序弱化,生产能力利用率低下,阻碍了地区优势的发挥。面临实施西部大开发和全面建成小康社会目标的艰巨任务,产业结构不合理等已经成为西藏社会经济快速健康发展的突出制约因素,主要表现为:产业发展以资源初级加工和原材料工业为主,产品结构以低技术含量的传统产品为主,企业组织结构以"小而全"的单一投资主体为主;产业生产方式低效粗放,而高效经济作物和林牧业比重偏低;第三产业中真正有效的新兴服务业没有发展起来等。全区产业结构由于特色不突出导致整个经济运行效益不高。在实施西部大开发和面临区内外市场已经发生巨大变化及全球化竞争的新形势下,全区上下应以科学发展观为指导,以经济结构的战略性调整为国民经济发展的主线,以区内优势资源为依托,以市场为导向,以科技为支撑,努力把资源优势转化为经济优势,把潜在优势转化为竞争优势,大力开发比较优势明显、市场前景好的矿产资源和农牧业资源,不断提高产业化经营水平,提高加工深度,运用先进技术改造提升传统产业,淘汰落后产业,着力发展藏医药、农畜产品加工、高原特色食品工业、采矿业等,形成具有西藏特色的产业结构。改革开放以来,西藏逐步缩小了与西部其他地区之间的发展差距,在加快发展经济的同时还必须按照市场规律要求,充分运用国家政策,进一步依托优势资源,发展特色经济和优势产业,以此来提升地区竞争力。目前,西藏特色产业发展主要存在起步晚、底子薄、基础差、发展慢等问题,依然没有摆脱依赖资源发展的落后方式,这种高投入、高消耗、高污染、低效益的生产经营方式始终会制约西藏社会经济的进一步和谐、快速发展。因此,必须立足国内外市场变化,利用区内外资源优势,大力发展西藏特色经济产业,这对于促进区内经济又好又快健康发展和提高全区人民生活水平具有十分重要的现实意义。

二、研究目的

实践证明,一个国家或一个地区在地理位置、资源状况、生产力布局、人口素质、文化传统等方面存在差异性,其社会经济发展不可能采取统一的模式,必须立足本地实际,因地制宜,利用自身资源优势,培育自己的特色经济产业,这样才能在市场竞争中取胜,对其产业和产品要求必须有自己的特色,必须具备其他地区不可替代的优势,这样才能成为市场上不可替代的供应商。基于此,本课题选择西藏特色产业作为研究对象,运用区域经济学、民族经济学等相关理论知识与研究方法,对西藏特色产业发展的必然性、可行性以及有关产业现状进行深入分析,以全面掌握西藏特色资源分布状况,通过对其产业化发展的可行性及产业活动在区域经济发展中的功能差异、作用贡献和薄弱环节等进行分析,为进一步提升和优化西藏区内产业结构提供研究思路,为科学制定西藏产业发展政策提供参考依据。本课题的研究假设是:

(1) 如果能够根据区域经济发展总体要求开发当地特色资源优势,就有助于降低和消除影响西藏特色产业发展的各种不合理因素与制约机制,则西藏特色产业发展将是必然的。

(2) 如果西藏特色产业得到快速发展,必将进一步带动西藏社会经济全面发展与西藏和谐社会构建。

(3) 如果西藏社会经济发展与西藏和谐社会构建能够形成良性循环机制,则整个西藏和谐稳定与可持续发展将是必然的。

三、研究意义

1. 丰富特色产业的内涵。目前,有关特色产业的内涵,国内学者对其理解不一,尚无形成完整统一的解释。民族地区由于其独特的地理位置、气候条件、人文环境、资源禀赋等因素,必然形成独特的特色产业。因此通过对民族地区的特色产业进行研究,理论上可以丰富特色产业的内涵。

2. 进一步完善民族地区发展特色产业的条件。特色产业是对区域经济的研究,区域经济因地而异、各不相同。西藏作为西部民族地区之一,特色产业的发展具有一定的代表性。对此进行研究,可以进一步完善民族地区发展特色产业的条件。

3.提升西藏区域经济实力。努力把西藏建设成为中国西部的经济强地、生态大区、全国和世界旅游目的地,这是西藏经济与社会发展的总体目标。发展西藏特色经济产业,旨在增强区域核心竞争力,也是强区富民战略目标得以实现的根本途径。

4.增加西藏农牧民群众收入。西藏发展特色产业旨在把特色资源优势转变为经济竞争优势,能够增强西藏特色产业竞争力,从而带动区内各相关产业联动发展。发展西藏特色产业,通过延长产业链和促进市场发育,以疏通产品流通渠道,使农牧业特色产品顺利进入流通领域,从而带动西藏社会经济发展,并进一步调动农牧民群众的积极性与主动性,拓宽其收入来源渠道。

5.推动多种经济共同发展。西藏经济发展缓慢的原因,就是在产业结构调整和特色产业发展上做得不够。通过立足于其资源优势发展特色经济产业,必将带动产前、产中和产后相关产业的发展壮大,也必将引起相关服务行业的发展,从而推动多种经济成分共同发展、共同成长,有助于摆脱过去各产业单打独斗的局面,促使各产业相互协调和联动发展,有助于地区经济综合实力提升。

6.实现全区经济跨越式发展。近年来,西藏已经发挥独特的区位资源优势,如大力发展旅游、藏医药等特色产业,并取得了显著成效。以林芝地区为例,目前已拥有1家三星级旅游饭店、2家二星级旅游饭店和11家自治区旅游定点单位,其旅游年接待能力达到110余万人次,旅游收入可达3.175亿元。西藏各地除了发展特色明显的旅游产业外,还积极发展藏医药业,使其不断走上了标准化、产业化的发展轨道。产业建设是经济发展的基础,只有产业得到充分发展,才有整个经济的快速、健康发展。因此,西藏必须进行产业建设,基于比较优势原则发展特色经济产业,这是优化产业结构和实现全区经济跨越式发展的必然选择。

四、研究思路和方法

1.研究思路

本课题以区域经济学、产业经济学、发展经济学和民族经济学等相关理论和方法为指导,首先对特色产业理论进行一定的探索,为研究西藏特色产业做理论准备;其次从西藏社会经济发展面临的环境及其产业结构入手,分析西藏发展特色产业的必然性与战略背景,主要是依据特色产业的选择标准分析西藏当前各种特色产业发展的条件、现状以及存在的问题;最后形成以"特色产业理论→西藏发展特色产业的必然性和可行性→西藏当前各特色产业发展现状及问题分析→西藏特色产业发展对策与建议"作为本研究的基本思路。

2. 研究方法

(1)理论分析与实践调查相结合。通过走访座谈和发放调查问卷表等方式,对西藏特色产业发展现状、资源分别状况和社会发展水平等进行实地调查与了解,试图找出影响其特色产业发展的各种制约因素,并结合经济学、管理学、社会学等有关理论和方法进行分析。

(2)规范研究与实证分析相结合。建立方程模型,分析和测定在西藏特殊区情和现有特色资源条件下的特色产业发展状况,并对其发展效应及趋势进行科学预测。

第三节　特色产业研究综述及经验借鉴

一、国内外研究综述

(一)国外特色产业研究成果

发展特色产业,实质上是强调产业的地域分工,强调根据各自的优势进行产业选择和安排。从经济学发展历史来看,关于特色产业的研究也颇为丰富。

从地域分工的产生而言,区域自然禀赋差异形成的生产优势和区域间产品交换的逐步发展是特色产业得以形成的两大现实前提。在地域分工研究方面,地域分工理论的形成与演进——"比较优势理论"的不断完善是特色产业形成的基本理论依据。古典经济学家斯密(Adam Smith,1776)在《国富论》中提出了"绝对优势理论",认为各国或区域可以从事自己占据绝对优势的产品的生产和交换,通过贸易获得交换利益,同时全部区域的总体福利水平将得到提高。此后,大卫·李嘉图(David Ricardo)进一步完善了"绝对优势理论",提出"比较优势理论"(《政治经济学及赋税原理》,1817),认为国际贸易的形成并非以国家或地区生产的绝对差异为基础,而是从生产的相对优势来考察,在生产不同的产品方面具有比较优势,贸易就可以发生。赫克歇尔-俄林的"资源禀赋理论"在李嘉图的比较利益基础上,进一步阐明了比较利益的根源,即在劳动力之外,其他生产要素(如土地、资本和矿产资源)在产品生产与出口中同样发挥重要作用。此后,萨缪尔森(Paul A. Samuelson,《要素禀赋与资源价格》,1948)和罗勃津斯基(Tadeusz Rybczynski,《国际贸易和要素价格均衡》,1955)等对上述理论进行了不断的补充与完善,成为开放型经济与外部环境互动变化发展的产业理论。

在国家(区域)竞争力研究方面,迈克尔·波特(Michael E. Porter)先后出版了《竞争战略》(1980)、《竞争优势》(1985)和《国家竞争优势》(1990)三部著作,较为完整地提出了国家竞争优势的理论体系。他指出,劳动力、自然资源、金融资本等物质禀赋的作用日趋弱化,而国际竞争优势则体现在产业优势与企业创新优势等方面。特定产业的竞争优势主要取决于要素状况、需求状况、企业战略、结构与竞争、相关支持性产业等要素,以上要素构成国家或者地区的产业发展基础及国家竞争力。

在经济结构研究方面,赫希曼(Albert Otto Hirschman,《经济发展战略》,1958)通过产业关联对产业演变进行了系统研究,提出了由于发展中国家资源稀缺性,应当把有限的资源有选择地投入到某些行业,从而最大限度地发挥其促进经济增长的效果。赤松要(Kaname Akamatsu,《经济发展综合原理》,1935)针对发展中国家的产业发展路径提出了"雁形发展"理论。钱纳里(Hollis. B. Chenery,《工业化和经济增长的比较研究》,1986)以资源转换为基础研究问题,把资源禀赋当作影响经济结构的重要因素进行剖析,认为结构转变对于经济增长的潜力和意义对于发展中国家更为重要。缪尔达尔(Gunnar Myrdal,《富裕国家与贫穷国家》,1957)认为劳动和资本要素都会从欠发达地区流向发达地区,即区域间经济发展的回流效应(涓流效应)总是大于扩散效应(极化效应)。威廉姆森(U. G. Williamson,《区域不平衡与国家发展过程》,1965)提出倒"U"形理论,指出随着国家经济发展,区域间增长差异将呈倒"U"形趋势。佩鲁(Franois Perroux,《略论发展极的概念》,1955)提出增长极理论,主张政府应积极干预区域布局,建立主导部门和有创新能力的企业,从而形成经济增长极或增长点,并带动落后地区的发展。此外,跨越式发展理论也是针对区域产业不平衡发展提出的理论,赫尔希曼的不平衡增长理论、格申克龙的后发优势理论(Alexander Gerschenkron,《经济落后的历史透视》,1962)、罗斯托的起飞理论(Walt Whitman Rostow,《经济成长的阶段》,1960)等,均从非均衡增长层面为特色产业发展提供了必要的理论基础。

(二)国内对特色产业的研究

20世纪80年代末以来,我国各区域产业结构趋同现象越来越严重,受到了越来越大的关注,经济结构调整的呼声也越来越高,于是对特色产业和特色经济的研究自然成了理论工作者和政策制定者需要系统地深入研究的一个全新课题。近年来,关于特色产业、特色经济的论著和实践报道逐渐多起来了,但具有一定理论深度的学术论文和研究报告并不多。作为系统研究特色产业的专门著作,杨伯亚教授的著作《特色产业论》是目前该领域研究中的一项新的探索和重要成果[1],是较为系统地总结和论述特色产业问题的一部力作。该书从县域经济发展的角度提出了特色产业的选择论、组织论、成长论等一系列的特色产业理论,奠定了特色产业的一般理论基础;但该书也是对实践经验的一种提炼和总结,其理论必然具有一定的地域局限性,不一定适合所有地区。郭京福、毛海军的《民族地区特色产业论》则评价分析了内蒙古、宁夏、新疆、西藏、广西等民族地区的特色农业和旅游业发展状况,介绍了区域经济学的相关理论和影响区域经济发展的因素,探讨了西部民族地区的产业结构现状,分析和阐述了特色产业的相关概念、理论和选择评价方法,研究了特色产业与民族地区经济可持续发展的辩证关系,并就西部民族地区特色农业和特色旅游业的发展策略进行了分析和举例。该书主要研究的是优势产业的评价与选择,对特色农业和旅游业的分析比较具体深入,但是没有从一个省区的角度来统筹考虑整个特色产业的发展问题,而是局限在某一特色产业。

当前,有关特色产业(经济)的学术论文则主要集中在特色产业(经济)的内涵与特征、特色产业的选择原则与标准、特色产业的发展模式等理论方面。实践方面的论文、经验介绍等主要集中在西部地区的发展上,散见于各种报刊之中,而考虑民族因素对特定的民族地区特色产业的研究并不多。具体来说,关于特色产业的内涵,目前,国内学者对其理解不一,尚无完整统一的解释,归纳起来主要有三类:

一是侧重于资源特色。甘晖容(1997)认为特色产业是"由于历史、自然、风俗的影响,使得地区内的某些资源被赋予独特的自然禀赋,以该资源为基础而建立的产业"[2]。宁夏统计局课题组认为,"特色产业是以特色产品、特色资源(包括自然资源、社会资源)为基础,以现代工业、农业技术为依托,以市场经济运行方式为手段,围绕特色产品、特色资源进行综合开发形成的区别于其他传统产业,具有鲜明的地域性、不可替代性、可持续发展性和竞争性,经济效

---

[1] 杨欢进.《特色产业论》评价.社会科学论坛,2000(05).
[2] 甘晖容.特色产业——民族地区经济发展的新增长点[J].贵州民族研究,1997(4).

益较高,发展前景广阔,能生产开发满足公众需要的特色产品的产业体系"①。彭建文(2001)等学者认为,"特色产业是在区域特色生产技术和工艺水平条件下,对区域内特色资源或特色产品进行产业化开发而形成的,具有地方特色和技术特色的产业部门或行业"②。

二是侧重于要素优势。如路富裕(2001)认为,特色产业是指"在一个县、一个市或更大的范围内,以资源、技术、人才、区位等方面的优势为基础,以市场为导向,以特色产品为龙头,以骨干企业为依托,形成庞大的生产经营群体。其产业具有规模优势和规模效益;具有较强的特色较长的产业链,较高的知名度,较好的发展前景;具有市场化、规模化、一体化、集约化的特点"③。

三是侧重于综合因素比较优势。胥留德(2002)认为,"所谓特色产业,即有特殊、特别、独特之意,即他无我有,他有我优,他优我强之意,指在一个区域(大至一个国家,小至一个县乡)充分发挥比较优势,形成有一定规模,有市场竞争力的经济增长极,它带动着一个区域的经济、社会发展"④。沈道权(2001)认为,"特色产业是指充分利用经济区域各种区位优势,在全球经济地理分工基础上形成的面向市场的有区域特色的产业群体"⑤。谭克虎(2006)等认为,特色产业体系由优势性产业和独特性产业两部分组成,优势性产业则又由现有优势产业和潜在优势产业构成,前者即目前已经具有明显区域比较优势的产业,后者即具有发展潜力有可能成长为未来具有明显比较优势的产业。独特性产业是指这样一些产业或产品,如西藏的旅游业和山西的老陈醋等,是这个区域之外的人们对于这个区域最为熟知的部分,甚至成为这个区域的代名词。⑥

关于特色产业的特征,可谓五花八门、各有千秋。综合起来有这样一些特征:一是地域性,特色产业总是依附于一定的空间地域,承载着该区域的特色资源、自然地理条件、历史传统和社会文化习俗;二是优势性,由于资源独特、工艺独特、产品独特而具有市场独占性和竞争性,特色产业的经济要素、就业

---

① 宁夏统计局课题组.宁夏特色产业的选择与培育[J].宁夏社会科学,2001(05).
② 彭建文等.特色产业选择初探[J].经济体制改革,2001(03).
③ 路富裕.把特色产业做大做强[J].探索与求是,2001(11).
④ 胥留德.论特色产业[J].昆明理工大学学报:社会科学版,2002(03).
⑤ 沈道权.培植特色产业促进西部开发[J].青海民族研究(社会科学版),2001(02).
⑥ 谭克虎,史铁成."十一五"时期太原市特色产业体系构建初探[J].山西大学学报(哲学社会科学版),2006(06).

比重和产值比重、对区域的贡献率都存在比较大的优势;三是层次性,空间区域的大小不同使得特色产业也具有不同的层次;四是相对性,包括空间的相对性和时间的相对性,而空间的相对性就是前述的层次性,时间的相对性表明特色产业随着时间的推移而发生变化,或产生或消失;五是外向性,特色产业必须面向区域外,否则就不是特色产业,封闭的区域特色产业长不大;六是规模性,特色产业不是零星的、个别的、偶然的经济行为,它必须具有适度的规模;七是持续性,特色产业需要经历长期的培育过程,需要投入大量的人力、物力、财力和技术。[①]

关于特色产业的选择标准、原则,特色产业发展的意义、发展模式等也有一些涉及,但是不深入,其实践论文如《西部地区发展特色产业研究》、《培植特色产业促进西部开发》、《如何发展西部地区的特色产业》等等。总体来看,目前对特色产业的研究还没有形成规模,理论和实践也处于摸索探讨之中,没有形成统一的认可理论体系。这需要我们不断探索充实。

(三)国内对西藏特色产业的研究

西藏特色产业发展历史悠久,尤其是特色农牧业一直以来就以其特有资源发展前进,民族手工业也是传统特色产业,只不过发展水平很低,直到21世纪才逐渐壮大起来;旅游业主要是在20世纪80年代才开始发展的,发展速度非常快。目前,西藏自治区政府认定的特色优势产业主要有旅游业、矿产业、建筑建材业、特色农牧业及其加工业、藏医药业、民族手工业等,在表述上也是经常变动,如《西藏自治区国民经济和社会发展第十个五年计划纲要》对特色产业的表述是旅游业、藏医药业、高原特色生物产业和绿色食(饮)品业、农畜产品加工业和民族手工业等;《西藏"十一五"国民经济和社会发展规划纲要报告》对特色产业的表述是特色农牧业及加工业、旅游业、藏医药业、民族手工业;原西藏自治区党委书记张庆黎同志在中共西藏自治区第七次代表大会上的报告对特色产业的表述是特色农牧业、高原绿色食品业、藏医药业、旅游业、民族手工业,表明西藏在特色产业的选择和界定上还处于摸索阶段。国内对西藏特色产业的研究主要集中在旅游业、农牧业、藏医药业等方面,尤其对西藏旅游论述颇多,为此自治区政府还制定了《西藏旅游发展总体规划(2005—2020年)》。但是这些论文、报告很少用特色产业理论去分析这些产业,更没有从战略高度综合考虑整个特色产业的发展问题,这正是本课题要解决的问题之一。

---

① 胥留德.论特色产业.昆明理工大学学报(社会科学版),2002(03).

二、对西藏的借鉴与启示

1. 利用本地资源选择特色产业。首先,对于已成型的特色产业,根据市场需求使之扩规模,上水平,做大做强。对于许多地方皆有,特色并不明显的产业,只要做大做强了,便会以特有的优势形成竞争力。其次是选择目前尚为弱小,但具有一定市场前景的产业,需要不断培育成长,使之成为特色产业,随着时代条件的变化,便逐步展现出它的前景。

2. 引进资源要素,组合创造特色。自然资源是多种多样的,其潜能是无限的,但分布又是不均匀的,在特定的地域,自然的潜能展现总是有限的,但注入科技、知识等新的要素,便会显现出新的功能和价值。引进新的资源要素,进行特色产业组合,其创新形式是多种多样的:一是引进现代高科技,深度开发已有的资源,在传统特色基础上,使已有的资源实现价值升级,达到资源优势转化为经济优势;二是引进新的物质要素与当地物质要素结合,创造新的特色产业。

3. 利用人文资源创造特色。利用本地的人文资源,包括科技文化、知识、经验和技能等去创造特色,即依托本地的人文资源,引进原材料创造新的产品并进行外销。

4. 利用区位、机遇构建特色。发展特色产业,既要利用有形的物质资源,也要看到无形的发展机遇,看到区位优势隐藏的潜在价值,利用好这些资源,可以创造出特色产品及其市场体系等。

第四节 研究内容和结构框架

一、研究内容

本书共分为两部分:第一部分为基础篇,第二部分为产业发展篇。

本书主要探讨了特色产业的含义、特征、发展背景、产业理论基础和特色产业发展的战略目标与实现路径等;在此基础上,主要阐述了西藏特色农牧业、新型工业化、城镇化和信息化、文化产业、旅游产业和现代服务业等产业,既从总体上概括了西藏特色产业发展的基础和环境,又从各个产业发展现状入手,了解其资源特色和发展中存在的问题,进而提出相关对策与建议,便于读者全面、系统地分析和了解西藏特色产业发展的具体路径。

二、结构框架图

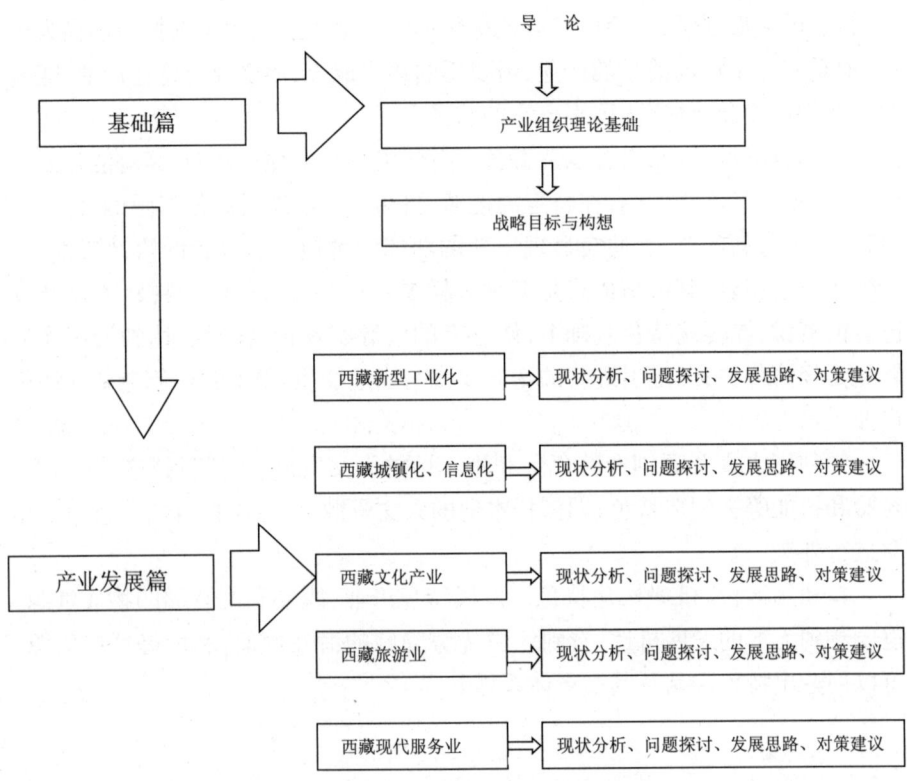

图1-1 西藏特色产业发展研究结构框架图

第二章

产业组织理论基础

产业组织理论是自20世纪30年代以来,在西方国家产生和发展起来的一门理论。该理论以产业内部的市场结构、市场行为、市场绩效,以及其内在联系为研究对象,以揭示产业组织各种活动的内在规律为目标,便于为企业的决策者或产业政策的制定者提供决策依据的一门应用经济学。

产业组织理论在实践中一直对西方国家制定产业政策产生了重要的影响。值得注意的是,产业组织理论的内容和政策建议的内容,都随着经济活动的发展和生产方式的改变而不断发生变化。

第一节 产业组织理论的萌芽

经济学诞生之初,亚当·斯密认为在完全竞争的市场条件下,资源将以均衡价格为导向进行配置。在不受市场之外因素干扰的情况下,资源配置的过程将一直持续,直到社会各部门的利润达到平均化的时候才会停止,此时资源配置达到了帕累托最优的均衡状态。在此状态下,厂商只需遵循一个原则,即边际成本等于边际收益的基本原则,来进行投资和生产,便可以使成本最小化,产量也同时达到最佳,生产出的产品总量刚好满足社会总的需求,社会福利达到最大化。

古典经济学的观点说明:完全竞争条件下,市场可以自发形成资源配置的最优状态,无须任何人为措施干预市场,因此,也不需要考虑任何调整产业组织的决策和产业政策。

限于所处时代及生产方式,亚当·斯密在关注竞争机制的作用及分工协作产生经济效益的同时,却忽视了竞争与规模经济之间的关系问题。

到了 19 世纪末,自由资本主义时代结束,经济社会向垄断资本主义过渡,垄断问题日益凸显。新古典经济学的集大成者马歇尔教授对此进行了分析,他发现随着企业生产规模的扩大,产品生产的平均成本下降,市场占有率提高,会发生所谓的规模经济的效应,最终会使得市场结构中的垄断因素不断增强。众所周知,垄断会阻碍竞争机制,即价格机制在资源配置中所发挥的作用,最终使得经济丧失活力。这就是著名的"马歇尔冲突"(Marshall's Dilemma)。

迈入 20 世纪以后,生产和资本的集中速度不断加快,企业生产规模迅速扩大,垄断成为经济中的常见现象。1933 年,张伯伦和新剑桥学派的罗宾逊夫人提出著名的垄断竞争理论。该理论首先否定了"产业组织要么垄断,要么竞争"的这种极端对立的二元观点,并指出现实之中的产业应该是各种形式不同、程度不同的垄断因素和竞争因素交织并存。这主要是因为产品存在的差异性,这种差异性一方面使得厂商具有一定的决定价格的"市场力量",即垄断;而另一方面,不同产品之间又存在着一定程度上的相互替代性,这使得不同生产者之间存在着竞争关系。张伯伦更进一步提出,可以用垄断因素的强弱程度作为判别依据,将市场结构划分为完全竞争、垄断竞争、寡头垄断和完全垄断四种类型,同时张伯伦还研究了价格机制在各种市场结构中所发挥的作用。

1940 年,美国经济学家 J. M. 克拉克(J. M. Clark)提出了"有效竞争"(Workable Competition)的概念。克拉克认为,完全竞争在现实世界中不可能且从来没有存在过,而完全的垄断在现实中也很难找到标准的范例。完全竞争所定义的可以自由进出、不存在生产要素专用性和不可恢复的沉没成本的产业。对此,克拉克的结论是,产品存在适度差异,特别是具有替代关系和较多知识技术含量,由此推动的竞争,可能是更为可行和有效率的,这就是所谓的有效竞争。而有效竞争指的是一种既能维护竞争,同时又能发挥规模经济作用的竞争格局。克拉克的研究虽然没有提出有效竞争的评估标准和实现条件问题,但在克拉克的研究基础上,以梅森为代表的众多学者进一步深入地研究了有效竞争的定义和实现条件,并建立了有效竞争的市场结构标准、市场行为标准和市场绩效标准。

第二节 产业组织理论的产生

1938年,哈佛大学教授梅森(E. Mason)成立了一个产业组织的研究小组,对经济社会中的各个主要行业在市场竞争过程中的组织结构、竞争行为和竞争结果进行分析,提出了产业组织的理论体系和研究方向。1959年,梅森的学生贝恩(J. Bain)出版《产业组织》一书,在该书中,贝恩总结了哈佛学派的主要研究成果,系统地构建了产业组织理论的基本框架,标志着现代产业组织理论的形成。

继贝恩之后,美国经济学家凯森与法学家特纳(D. F. Tumer)合作出版了著名的《反托拉斯政策》一书,对产业和市场结构进行了分析。此外,凯维斯(R. E. Cawes)、谢勒(F. M. Sctmrer)、谢菲尔德(Shepherd)、科曼诺(S. Comanor)等学者也都纷纷著书立说,对产业组织理论体系的发展和完善都做出了重要贡献。1970年,谢勒出版了《产业市场结构和经济绩效》一书。谢勒在书中进一步研究了市场行为与市场绩效之间的关系,总结了有关价格形成、广告活动、研究开发等市场行为方面的研究成果,对贝恩的《产业组织》一书中对市场行为研究中的不足进行了补充。该书还考察了微观层面和宏观层面的外部条件对市场结构、市场行为和市场绩效产生的影响,并首次提出完整的"市场结构—市场行为—市场绩效"范式(structure-conduct-performance,以下简称SCP),极大地推进了哈佛学派产业组织理论体系的发展。而其他学者,例如凯维斯则在对美国以及其他主要西方发达国家的产业组织进行实证研究之后,对产业组织理论的体系化发展做出了重要贡献。

哈佛学派的最重要贡献在于,他们通过截面分析的方法推导出企业所处市场的市场结构、与企业的市场行为以及市场绩效之间存在一种单向的因果联系,即市场集中度高低的区别决定了企业的市场行为方式的不同,而企业的市场行为方式的不同又决定了企业市场绩效的好坏。这便是产业组织理论中哈佛学派的SCP分析范式。

SCP分析范式中的市场结构是指一个市场的组织结构特征。市场结构可以通过三个标志进行衡量:(1)市场集中度,指市场上的买者或卖者的数量多寡或大企业在整个行业中所占比例;(2)产品差别化程度,指一个市场中生产同类产品的不同企业所生产的产品在质量、款式、性能等方面所存在的差异程度;(3)市场进入壁垒,指阻止新的市场参与者进入市场的因素或障碍。企业的市场行为是指,企业根据所在市场的市场结构以及与其他企业关系的基础上,所采取的包括价格策略、产品策略、排挤对手等在内的种种争取竞争优势的决策行为。而市场绩效则是指企业在市场竞争中所取得的所有最终成果,包括企业的利润率水平、技术进步、市场占有率提高等。

哈佛学派认为市场结构、市场行为和市场绩效三者之间存在单向的因果关系,即市场结构决定企业的市场行为,而市场行为又决定市场运行的绩效。一方面,如果市场结构过于分散,则有可能会引起过度竞争,造成资源分散以及资源利用效率低下的问题;但另一方面,如果市场过于集中,整个行业只存在少数占支配地位的"大厂商",由于缺乏外在的竞争压力,"大厂商"会通过维持自身的垄断地位,以此获得高额垄断利润,而这会损害消费者利益,造成社会福利的无谓损失。

通过哈佛学派的观点可以看出,行业集中度高的"大企业"总是倾向于提高价格、设置市场进入障碍,阻碍技术进步,以便谋取长期的垄断利润,最终造成资源配置的低效率。基于以上观点,哈佛学派提出要想获得社会福利最大化,就必须通过公共政策来调整和改善不合理的市场结构,限制垄断力量的发展,保持市场适度竞争。因此,哈佛学派主张,为了保持有效竞争,必需对市场结构和市场行为进行干预、调节,降低市场集中度。在相当长一段时间内,这些主张成为以美国为代表的西方发达国家制定反垄断政策的重要依据。

第三节 产业组织理论的发展

20世纪70年代,整个西方社会经济发展进入滞胀,美国的经济在国际上的竞争力也趋于下降,尤其值得注意的是,美国的一些传统优势产业,尤其是制造业竞争力下降,并出现了所谓产业空心化现象。不少学者将此归咎于哈佛学派主张的强硬的反垄断政策,这些学者批判过于严厉的反垄断政策和对各种复杂公共规制政策的实施,加重了企业的负担,造成企业竞争力的下降和企业转移现象的出现。

一、芝加哥学派

20世纪70年代中叶开始,以斯蒂格勒(J. Stigler)为代表的、来自芝加哥大学的一些学者对哈佛学派的主要观点展开了激烈抨击,并逐渐形成了所谓的"芝加哥学派"。芝加哥学派的代表人物主要有施蒂格勒、波斯纳、德姆塞茨等人。该学派的观点以维护竞争、反对政府干预为主要特色。

芝加哥学派对哈佛学派的批评主要有两个方面:第一,芝加哥学派认为哈佛学派提出的 SCP 范式过于简单武断。芝加哥学派认为企业的市场结构、市场行为和市场绩效之间并不是一种简单的、单向的因果关系,而是双向的、相互影响的关系。第二,哈佛学派的理论简单地将企业规模的扩大等同于垄断势力的提高,芝加哥学派则不这么认为。他们认为,企业规模的扩大和市场集中度的提高也可能是由技术因素造成的,或者是规模报酬递增造成的,并不是单纯为了获取垄断利润,例如自然垄断的形成。

芝加哥学派信奉新古典理论,认为竞争理论依然有效。即使市场存在着不完全竞争,只要不存在政府的介入和规制,长期的竞争均衡状态也能够成立。因此,高利润率完全可能来自企业管理效率的提高和技术的创新,而不一定是来自垄断。

针对企业规模与竞争度之间的关系,鲍莫尔(Baumol,1988)提出了"可竞争市场理论"(contestable market theory)。该理论提出"可竞争市场"作为一种更实用的理想标准,以此替代完全竞争市场。所谓"可竞争市场理论"是指,只要潜在竞争者在进入或退出市场时是无障碍的,不论当前市场上是仅有一家垄断企业,还是有许多相互竞争的企业,总之,市场上现有的所有厂商就总是面临来自潜在进入者的竞争压力。为了避免吸引更多的竞争者进入市场,原有企业只能选择将价格和产量定在一个被迫处于一种"无显著超额利润的均衡约束下"的水平上。这一点并不像哈佛学派所说的那样,"大厂商"可以任意确定一个高的价格,以此获得长期的、高额的垄断利润。由此可见,企业规模的扩大或市场集中度的提高并不一定意味着市场垄断程度的提高。

在此基础上,芝加哥学派提出,不能单纯以集中度高低和企业规模大小作为判断一个企业是否属于垄断企业的标准,也不应该对所有大企业都一视同仁地实行强硬的反托拉斯政策。该学派主张应该按照企业绩效的好坏来判断是否对企业实施规制,同时应该放松对大企业的一些不必要管制。芝加哥学派这种放松管制的政策主张符合当时振兴美国经济的潮流,受到了美国政府的欢迎,极大地影响了当时美国的产业组织政策的制定,对新产业组织理论的发展也产生了重要影响。

二、新奥地利学派

除了芝加哥学派以外,另一个比较有影响力的学派就是新奥地利学派。该学派以竞争作为基本分析前提,并提出市场竞争是一个动态过程,而竞争则源于企业家的创业精神,只要是能够自由进入及充满创业精神的市场,自然而然可以形成充分的竞争压力,这些因素是无法用市场集中度或市场占有率来测量的,因此也不能用传统的静态的方法来分析。

新奥地利学派观点,由于时间跨度很久,代表人物众多,思想观点庞杂,不像哈佛学派、芝加哥学派那样逻辑严密而自成体系。他们的重要观点大致包括:

第一,理论前提比较独具一格。该学派以信息不完全性、有限理性、环境的不确定性、消费者主权、私有制为分析前提。

第二,市场至上论。该理论认为,只有通过竞争市场才能充分发现和利用分散的知识和信息,将资源运用于社会有用度更高的地方,提高经济运行的效率。

第三,竞争行为论。竞争行为论是新奥地利学派的核心观点。该学派否定了经济学中的"完全竞争"概念,他们认为新古典经济学的完全竞争模型中,企业只是价格的被动接受者,这也就没有所谓的价格竞争;所有的产品是完全同质的,也就没有所谓的产品竞争;任何一家企业都不做广告,也就没有所谓的销售竞争;缺乏降低成本、采用新技术的动力,也就没有创新。因此,完全竞争市场没有实质的竞争活动,只有竞争之名而无竞争之实,所以完全竞争只是一种静态的均衡结果,与趋向均衡的竞争过程无关。据此,他们提出了竞争的实际行为标准,即竞争具有动态性,其本质是一种过程,而不是一种状态。"竞争是找出追求各种人类目标之更好方法的最有效的发现过程。"

以上三个学派中,哈佛学派推崇市场结构,强调市场结构是是否存在竞争的原因;芝加哥学派则强调市场绩效是竞争充分与否的结果;新奥地利学派则认为,竞争本质上是一个过程,着重点是现在是不是存在竞争行为,现在才是唯一,行为是最重要的决定性的因素,市场结构、绩效都不重要。因此,新奥地利学派被称为产业组织学的行为学派。

第四节　产业组织理论的演化

20世纪80年代以来,随着经济全球化,巨型企业甚至是跨国企业快速发展,产业组织发展呈现出新的特点,同时各国的产业政策也日益倾向于保护本国企业,使其在国际竞争中保持优势地位。在这样的背景下,不少学者将可竞争市场理论、交易费用理论、博弈论等新理论和新方法引入对产业组织的分析中,使得产业组织理论的理论基础和分析手段都发生了重大的突破,使得产业组织理论发生了若干深刻的变化。

一、新产业组织理论

新产业组织理论是沿着SCP范式的方向发展成为"新产业组织学"的。但是,新产业组织理论强调市场行为,却不再仅仅只强调市场结构对市场行为的影响,而是将市场的初始条件及企业行为当作是外生变量,市场结构则被看作内生变量,共同考察其影响。

在研究方法上,20世纪80年代前后,以泰勒尔、克瑞普斯、古诺、伯特兰、霍特林、斯塔克尔伯格等学者为代表,他们将博弈论的分析方法引入对产业组织理论的研究中。这些学者试图用博弈论的分析方法对整个产业组织学的理论体系进行改造,逐渐形成了"新产业组织学"的理论体系。"新产业组织学"与传统产业组织理论相比,较之市场结构更重视对市场行为的研究,从所谓的"结构主义"转向"行为主义";并且由于引入博弈论的分析方法,"新产业组织学"抛弃了传统理论中单向的、静态的研究框架,建立了双向的、动态的研究框架。

第一,策略性行为理论。新产业组织理论的研究重点在于对寡头竞争企业的策略性行为进行分析。策略性行为包括合作策略性行为和非合作策略性行为,其中,非合作策略性行为(即非合作博弈)是新产业组织理论研究的重点。

在寡头垄断市场中,市场环境不是外生变量,主导厂商可以通过采取一些策略性行为来改变市场环境,从而影响潜在竞争对手对未来的预期,达到使潜在竞争者做出对主导厂商有利的决策行为的目的。

第二,产品差别化理论。新产业组织理论细化了传统产业组织理论中的产品差别的概念,将产品差别划分为垂直差别和水平差别两种。并分别将垂直产品差别界定为由于产品质量不同所形成的差别,而水平产品差别界定为为了适应不同消费者的不同偏好而形成的产品种类的差别。产品差别化理论主要研究了运用伯川德-纳什均衡的方法分析垂直产品差别和水平产品差别两类市场的市场均衡问题,在差别化产品的条件下,产品价格如何决定的问题;以及寡头垄断企业如何选择所生产的产品问题。此外,产品差别化理论还对信息性产品差别化、差别最大最小化、广告宣传等问题进行了探讨。

第三,不确定性理论。传统的产业组织理论是以不存在信息不对称,厂商和消费者均掌握成本和需求的全部信息为前提进行分析的,这在现实中显然是不可能的。新产业组织理论则假设厂商和消费者对成本和需求等信息的掌握程度,是不确定的,并在此基础上对不确定性条件下的厂商和消费者的行为进行分析,并使用博弈论的分析方法,分析了不确定性条件下企业和消费者的静态与动态市场行为,形成了所谓的不确定性理论,成为新产业组织理论的重要理论成果之一。

二、新制度经济学派

除了新产业组织理论之外,制度学派以交易费用理论为基础,从制度角度研究了产业组织的问题,形成了所谓的"新制度产业经济学"。其代表人物包括科斯(R. H. Coase)、诺斯(North)、威廉姆森(O. E. Williamson)、阿尔钦(Alchian)等人。

"新制度产业经济学"的主要特点在于引入交易费用理论。交易费用理论是整个现代产权理论大厦的基础,著名经济学家科斯在《企业的性质》一文中首次提出"交易费用"的思想。交易费用理论认为:市场和企业是可以相互替代的两种资源配置机制,当企业取代市场进行交易时,能够节约交易费用,那么企业就会存在;而企业在"内部化"市场交易的同时会产生额外的管理费用,当企业管理费用与交易费用的节约相等时,企业的边界趋于稳定;当企业的管理成本超过交易费用的节约时,企业就会缩小规模。因此,交易费用被制度经济学家认为是企业组织结构演变的唯一动力。

交易费用理论改变了传统产业组织理论只注重产业组织之间关系的观点,深入考察企业内部,从企业内部产权结构和组织结构的变化来分析企业行为的变化、企业边界的变化及其对市场运作绩效的影响。

第五节 信息时代的产业组织理论

20世纪90年代开始,通信技术和网络技术开始广泛传播和应用,人类社会步入知识经济时代,传统的产业组织理论不能很好地解释信息化时代产业组织的种种变化,有学者就提出了模块化理论来弥补传统理论的不足。

一、信息时代产业组织的新特点

传统的产业组织理论将产业定义为生产同类或相近替代品的企业集合,对产业的研究重点放在企业间的竞争关系之上。

20世纪90年代以来,随着信息化时代的到来,产业组织定义和生产方式发生巨大的变化。

第一,从产业组织的定义来看,当前企业出现了跨产业生产的行为,这使得"产业"的概念已经不能简单界定为企业的集合,也难以用某一种产品的市场结构来分析企业间关系。同时,由于技术外溢效应和知识共享的影响,特定产业的市场绩效也可能与其所处市场环境、决策环境没有必然联系。

第二,知识和信息经济时代以来,很多传统的企业都不再采取将上下游生产链条集中全部兼并到企业内部的做法,而是注重培养自身的核心竞争力,具体做法就是将创新研发集中在对核心竞争力的培养上,把其他不擅长的业务分离出去,或者直接同其他企业结成合作关系,使得企业之间形成彼此互利共赢,又相互独立,并且能够发挥整体作用的系统来构建复杂的产品或业务网络。Baldwin和Clark(1997)将其定义为模块化网络。

二、模块化理论对产业组织理论的推动

在全球化、网络化、知识化的新经济时代,传统的理论没有关注技术创新和信息外溢对产业结构和企业内部结构变迁的作用。而模块化理论则对企业边界、企业竞争行为、市场壁垒、市场集中度等问题有了新的解释。

第一,企业边界开始消失。在信息时代,企业的边际不再由资金、土地、厂房、设备等生产要素决定,而是由企业的核心竞争力来决定。由于核心竞争力可以在不同生产领域延伸,导致企业的边界在新时代也变得模糊化、无形化。这使得企业无法使用传统的对立竞争、收购兼并来实现扩张,而是借助于信息

技术的推广运用和交易成本的降低,通过技术联盟、生产联盟和营销联盟等方式实现企业之间的模块化分工和合作竞争,找出使各自能创新出新的、为自己独有的核心竞争力。

第二,竞争方式从传统的对立竞争变为既有合作又有对立的竞争。首先,企业在竞争中进行合作,在合作中展开竞争,已经成为各国经济发展的一个必然趋势。企业竞争合作形式表现为战略联盟、虚拟企业和企业集群。所以,合作是竞争的一个过程,合作的目的是为了更好地展开竞争。其次,在存在合作的同时,很多企业之间也仍然存在着残酷的竞争,只有在某一价值链节点或模块领域具有独特优势的企业才能生存下来,但这并不意味的生存下来的企业会像传统那样形成稳定的市场结构,之后长期、稳定地向垄断发展。而是随时受到其他企业的挑战,一旦失去核心竞争力,那么就可能在竞争中成为失败者。

第三,进入信息时代之后,市场进出门槛降低。从进入壁垒来看,由于生产链条中核心技术之外的模块部件都可以外包给专业模块供应商进行设计生产,这样使得企业在厂房、设备等方面的投资降低,新企业进入市场门槛也就下降了。并且,对于现有企业而言,潜在模块供应商可以凭借对技术创新设计出优于市场现有供应商提供的产品,这也弱化了现有企业对潜在竞争企业的技术限制。从退出障碍来看,在模块化生产网络中,为了保证产品生产链条的通畅,产品生产的每个模块相对其他模块独立,使得各个联盟成员企业间保持一种既合作又独立的关系,当一个成员企业退出市场时,联盟企业可以进行各种灵活调整,降低了退出成本。

总之,模块化理论结合传统产业组织理论的分析工具分析了信息时代产业结构与企业内部结构的变动,对企业之间形成互利共赢的交易和合作的网络组织结构进行分析,揭示出产业内企业之间的关系演化为价值网之间的关系,为新的产业政策的制定提供了合理的建议。

第三章

西藏特色产业发展战略构想

实现适应西藏经济跨越式发展的产业发展战略就是要在全面了解西藏产业发展的基础上,准确深入地分析西藏产业发展的基本特征,根据各次产业发展的特点,结合自治区第七次党代会上张庆黎书记提出的"一产上水平,二产抓重点,三产大发展"的产业发展战略,最终实现西藏产业发展的新跨越。

第一节 建立农牧业市场经济体制,实现农牧业产业化

一、降低交易成本,实现规模经济

市场经济就是竞争的经济,要想在竞争中立于不败之地,就必须是以降低交易成本,实现规模经济为主要目的,因此在西藏要建立市场经济体制,实现农牧业产业化,就应该在控制成本的基础上,不断提升农牧业的规模化程度,具体就是要做到以下几点:一是积极推动专业合作经济组织发展壮大。鼓励农牧民组建专业协会或合作社,大力发展专业户、专业村、专业乡(镇),充分发挥其示范带动效应,使目前农牧区的分散经营逐步走向专业化协作生产。二是推动特色农牧业经纪人建设,实现土地规模经营。结合西藏各地具体情况,利用农牧业人口向非农产业转移的机会,推动特色农牧产业经纪人队伍建设,通过有偿转让、拍卖、租赁等形式,引导土地向农牧业大户集中,有组织地实行农牧业股份制,实现土地的规模经营。三是政府加大扶持力度。发展专业化合作组织建设过程中加大政府扶持力度,建议政府选派能人带领群众组建专业协会和合作社,发挥示范效应,在群众难以自发形成农牧业专业化组织的地区,政府应该在

资金上给予积极支持,积极培育农牧业专业组织。

二、完善资金投入体制,培育龙头企业

在实现了规模经济的基础上,对于边远农牧区的农牧户来说,如果要实现将农牧产品转化为商品,应该大力推广"公司+农户"的经营模式,这就使得培育和扶持农牧区龙头企业成为农牧业产业化的重点。一是加强对广大农牧民的宣传教育,为培育龙头企业创造思想条件。比如开展自力更生、艰苦创业的教育,以及深入开展市场经济规律的教育。二是针对西藏企业,尤其是农牧产业龙头企业资金实力不强、市场竞争力弱的实际,不断完善龙头企业资金投入体制,充分利用援藏契机,建议政府在条件成熟的地区和积极创造条件设立扶持西藏特色优势产业的专项基金,从资金上帮助龙头企业融资,培育有较强实力的龙头企业。三是建立各级财政扶持龙头企业的优惠政策。各级财政应当进一步加大对扶持特色农牧业发展的投入力度,扩大投资规模,积极引导调整发展扶持政策,降低门槛,简化手续,扩大规模,满足龙头企业对资金的需求,同时还应在税收上对"龙头"企业实行各种鼓励措施。

三、大力发展特色农牧业

应本着因地制宜、突出重点的原则,充分考虑资源、市场、潜力和基础等因素,分层次有重点进行发展,优先和重点发展特色经济和特色产业中最具有优势和市场潜力的产业,就西藏而言,农牧业最具特色。

西藏特色农牧业资源可分为:

(1)市场优势型。这一特色产业资源包括绒山羊、虫草、松茸、油菜。

(2)发展潜力型。这一特色产业资源包括牦牛、藏系绵羊、优质青稞、藏药材。

(3)区内市场主导型。这一特色产业资源包括奶牛、无公害蔬菜、水果、茶叶。

(4)资源保护型。这一特色产业资源包括冷水鱼、藏猪、藏鸡。

第二节 充分发挥比较优势，走西藏特色的新型工业化道路

西藏由于特殊的地理环境和消费需求，决定了西藏不能完全照搬内地省市第二产业的发展模式，一定要在发展当中突出特色资源，利用好与内地的比较优势，走可持续发展的路子，建立健全有西藏特色的第二产业支柱产业。

一、坚持以科学发展观为指导

加快西藏新型工业化进程，必须统筹城乡发展，统筹区域发展，统筹经济社会发展，统筹人与自然和谐发展，统筹国内发展和对外开放，实现资源的优化配置，树立和落实全面协调可持续发展的科学发展观。要把工业放在三次产业结构调整的首位，正确处理工业与其他产业之间的关系，充分发挥工业化对城市化的支撑作用。一是统筹城乡发展，要求西藏在新型工业化进程中，加速推进城市化，通过城市经济特别是城市工业的发展大力转移农村劳动力，通过城市就业的增长和农村就业的下降逐步实现城乡收入的趋同；要求将农业产业化与农业工业化紧密结合起来，通过城乡产业一体化，加快农村城镇化和工业化进程，从根本上解决"三农"问题。二是统筹区域发展，要求西藏在西部大开发过程中，培育形成各具特色的产业经济带，提高优势产业的整体竞争力，充分发挥各类工业园区（工业集中区）、特色产业集群对优势产业的聚集作用，带动区域经济的全面发展。三是统筹经济社会发展，要求在提升工业整体竞争力的过程中，要始终把科技人才和技术创新作为第一推动力，要注重企业文化建设与品牌培育，通过工业产品的市场开拓发展各类生产型服务业，带动三次产业的协调发展。四是统筹人与自然和谐发展，要求西藏加快工业发展的同时，十分注重优势产业发展的效益和质量，注重环境保护、节约型经济和循环经济的发展，壮大绿色经济优势，建立资源环保型产业体系。五是统筹国内发展和对外开放，要求在南亚经济协作中，注重西藏六大优势产业的发展与提升，创新自主技术，发挥边境贸易优势，形成核心竞争力，在优势产业发展上始终依靠国内外两个市场，全面提高西藏工业产业的竞争力。

二、走新型工业化道路的客观要求

加快西藏优势产业发展,要充分体现"以信息化带动工业化、以工业化促进信息化,走出一条科技含量高、经济效益好、资源消耗低、环境污染少、人力资源优势得到充分发挥"的新型工业化道路所要求的各项基本原则。首先,要充分发挥信息化引领工业化的倍增效应,适应工业化初级阶段产业结构升级的客观要求,运用信息化手段对优势产业进行全面改造,实现设计、制造、营销、财务、管理等全流程信息化,迅速提升优势产业的核心竞争力。其次,要通过加大行业关键、共性、平台技术的开发,加强与国内外先进企业、机构开展全方位技术合作,进一步提升优势产品的科技含量,提高西藏工业品的附加值。再次,要加大优势企业实施产业价值链整合和构建产业联盟,降低能源原材料采购成本,增强企业成本竞争力,全面提升西藏优势工业品的盈利能力。同时,要大力推进产业链内各类资源的循环利用,将废旧资源转化为生产资源,全面提高资源的使用效率,实现循环经济和环境保护的有机结合,大力营造节约型社会。最后,要充分发挥西藏人才、劳动力比较优势,不断提高劳动力素质,实施人才资源向人才资本转变的战略,为优势产业的发展提供充分的人力资源保障。

三、进一步发挥优势产业竞争力的迫切需要

市场竞争格局的变化,要求提高工业产业的整体竞争力,尤其是要发挥比较优势,通过优势产业竞争力的提升来带动整个产业结构优化升级。通过六大优势产业竞争力分析,西藏六大优势产业与全国对应产业相比较,无论在经济实力、产业活力,还是在市场竞争力和技术创新能力上都有一定的比较优势。从区内看,2004年六大优势产业的工业总产值占全区工业的57.6%,并呈逐年增加的趋势。六大优势产业的企业强度(企业平均产值)达到142.6万元,劳动生产率比全区工业平均水平高,新产品销售收入率比全区工业平均水平高。从总体上看,六大优势产业是西藏工业发展中具有较强竞争力的产业,代表了西藏工业产业的发展方向。通过优势资源产业的发展,既可充分发挥建筑建材、藏医药、水电、特色矿产等资源优势,又可以促进资源优势向经济优势转变。通过建筑建材业的发展,可以带动建材市场和房地产业的发展。藏医药产业的发展,既要挖掘本身的制造能力和资源优势,又要注重引进国际国内知名高新技术企业的产品研发和制造能力,有效提升西藏高新技术产业的自主创新能力和规模发展水平。通过农产品加工业的发展,既可充分发挥

西藏农产品资源优势,又能抓住消费结构升级带来的巨大市场机遇,有效提高西藏农产品加工业的产业组织水平和农产品市场化程度,推动农业产业化进程,促进"三农"问题的解决,走出一条城乡协调发展的新路子。

优势产业链的确定主要依据其在国内同业中具有现实和潜在的竞争优势,在区内相对于其他产业具有显著的比较优势。基本依据:一是产业、产品链具有较大生产规模,在国内外市场有较大市场份额,龙头企业品牌知名;二是产业、产品链中龙头企业产品的制造技术处于国际国内同行业前列,拥有关键核心技术和自主知识产权,技术创新研发费支出占销售收入的比重较大;三是产业、产品链中龙头、重点企业和骨干配套企业有显著的能源及原材料保障作为支撑;四是产业、产品链中龙头企业及其产品有明显的营销及管理优势、综合成本优势,有较高的销售利润率;五是产业链的带动作用突出;六是产业链中龙头、重点企业和骨干企业经营管理团队能力较强,人力资源管理制度与企业技术创新、产业化和发展目标相匹配。

经过对西藏 7 个地市重点企业比较优势的调查分析,结合六大优势产业的小行业统计分析,初步筛选确定了至 2010 年及以后西藏工业产业重点发展的 10 个方面的优势产业、产品链。

1. 建筑建材产业链

主要由灰岩、花岗岩开采—水泥制品研发、烧制—水泥及水泥延伸产品—市场营销等环节构成。重点发展灰岩、花岗岩开采技术、水泥烧制流程技术改造、环保设备及产品研发、水泥延伸产品开发与制造、建筑装饰材料生产。重点培育以高争水泥股份有限公司为龙头的水泥生产与延伸产品生产企业产业群,加大科研投入力度,提高产品质量,接通和延伸整个西藏建筑建材产业链,提高西藏水泥品牌的知名度和区域竞争力。产业链的发展和弥补环节要积极争取国家支持,加大企业更新改造力度,组建水泥研发、生产、营销一体化大型企业集团,提高产业集中度,增强企业竞争力。

2. 藏医药的产业链

主要由藏药材种植—藏药饮片加工、藏药标准物提取—藏药及相关健康产品生产—市场营销、藏药科技等四个环节构成。药材种植环节要积极推广藏药材规范化种植。西藏有药用植物 1 100 多种,其中常用中草药 400 多种,主要盛产天麻、虫草、红景天、雪莲花、贝母、三七、灵芝、党参等,这些药材产量高、质量好,不仅可满足本地的需要,还大量供应其他省(区)和出口国外。还有丰富的菌类,在已鉴定出的 200 多种菌类中,有名贵的药材,有出名的食用菌,如松茸、猴头菇、香菇等,这些菌类不仅营养丰富,还含有抗癌物质。藏药饮片加工、藏药标准物提取环节要以奇正药业、区（地市）藏药公司等企事业单位为龙头，发展藏药饮片产品。藏药及相关健康产品生产环节，主要有天麻、虫草、红景天藏药及保健品系列等优势产品。市场营销、藏药科技环节要鼓励大型企业集团设立医药流通企业，积极推广药品电子商务；要依托西藏大学医学院、藏医学院、西藏民族学院医学院等院校和科研机构，加大创新医药研制和对现有产品的二级开发。产业链的发展和弥补环节要积极培育藏药生产大企业、大集团，提高产业集中度；增进藏药材种植和资源利用的匹配，提高药材生产规范化、品牌化种植的集中度；加大藏药产品创新工作力度，在提取、分离、纯化等高新技术方面进行重点突破。

3. 水电产业链

主要由水电站勘探设计—水电站建设开发—发电和电力传输等环节构成。水电站建设和电力输送环节侧向带动水泥、发变电设备、电力传输设备产业的发展。水电建设开发环节要立足于西藏丰富的水能资源，以羊湖、直孔等为龙头企业，积极推进雅鲁藏布江和藏东南"三江"流域水电资源开发规划，论证雅江水电站和"西电东送"接续能源基地的可行性。发电和电力传输环节要以自治区电力集团等企业为龙头、重点，带动配套企业，形成企业集群，大力发展成套设备、超高压、高压变电、开关设备、电力电缆、铁塔、钢化玻璃绝缘子和绝缘材料等。产业链的发展和弥补环节要积极争取国家支持，加快水电开发，大力发展机组运行监控设备制造、超高压变电、开关设备制造，支持电力电缆制造企业抓住机遇做大做强。

4. 铬、铜、锑、黄金等稀土产业链

主要由稀土矿采选—氧化物分离萃取—深加工及延伸产品等环节构成。推进新型环保稀土矿采选，重点发展铬、铜、锑、黄金、铅、锌等金属矿产，对玉龙铜矿、扎布耶盐湖、甲马赤康铜矿等重大开发项目，运用市场机制，吸引国内外资金、技术入股，进行合作开发。鼓励通过联合等方式在内地进行精深加工，提高矿产资源开发的附加值。产业链的发展和弥补环节要在新型环保稀土采选工艺方面进行重点突破，进一步壮大企业规模，重点培育和引进稀土材料深加工企业。

5. 特色饮料产业链

白酒产品链要大力弘扬藏酒文化，重点发展有著名品牌、市场销售体系健全、经营管理规范的白酒产品，做大做强西藏品牌的白酒企业。啤酒产品链要重点发展拉萨冰啤、青稞啤酒系列品牌啤酒。以拉萨啤酒股份有限公司为龙头企业，形成百万吨级啤酒生产能力。软饮料产品链要发展适合市场特点的矿泉水、纯净水、青稞酒饮料、红景天饮料以及功能、保健饮料。以西藏地域特色企业为龙头,积极引进和培育一批知名品牌,发展拉萨液体奶、功能奶、奶粉等制品。以拉萨牛奶股份有限公司等企业为重点,培育一批较强竞争力的乳制饮品。

6. 食品产业链

粮油制品产品链要重点发展以绿色品牌为特点的精制米、面、油及深精加工产品。以青稞麦片、藏粑、青油等为重点,提升西藏品牌形象、扩大生产规模,支持发展以粮食为原料生产的精细化工产品。肉食品产品链要以牛羊猪肉为重点,大力发展规模化、标准化屠宰和精深加工,积极推进跨地区、连锁式经营,努力扩大国际国内市场的外销份额,打造西藏产肉制品绿色品牌。

7. 纺织制品(地毯)产业链

主要由羊(绒)毛、牛绒生产—面料加工—地毯加工—服装生产等环节构成。以民族服装、(手工)地毯为龙头、面料为突破口,重点发展高档藏装、高档地毯、高档挂毯、高档羊绒、牛绒服装,以民族手工服装、民族地毯为重点,积极打造民族纺织制品品牌。产业链的发展和弥补环节要大力引进东部品牌知名的服装生产企业,推进民族服装工业企业、民族地毯企业等生产基地建设。按照环保要求,在羊绒、牛绒制品印染、后整理以及民族地毯高科技研究开发等薄弱环节进行突破。

8. 皮革制品产业链

主要由皮革鞣制—皮革初加工—皮革制品生产等环节构成。重点发展皮鞋、箱包、汽车内饰皮革件、皮革家具等产品,带动牛皮、羊皮加工业发展,积极培育西藏皮革制品的品牌优势。以拉萨皮革企业为重点,增强企业活力。产业链的发展和弥补环节要大力培育具有知名品牌的制鞋、箱包、皮革服装、皮革家具、汽车内饰件等规模化龙头企业。

9. 民族手工家具制品产业链

重点发展家用、办公家具制造,加大民族手工产业整合和品牌培育拓展的工作力度。以拉萨等为家具生产重点企业的集群区,以民族手工企业为骨干配套企业。支持拉萨等地的家具产业集群加快发展,通过大市场带动家具产业的快速发展。适应家居消费的快速升级,发挥拉萨家具在西藏、尼泊尔、印度等南亚家具市场中心地位的优势,有效扩大新型环保材料、现代办公家具、高档家庭生活家具生产,培育市场品牌。重点建设家具设计开发平台,引进东部知名家具生产企业,巩固提高藏式家具在国内市场的领先地位。

10. 旅游商品产业链

开发具有西藏人文、自然特色的旅游纪念品、工艺美术品、花画工艺品、手工工艺品、唐卡、藏刀和名优土特产品等商品,形成与大旅游相应的多品种、多档次特色旅游商品的生产能力。以民族旅游产品开发为重点,带动相关产品初加工和专业化加工企业集群的发展。

第三节 西藏文化产业发展战略

进入新世纪新阶段以来,党中央、国务院高度重视文化建设,特别是党的十七大提出推动社会主义文化发展大繁荣,兴起社会主义文化建设新高潮的重要战略任务,对加快文化产业发展提出了一系列新要求。西藏自治区是一个特色文化资源非常丰富的地区,有神奇瑰丽的自然生态文化资源、绚丽多彩的民族民间文化资源,发展文化产业的前景十分广阔。中央第五次西藏工作座谈会,对西藏文化建设作出战略部署,提出要把西藏建设成为重要的中华民族特色文化保护地,为推动西藏文化大发展大繁荣开辟了广阔前景。因此,在西藏大力发展文化产业,对于建设社会主义精神文明,实现经济和社会的协调发展有着积极深远的现实意义。

西藏的文化资源虽然丰富,西藏文化产业已经萌芽,但与全国相比较,仍相形见绌。一是经营管理水平较低,文化资源的商品转化率很低,文化产品的精神内涵和艺术精致程度也很低,没有深度开发市场需求,也很难适应市场的竞争需要。除人文景观的开发已初具产业化规模以外,其他文化类别的产业,如影视、新闻出版、艺术、体育等行业则大多还在传统计划经济模式下,依赖国家事业经费支持;或小打小闹,形成不了规模化经营和规模效益。二是目前对传统文化的挖掘还限于表层,形式单一,手段陈旧,缺乏产业观念和意识。这就好像端着金饭碗要饭吃,没有意识到传统文化本身就蕴含着巨大的商机。通过文化搭台,经济唱戏,借助文艺表演、民族风情展示来吸引、挽留企业界与商界人士,只能制造一种氛围。三是即使进入产业化程序,也由于经营管理水平不高,未能深度开发以满足市场的需求。

当前,人民群众对文化消费的需求面以及消费质量的要求越来越高,因此要考虑到怎样把文化市场建设和适应人民群众文化消费的需要结合起来。而通过市场来实现公民的这种权利、满足他们的这种需要已经成为一种最为有效的途径了。基于此,制定西藏特色文化产业发展战略的基本原则应考虑三个统一:一是物质文明建设与精神文明建设相统一;二是地区民族特色与时代特征相统一;三是坚持社会效益与经济效益相统一。

第一,实施大力发展人才战略。文化产业迅速发展的形势与相关人才总量不足和结构失衡的矛盾比较突出。而整合文化资源的主体是通晓西藏文化的研究人才。操作文化企业的是既通晓文化业务,又善于经营管理的复合型人才和中介组织。但是各类创意文化人才、经营管理人才、技术开发人才、市场营销人才,尤其是既懂文化又懂经营的复合型高级人才缺口很大。现在西藏文化产业的人才缺乏已经成为制约西藏文化产业发展的一个瓶颈。所以,西藏应尽快实施发展文化产业的人才工程,积极鼓励文化人办文化产业;支持多种经济成分投资文化项目和建设文化企业,带动整个文化产业的全面发展;同时鼓励和支持民间组织开展活动;再次应该依靠高等院校开设各种培训班,培养包括各种具有较高文化素质的旅游产业所需要的文化产业专家和经营管理人才,对西藏文化资源的整合进行研讨。

第二,实施以拉萨为中心城市的龙头带动战略。一是就行政区域而言,要以自治区首府拉萨市为文化产业发展的龙头。拉萨作为自治区首府应全方位展示西藏的特色文化,建立西藏的整体形象。二是其他地区的中心城市应突出本区域的文化特色,带动本地方文化产业的发展。抢救和发掘自身深厚的文化资源,不断丰富自身文化底蕴,把文化设施纳入城市规划和经营城市的范畴,以提高城市的文化品位。

第三,实施高科技推动战略。运用高新技术创新文化生产方式,组织力量研究如何把高科技引入文化艺术领域。培育新兴文化产业和文化业态,开发新的产品,加大文化产品的高科技的含量。从经济发达地区的实践来看,文化产业与高科技信息业的结合,可以加快构建传输快捷、覆盖广泛的文化传播体系,提高文化产业活力与竞争力。

第四,实施产业集群经营发展战略。加快文化产业基地和示范园区建设,鼓励和支持各地根据自身优势形成各具特色的文化产业带和集聚区,形成具有强大带动效应的区域文化产业的孵化器和发展级,实现文化产业规模化、集聚化发展。西藏文化产业只有在全面竞争态势中才会真正成长为国民经济新的增长点和支柱产业。

第五,实施民族特色战略。西藏作为西部边疆少数民族地区,如果不注重地方特色,盲目模仿东部发达地区的经济结构,在激烈的市场竞争中,势必因为缺乏竞争力而被淘汰。要想在竞争中求生存和发展,必须把握住西藏独特的资源优势,对传统经济结构进行调整。以此为出发点,就不难看到优势资源主要集中在生物资源、民族文化资源、旅游资源等方面。只有抓住资源优势,千方百计地把它转化为产业优势,西藏民族经济才可能获得长期稳定的发展。经济的竞争在某种意义上又是独特资源的竞争。西藏绚丽多姿的民族文化就是西藏最独特的资源,以这种独特资源为依托的产业,由于特色鲜明,排开了竞争对手,势必具有旺盛的生命力。由此想到,西藏民族经济的发展应该打"民族文化"这张牌,把民族文化作为产业来发展,带动经济结构的合理调整,经济实力的增长。

第六,实施文化精品战略。在市场经济条件下,文化产品作为一种特殊商品,也参与市场竞争,西藏文化产品发展当然也不例外,它用高质量、高水准的文化精品来满足人们日益增长的精神文化需要。创制西藏的文化精品,一是反映西藏整体的文化水准,代表西藏文化发展的主导方向,具有引导性、前瞻性和精美性;二是精品意识体现文化工作者对事业的追求与奋斗,代表着他们振兴民族文化的奉献精神,具有强大的人格感染力和号召力;三是精品的本质是创造与突破,是超越时空的不朽之作,具有广泛的传播性和较高的文化价值。生产大量优秀的独具西藏特色的文化产品并产生名牌效应,定会在文化精品与消费者之间建立起良性环境,即用优秀的文化产品促进消费者审美水平的提高;反过来,高水平的消费者又有力地推动先进文化的发展,促进西藏文化产业的不断升级。

总之,随着西藏地区经济跨越式发展,社会长治久安,人民群众物质精神生活水平的不断提高,西藏的文化产业必将迎来前所未有的发展空间和历史机遇。"十二五"期间,西藏将出台各类优惠政策大力扶持文化产业发展,力促文化实现大发展、大繁荣。《中共西藏自治区委员会西藏自治区人民政府关于推动文化大发展大繁荣的决定》提出到2015年,文化产业在全区生产总值中的比例力争达到3%以上,到2020年,文化产业成为西藏支柱产业的目标。只要我们坚持以邓小平理论和"三个代表"重要思想为指导,全面贯彻落实科学发展观,在党中央和自治区党委、政府的正确领导下,在全国的大力支援下,依靠全区各族人民的共同努力,西藏就一定能在文化产业发展的道路上走出一条既有地域特色、民族特色,又具有时代特色的崭新道路。

第四节 以旅游业为支柱,带动服务业全面发展

一、旅游业作为支柱产业不断完善发展

由于地理环境、交通条件及其他因素限制,直到1979年西藏自治区旅游

业管理局和中国国际旅行社驻拉萨分社才正式成立，1980年是西藏正式接待外国旅游者的第一年。从此，西藏地区旅游业才得以发展，凭借其独特的旅游资源优势和旅游设施建设力度的加大，不断吸引着祖国内地及世界各国的观光者，经过30多年的发展，旅游业已经成为西藏国民经济的主要支柱产业，并显示出巨大的潜力和迅猛的发展势头。

"实现旅游产品优势向旅游经济优势的跨越，把旅游业培育成为富民强区的支柱产业和推动全区经济跨越式发展的战略支撑产业，把西藏建设成为高原生态旅游目的地、藏文化特色旅游目的地，为建成重要的世界旅游目的地奠定良好基础。"这是西藏旅游发展"十二五"时期的主要目标。在这一目标的指引下，需要政府进行宏观调控，协调关系和资金支持，不断完善旅游发展体系，促进相关产业共同发展。首先，旅游设施不断完善。在旅游业的住宿方面，旅游企业、城镇居民家庭旅馆和农民家庭旅馆的接待能力显著提高。在旅游交通方面，策划包装和打造一批深受中外游客喜爱的旅游产品，基本满足了进藏游客的旅游需求。在旅游企业管理方面，新批准成立了12家旅行社，全区旅行社总数达到56家。其次，不断促进相关产业的共同发展。西藏旅游产业是一个综合性的产业，而发展西藏旅游产业涉及许多行业、部门和地区，旅游业的兴旺发展会刺激和促进现代商贸、旅游、饮食服务、文化娱乐等其他相关行业的发展。多年来，西藏各级旅游部门及企业，积极开辟新的旅游线路，狠抓旅游基础设施建设，吸引大量旅游者前去观光、探险，旅游业呈现出高速增长的良好态势，并带动相关产业迅速发展，成为第三产业中的核心。

二、大力发展铁路经济

2006年青藏铁路通车后，在2007西藏游客接待量达到创纪录的402万人次的基础上，2009年的1—10月份，自治区就接待中外旅游者527万人次，超过了2007年全年的总量。比2007年同期增长41.8%。其中接待入境旅游者15万人次，接待国内旅游者512万人次，分别比上年同期增长168.8%和154%。旅游外汇收入5 793万美元，国内旅游收入406 657万元，实现旅游总收入444 805万元，比上年同期增长125.4%。青藏铁路给西藏旅游业带来了勃勃生机，青藏铁路拉萨车站在设计上对延伸到日喀则、林芝的支线也作了保留。西藏自治区党委书记张庆黎在放眼中国这条跨越世界屋脊的"南亚大通道"时，一语道破青藏铁路的意义，这是"西藏各族人民的幸福线、团结线、发展线和生态线。"铁路的开通把西藏带入了"铁路经济"的时代。作为21世纪连接南亚国家最便捷、最畅通的大陆桥，青藏铁路经济可以大力发展生态环境友好型采矿业、国内外旅游业和特色农牧产品交易以及南亚商贸业,从而实现西藏第三产业的历史性跨越。

三、加大对外服务联系

首先,西藏地处我国西南边陲,应积极利用当地条件,建设成为中国与南亚各国进行经济和文化联系的陆路大通道。改革开放推动了西藏对外服务的蓬勃发展,使得西藏与内地甚至世界经济技术合作得以加强,西藏的边境口岸和开放的边贸市场必定会与东部沿海的开放城市、开放地带遥相呼应,形成相辅相成之势。其次,中央五次西藏工作座谈会所定的一系列优惠政策,鼓励和吸引了大量国内外企业到西藏开展经济合作,西藏的边境地带在全国对外开放大格局中的战略地位必然会得到提升和加强。最后,边贸出口是西藏乃至全国探测南亚市场的窗口。随着中国与南亚国家商品贸易交流的升温,可以通过从各边境口岸和边贸市场对南亚各国的出口了解对方的经济结构和市场情况。特别是2006年关闭了44年的中印边贸传统通道乃堆拉重新开放以后,西藏的商贸迎来了前所未有的机遇,从而扩大了出口贸易的范围。从区位优势来看,最为便捷的陆路通道就是地处南亚前沿的西藏;从贸易互补性来看,南亚青睐我国的轻工业产品,同时南亚的农牧产品也在我国十分畅销,因此我国和南亚国家贸易互补性很强;从运输成本来看,约4 000千米的边境线和现有的29个国家口岸及开发的边贸市场,存在巨大运输成本的优势,给西藏提供了走向世界的天然通道和便利条件,西藏应积极争取更大的南亚过境贸易,增加外贸交易额,更好地带动以服务业为主的其他第三产业的发展。

第二篇

产业发展篇

第四章

西藏新型工业化发展

第一节 新型工业化概述

一、研究背景、目的与意义

关于西藏的工业化发展是否必要,争论颇多,即使走新型工业化道路在西藏已经成为得到中央政府支持的既定战略,心存疑虑者依然大有人在。其原因大多是对西藏的区情存在一些误判,对新型工业化还有一些误解。故本节着重厘清西藏新型工业化问题研究的背景,明确研究的目的和意义,以此说明本课题研究的必要性和价值所在。

(一)研究背景

全球工业化进程使各国生产力水平大幅提高,带给世界巨大的物质财富;但同时,也伴随不断增大的自然资源索取和对生态环境的破坏,出现了生态环境失衡、资源日益枯竭、空气和水的质量下降、气候异常等现象,人类生存环境出现加剧恶化的趋势,社会经济可持续发展面临巨大威胁,环境问题由此成为世界各国都无法回避的共同课题。自发达国家开始,各国都开始反思传统工业化道路存在的缺陷,试图寻找新的发展模式。进入21世纪,基于生态保护、资源节约和可循环利用的工业化发展模式的探讨和实践逐渐加强。2001年,美国著名生态经济学家莱斯特·布朗在其《生态经济:有利于地球的经济构想》一书中提出了获得普遍认同的观点,即工业化是经济增长的发动机,工业化的可持续发展,事关经济、社会与环境的可持续发展,新的工业化发展思路和模式,应在提高经济效益的同时,又能保护资源,改善环境,人类需要一种可持续发展的工业化发展模式。

按照中国社会科学院2007年发布的首部工业化蓝皮书得出的结论,我国已进入工业化中期的后半阶段。① 随着工业化程度的不断提高,我国经济发展迅猛,经济规模已跃居全球第二位。但长期以来,传统的粗放式发展模式导致了资源的大量消耗和巨大浪费,高投入、高消耗、高污染与低效益并存,严重破坏了生态环境。与此同时,伴随着信息化时代的来临,工业化与信息化"两化融合"的发展趋势日益鲜明。2002年,党的十六大报告明确提出了"走新型工业化道路"的要求,即"坚持以信息化带动工业化,以工业化促进信息化,走出一条科技含量高、经济效益好、资源消耗低、环境污染少、人力资源优势得到充分发挥的新型工业化路子"。② 全国国民经济和社会发展"十一五"规划将"切实走新型工业化道路"作为"十一五"期间的战略重点,"十二五"发展规划则继续提出了"坚持走中国特色新型工业化道路"的战略任务。党的十八大报告提出:坚持走中国特色新型工业化、信息化、城镇化、农业现代化道路,推动信息化和工业化深度融合、工业化和城镇化良性互动、城镇化和农业现代化相互协调,促进工业化、信息化、城镇化、农业现代化同步发展。③ 当前,我国正处于全面建成小康社会的关键时期,也是深化改革开放、加快转变经济发展方式的攻坚时期,走新型工业化道路已成为我国全面建成小康社会、实现可持续发展的必由之路,也是我国到2020年基本实现工业化、到21世纪中叶基本实现现代化的必然要求。

西藏地处青藏高原内陆,地域辽阔,自然资源丰富,但生态环境脆弱、经济基础薄弱,且作为重要的江河之源和气候调节区,生态屏障地位重要。自2001年西藏参与西部大开发及实施跨越式发展战略之后,全区经济社会发展持续跃上新台阶,"十一五"以来,地区生产总值(GDP)连续突破500亿元、600亿元、700亿元大关,增长速度高于全国平均水平,经济结构不断优化,产业关联度进一步提升,发展基础进一步夯实。但由于特殊的地理环境和历史原因,西藏与全国的差距仍然较大,特别是工业化差距很大。全国已进入工业化中后期,西藏到"十一五"末仍处在工业化社会初期。根据发达地区的经验,这个时期恰恰是工业化提速较快的时期,"十一五"以来的西藏经济数据

---

① 中国社会科学院.中国工业化进程报告——1995—2005年中国省域工业化水平评价与研究[M].北京:社会科学文献出版社,2007.

② 江泽民.全面建设小康社会,开创中国特色社会主义事业新局面[C].北京:人民出版社,2002.

③ 胡锦涛.在中国共产党第十八次全国代表大会上的报告[N].人民网-人民日报,2012-11-18.

已经印证这一点。按照钱纳里的"发展型式"理论,总产业结构变化的75%~80%会发生在人均国民生产总值100美元~1 000美元的发展区间,①西藏的人均GDP分别在2005年、2011年突破1 000美元、2 600美元,标志着西藏的经济结构转型在2005年以后进入关键时期,这必然促使西藏的工业化提速。

然而,西藏作为亚洲乃至北半球气候变化的调节器和国家重要的生态安全屏障,在全国乃至亚洲具有十分重要的生态地位。20世纪90年代以来,西藏的冰川退缩、高原冻土下界上升、草地退化、土地荒漠化、水土流失等问题逐渐加剧,生态环境保护和建设任务日益加重。2009年,国务院通过了《西藏生态安全屏障保护与建设规划(2008—2030年)》,提出要正确处理生态环境保护与经济社会发展的关系,坚持生态环境保护优先,通过必要的保护与建设措施,实现生态系统良性循环,保障国家生态安全。对于西藏而言,如何在改变工业化严重滞后的面貌和保护极端重要且十分脆弱生态环境之间保持协调与均衡,走有西藏特色的、适度的新型工业化发展道路,显然是破解这一问题的最佳路径。

近年来,西藏自治区党委和人民政府作出加快第二产业发展、加快新型工业化进程的部署,是符合经济发展的内在规律和西藏现阶段的区情特征的。例如,2009年的西藏经济工作会议提出要"下大力气发展优势特色产业,走新型工业化道路";自治区人民政府批准实施的国民经济和社会发展"十二五"规划明确提出,工业增加值年均增速达到27%以上,工业固定资产投资累计完成380亿元以上,到"十二五"末,力争工业增加值达到130亿元,工业增加值占GDP的比重超过15%。②

(二)研究目的与意义

1. 研究目的

根据新型工业化理论基础和西藏现实情况,构建"有西藏特色的、适度的新型工业化"理论框架,基于新型工业化的影响范围、资源条件及发展过程,对西藏进行新型工业化的准确评估,分析西藏新型工业化的变迁和现状,提出在保障生态安全前提下实现新型工业化的道路选择及其统筹生态安全屏障建设和新型工业化建设的政策建议。

---

① 李悦.产业经济学(第三版)[M].北京:中国人民大学出版社,2008:487.
② 西藏自治区人民政府.西藏自治区"十二五"时期国民经济和社会发展规划纲要,西藏自治区政府网站,2012-06-12;新闻报道.聚焦西藏"十二五"工业产业发展,新华网,2012-3-28.

2. 研究的意义

我国已确立 2020 年基本实现工业化的目标,选择了走新型工业化道路。从整体上看,尽管我国已进入工业化中期的后半段,但西藏还处于工业化初期阶段。在全国的主体功能区划分中,西藏大部分区域属于限制开发区和禁止开发区,因而只有选择有西藏特色的、适度的新型工业化道路。2001 年,中央第四次西藏工作座谈会确立了西藏跨越式发展的战略,跨越式发展自此成为西藏社会经济的主题,2009 年,国务院通过了《西藏生态安全屏障保护与建设规划(2008—2030 年)》,这使得西藏面临着加快发展和保障生态安全的两难选择,要破解这个困境,唯有坚持走"有中国特色、西藏特点"的发展路子,有西藏特色的新型工业化道路就是这样一条道路。因此,开展西藏新型工业化研究,提出在确保生态安全前提下推进西藏新型工业化发展的路径选择与政策建议,就具有重要的现实意义与深远的战略意义,将为实现西藏"十二五"规划提出的"保持经济跨越式发展,实现地区生产总值年均增长 12% 以上,城镇化率达到 30%,工业增加值占 GDP 的比重超过 15%"的目标,以及实现《西藏生态安全屏障保护与建设规划》提出的"到 2015 年,生态环境和经济社会开始步入协调发展轨道,到 2030 年,生态环境和经济社会呈协调发展态势"的目标,为建设生态西藏提供有益的政策参考。同时,由于西部地区大多属于生态环境脆弱和工业化水平落后并存的地区,本研究报告对于西部其他地区的新型工业化实践而言,也具有一定的参考和借鉴意义。

当前,尽管西藏新型工业化发展开始提速,但这一领域的理论研究仍很薄弱,远远落后于实践发展的需要。因此,加强对西藏新型工业化进程的现象诠释、规律总结及方向指导,提高研究成果对全区各级政府相关决策的参考价值,就显得必要而且紧迫。本研究报告突破了当前西藏工业化研究范式与视角、内容与方法的主要不足,首次对"有西藏特色的、适度的新型工业化"进行了明确的概念界定和较系统的体系构建,加强了实证研究及比较研究方法的运用,从影响范围、资源条件、发展历程、水平评估、特征比较等方面,对西藏新型工业化这一问题进行全面的分析和探索,提出了推进西藏特色新型工业化发展的路径选择和政策建议,填补了西藏新型工业化研究领域的一些空白点。

二、相关研究述评

本节先梳理工业化和新型工业化的概念,然后从国外、国内(含西藏)两个层次,系统梳理和评述工业化与新型工业化的研究成果,分析研究的趋势与不足。

(一)新型工业化相关概念

1. 工业化

在人类社会的整个现代化进程中,工业化具有前提和基础意义。作为发展经济学的核心概念和理论基石,工业化的含义可分为狭义和广义两类。

狭义的工业化就工业而论工业化,强调工业化是工业自身的发展,是工业规模增长、结构调整、发展方式转变的全过程,是制造业尤其是重工业在国民经济中比重不断上升直至占主体地位的过程。

广义的工业化认为,工业化是一个具有复杂而深刻内涵的范畴,是生产方式从传统手工业生产方式向机器大工业生产方式的转变过程。在这一过程中,产业结构从传统转变为现代,国民经济各产业之间相互协调促进,经济增长不断加快,包括经济制度和经济体制在内的生产关系发生巨大变革,人们生活方式、生活水平等方面发生显著变化。正如张培刚教授所指出的那样,"工业化的概念是很广泛的,包括农业及工业两方面生产的现代化和机械化","工业化绝不应该仅局限于工业部门,而应该涵盖整个国民经济"。①

本研究报告所指的工业化,是广义层面的工业化。

2. 新型工业化

"新型工业化道路"这一概念的首次提出源自于2002年党的十六大报告,其界定为:"坚持以信息化带动工业化,以工业化促进信息化,走出一条科技含量高、经济效益好、资源消耗低、环境污染少、人力资源优势得到充分发挥的新型工业化路子。"十七大报告把"中国特色的新型工业化道路"定位为"由主要依靠增加物质资源消耗向主要依靠科技进步、劳动者素质提高、管理创新转变";"十一五"规划将"走新型工业化道路"与"坚持节约发展、清洁发展、安全发展,实现可持续发展"相联系;"十二五"规划提出要"坚持走中国特色的新型工业化道路,适应市场需求变化,根据科技进步新趋势,发挥我国产业在全球中的比较优势,发展结构优化、技术先进、清洁安全、附加值高、吸纳就业能力强的现代产业体系"。

以工业化的广义含义为基础,本研究报告认为,新型工业化是传统工业化的新跨越,其"新"主要体现在:与信息化融合互动;以科技创新资源与劳动力资源为资源基础;由粗放式向集约式发展方式转变;将跨越式发展与可持续发展有机结合;积极参与国际分工与竞争。

3. 新型工业化模式

按《辞海》的解释,"模式"一词也称"范式",一般指"可以作为模本、范

---

① 张培刚.农业与工业化[M].武汉:华中工学院出版社,1984:236.

本、变本的式样"。新型工业化模式是新型工业化的主要形式与实现路径,具有多样性,选择合适的适合西藏自身特征的模式是西藏走新型工业化道路必须要解决的问题。

新型工业化模式既包括区域模式,也指一般模式。区域模式是基于资源条件、发展基础等方面的差异,各地区在新型工业化进程中逐渐形成的具有区域特色的模式。一般模式是基于不同手段与方式实现新型工业化目标的模式,包括技术进步与升级带动的技术进步模式,信息化带动的信息化促进模式,意识、品牌和制度创新带动的非技术创新模式,资源综合利用带动的循环经济模式,产业集群带动的集群模式,以及人力资源带动的劳动力模式等。

(二)国外工业化相关研究述评

在国外,工业化一直是经济史和发展经济学重点研究和关注的领域,最早可溯源至18世纪八九十年代的"工业革命"研究。"二战"之后,工业化研究进步较快,有价值的研究成果不断出现。但直至今日,对工业化的研究还缺乏一个普遍被认可的共同分析框架。

关于工业化的含义,国外研究者一般将工业化看作是其外部特征实现的过程,有代表性的观点包括:

《新帕尔格雷夫经济学大辞典》将工业化定义为:"工业化是一种过程。下面是一种明确的工业化过程的一些基本特征。首先,一般说来,国民收入(或地区收入)中制造业活动和第二产业所占比例提高了,或许因经济周期造成的中断除外。其次,在制造业和第二产业就业的劳动人口的比例也有增加的趋势。在这两种比率增加的同时,除了暂时的中断以外,整个人口的人均收入也增加了。"

德国经济史学家鲁道夫·吕贝尔特(1983)认为:"随着纺织的机械化,随着蒸汽机作为一项新的能源,随着从单件生产过渡到系列生产,过渡到大规模生产,人类社会才开始了巨大的变化,即我们称之为工业化的这种变化。"

美国经济学家西蒙·库兹涅茨(1989)认为:工业化即产品的来源和资源的去处从农业活动转向非农业生产活动。

关于工业化与发展中国家的关系,自1943年奥地利经济学家罗森斯坦-罗丹在其《东欧和东南欧国家工业化的若干问题》一文中提出了"经济落后国家要从根本上解决贫困问题,关键在于实现工业化"之后,工业化被普遍认为是与发展中国家的经济发展同义的概念。有代表性的观点包括:

英国经济学家琼·罗宾逊(1982)认为,工业化是一国摆脱落后,实现由不发达向发达转化的过程。她指出:"凡现代工业所产生的便利与不便利都不存在的国家,一般被说成是不发达的","要摆脱这种状态,必须实行工业化,因为工业化意味着将动力用于生产与交通,作为人力与畜力的补充"。

美国经济学家 H. 钱纳里(1989)认为,经济发展可划分为三个基本阶段,即工业化前的准备阶段、工业化实现和经济高速增长阶段、工业化后的稳定增长和向更高阶段过渡的阶段。从历史上看,工业化一直是发展的中心内容,考察二战后发展中国家的工业化进程可看出,发展中国家工业化型式包括外向型、中间型、内向型三种。

关于对传统工业化的扬弃,20 世纪 60 年代末和 70 年代初,由于美国等发达国家出现经济增长趋于缓慢及工业衰退现象,理论界开始对传统工业化道路进行反思。针对重工业基地的改造问题,美国卡特政府的高级顾问阿尔泰·埃兹厄尼于 1977 年首先提出了"再工业化"的论断,随即引发了广泛的再工业化问题探讨,研究者着力探讨如何摆脱传统工业化模式的缺陷,走可持续发展的工业化道路。

(三)国内工业化相关研究述评

1. 工业化相关研究述评

自 19 世纪末 20 世纪初,工业化就成为我国经济发展的主线,工业化的研究也即成为近现代中国经济思想研究的主流。新中国成立后,特别是改革开放以来,基于我国工业化实践的需要,理论界对工业化问题日益重视,开展了大量的研究,在工业化内涵与特征、工业化与现代化、工业化历史、中国特色工业化道路等方面,均取得了丰硕的研究成果。但迄今为止,有深度的计量研究尚显不足。

国内关于工业化的定义,著名经济学家张培刚的观点较有代表性。20 世纪 40 年代,张培刚在其博士论文中将工业化定义为"一系列基要(战略性)的生产函数连续发生变化的过程",这一定义被普遍视为广义工业化观点的典型代表。2002 年,张培刚对工业化的定义又进行了修订,认为工业化是"国民经济中一系列基要的生产函数(或生产要素组合方式)连续发生由低级到高级的突破性变化(或变革)的过程","工业化首先表现为生产技术和社会生产力的变革,然后表现为这一过程所引起的并且必然伴随而来的国民经济结构的调整和变动;最终必然会导致并表现为人们思想观念和文化制度的改变和变化;在一定情况下,它将导致整个经济体制或社会制度的改变和变化"。①

---

① 张培刚. 农业与工业化[M]. 武汉:华中工学院出版社,1984:236;农业与工业化(修订版)[M]. 上海:中信出版社,2012.

与张培刚一致,从广义的角度界定工业化是我国理论界的主流,从以下观点可见一斑。

程必定(1987)认为,一方面,工业化的发展过程就是先进生产力向其他领域推进和渗透的过程,生产力的发展成为工业化的核心和本质,从而体现为工业化的内涵。另一方面,在工业化过程中,生产力的发展加速了社会分工,旧的产业部门在改造中被细化,新的产业部门不断涌现和发展,产业结构向多元化发展,从而体现出工业化的外延。

龚唯平(2001)认为,工业化是一个有着复杂而深刻内涵的综合性范畴,其基本含义由浅到深划分为四个层次:第一,工业本身的发展,表现为工业在国民生产总值和总就业人口中的份额不断上升的过程;第二,产业结构的变换,表现为一个国家由农业国向工业国转化的过程;第三,社会经济关系的变革,表现为市场经济制度变革的过程;第四,文化层次上的变革,表现为人类文明不断演进的过程。

关于中国特色工业化的研究方面,拓展中国特色社会主义工业化道路、丰富中国特色社会主义工业化理论、推进马克思主义工业化理论中国化进程成为研究的主要取向。较有代表性的研究成果包括:

张培刚(1992)立足于发展中国家经济发展的实践,着重探讨工业化的发动因素和限制因素、工业化进程中现代工业建立与发展的基本条件、农业和工业的相互调整以及整个经济结构转换问题,并突出研究发展中大国的问题,为我国工业化的研究开辟了新的视角。

费孝通(1998)从实际国情出发,考察中国农村工业化发展状况,总结提出了四种模式,即工业化新模式、小城镇发展模式、区域经济发展模式、经济圈(带)模式。

宋正(2010)在分析和总结新旧中国工业化经验教训的基础上,提出中国工业化要遵循三个原则,即人民主权国家原则;人民利益至上原则;集中力量办大事的制度优势与科学、民主的决策及纠错机制相结合原则。并提出,中国工业化是大国工业化、后发型工业化、赶超型工业化,要在一个相对较短的时间内实现工业化,就要发挥集中力量办大事的制度优势,遵循科学、民主的决策及纠错机制相结合的原则,对于中国现在乃至可以预见的将来都是至关重要的。

除此之外,还有大量研究者从各种角度探讨了新中国成立以来中国的工业化战略选择与发展过程。

2. 新型工业化研究述评

2002年,党的十六大报告开创性提出了"新型工业化道路"的内涵,随着新型工业化道路的不断推进,这一领域的研究氛围日益活跃,研究内容日趋深入,研究成果不断涌现。纵观十六大之后的相关研究文献,研究内容主要集中在新型工业化内涵与特征的研究、新型工业化模式的研究以及新型工业化评价指标系和标准的研究等方面。针对全国的总体新型工业化问题的研究可以说已经比较丰富和深入。

(1)新型工业化内涵及特征的研究

关于新型工业化的内涵与特征的界定,理论界虽存在多种描述,但大多是围绕党的十六大报告等文件的表述展开的。在2005年之后,一些基于文化、制度等新视角的观点也时有出现。

魏礼群(2002)认为,新型工业化就是充分运用最新科学技术特别是信息技术加速科技进步的工业化,是提高经济效益和市场竞争力的工业化,是走可持续发展之路的工业化,是能够发挥我国人力资源优势的工业化。

林兆木(2002)认为,新型工业化道路是在新的历史条件下体现时代特点、符合我国国情的工业化道路,是以信息化带动、以科技进步为动力、以提高经济效益和竞争力为中心、与可持续发展战略相结合并充分发挥我国人力资源优势的工业化。

任保平(2003)认为,与发达国家的工业化相比,中国的新型工业化是以信息化带动的跨越式的工业化,它以充分就业为先导,以可持续发展为基础,把公有制经济与非公有制经济相结合,以政府为主导。与中国传统工业化相比较,新型工业化在实现机制上强调市场机制的作用,以政府职能得到切实转变为前提,以可持续发展为基础,以集约型经济增长方式为主要的经济增长方式,以完成工业化的任务和实现工业的现代化为双重目标,整个过程伴随着农业的工业化过程,以对外开放为典型特征。

杨民立(2005)足于工业化与文化、制度和科学技术的关系,提出新型工业化之"新",主要体现在文化传统、制度结构、科学技术三个战略层面的变革。

翟书斌(2006)认为,狭义的新型工业化包括以信息化带动工业化、工业领域科技含量高以及控制人口增长三个方面,广义的新型工业化还应包括制度设计、实现机制以及经济增长方式等问题。

吴敬琏(2006)认为,当一个国家实现从早期经济增长模式到现代经济增长模式的革命性转变,就意味着这个国家走上了一条有别于传统工业化的道路。推进新型工业化的重心是要发展"现代经济增长中效率提高的源泉",即"与科学相关的技术"的广泛应用、能够提高经济整体效率的服务业的发展、能够渗入和改造各产业部门的现代信息通信技术的运用。

(2) 区域新型工业化的研究

由于我国各地区发展基础及工业化水平的明显差异，区域特色的新型工业化研究自2003年起才陆续成为持续的热点，东北等老工业基地及西部欠发达地区的新型工业化问题也才开始引起理论界的关注和重视。但从10多年的研究情况来看，对西部新型工业化特色及工业化水平测度的研究仍然不足，对西部生态脆弱地区新型工业化目标、模式及路径的研究则更加缺乏。

王正伟(2003)提出，西部大开发中生态与环境的综合治理是压倒一切的头等大事，现实已不允许再走拼资源、拼设备的传统工业化老路，必须把资源消耗低、环境污染少作为实现工业化的基本要求，走一条经济效益、生态效益与社会效益三统一，青山永续、绿水常清、生态平衡、资源生生不已的可持续发展的新型工业化道路。

郭俊华(2005)借鉴发达国家和东部地区工业化模式，分析了西部传统工业化模式存在的问题，设计出西部地区在新型工业化进程中的三元工业化模式，即农村工业化—继续工业化模式、工业—再工业模式、工业的现代化—产业融合创新模式。

张海翔(2005)基于对特定西部民族地区实践的考察，提出了新型工业化要从生态、民族和人文观点超越传统工业化，并以此把握新型工业化的核心内容和发展方向。

李程程(2008)提出，我国西部民族地区实施新型工业化战略的路径选择包括：顺应经济全球化趋势，加快开放型经济发展；推进工业化和信息化的有机结合，用信息化带动工业化，促进工业结构优化升级；注意资源环境的保护，实施清洁生产，遵循循环经济模式；大力发展中小企业，使大中小企业协同发展；实施多元化的产业发展战略，优化地区产业结构。

庞瑞芝(2011)运用实证研究方法得出结论，即若进行传统的生产力测度，西部地区工业部门生产力年均增长幅度高于东部与中部，但当加入能源消耗与环境污染因素后，"新型工业化"生产力年均增长幅度呈现出东部最高、中部次之、西部最低的区域格局，表明东部地区工业增长率先实现转型，而西部地区新型工业化发展还面临着巨大挑战。

罗永乐(2012)提出，西部地区新型工业化的进一步发展主要面临着工业经济滞后、"三农"问题突出以及生态环境脆弱等方面因素的制约。在新一轮西部大开发中，基于西部地区的现实基础和制约因素，应该优先选择产业集群模式、农业产业化模式和循环经济模式来推动新型工业化的跨越式发展，努力缩小与其他区域的差距。

(3)新型工业化一般模式的研究

赵树宽(2003)提出了新型工业化的四种发展模式,即信息技术提升模式、信息技术密集模式、信息产业—经济带波及模式、新型工业与劳动密集型产业并重的增长极模式。

辜胜阻(2004)认为,在我国,对工业化而言,区别"新"与"旧"的重要标志是增长方式和发动主体。以民间资本推动、民营高科技企业为主体的新型工业化发展模式主要有技术推动或"内生"主导型(中关村模式)、市场拉动或"外引"主导型(深圳模式)和资本推动或产业升级主导型(温州模式)三种,各类模式在发动主体、领军人物、要素组合方式、主要技术路线、初始资本来源、政企关系、技术创新、创业文化和配套体系等方面有较大差异。

宋小芬(2006)认为,新型工业化模式包括技术进步模式、以信息化促进工业化模式、非技术创新模式、资源综合利用和循环经济模式、产业集群模式、充分利用人力资源模式。

滕堂伟(2006)认为,新型工业化模式包括区域集聚与产业集群模式、产业链式发展模式、清洁生产与循环经济模式、生态经济模式、资源开发和人力资本开发并举模式。

(4)西藏新型工业化研究述评

自2002年至今,理论界对于西藏新型工业化的研究并未获得大的突破,目前仍处于起步阶段,研究成果寥寥可数,已有的研究显得较为单薄与零散,尤其是关于西藏新型工业化的特色、工业化水平和实现程度的实证评价、西藏特色的新型工业化模式及路径等研究,目前基本上还处于空白状态。

曹水群(2004)认为,西藏走新型工业化道路的基本思路是:继续强化工业基础,信息化的发展要以工业化需求为导向;信息资源开发利用要以推动工业化发展为重点,以推动信息化和工业化双赢为宗旨。

金杰(2005)认为,新型工业化下西藏地区实现跨越式发展战略的基本思路是:以资源开发为起点,逐步优化产业结构;以家庭承包为基础,大力发展现代农业;以基础教育为根本,全力开发人力资源。

毛阳海(2009)依据产业结构演变理论、产业关联理论、工业化与新型工业化理论,论证了西藏实现适度的新型工业化的合理性,并通过对西藏工业化水平的评估、部分产业的效率对比、发展工业的历史与环境资源条件的研判,论证了西藏走适度的新型工业化道路的必然性,阐明了适度的新型工业化对于实现西藏产业结构高度化的重要意义。相对而言,该研究成果的研究范式较为规范,定量与定性研究方法结合较紧密。

肖霞(2011)分析了西藏走新型工业化道路的优势与劣势,提出要以产业结构为重点,加强对经济结构的调整、优化和升级;努力实现城市化与工业化、信息化与工业化良性互动;正确处理好集约化发展与扩大就业的关系,市场与政府的关系;贯彻落实科教兴区、人才强区、生态可持续发展和自主创新战略。

三、主要观点和可能的创新点

(一)主要观点

1. 西藏的工业化只能是有西藏特点的、适度的、新型的工业化,要有自己的发展模式,走自己的发展道路,可以借鉴,但不可照搬发达地区的工业化道路。

2. 西藏是在生态安全屏障、生态文明建设和国家安全屏障建设的大前提下推进新型工业化,要把维护和改善生态环境、节约资源、改善民生和维护社会稳定和谐置于十分突出的地位。

3. 根据西藏的经济数据,运用科学的方法进行测度,其结果表明,西藏尚处于工业化初期阶段,但近十年以来工业化出现提速现象。

4. 西藏的工业化发展不等于工业发展,而是基于结构优化目标的三次产业的全面发展,也涉及城镇化、信息化、农牧现代化、市场化的发展。

5. 西藏的工业化不是全面的工业化,而是有区域选择的、有重点的工业化,需要通过建设和发展工业园区或产业园区以及产业集聚,实现优化布局、集中发展。

(二)可能的创新点

关于西藏新型工业化的理论研究本身尚处于起步阶段,基于经济学研究范式的研究成果十分稀少,本研究报告基于经济学范式的西藏新型工业化发展研究,可能属于一项开拓性的创新研究。具体而言,其可能的创新点主要有:

第一,理论框架的创新。本研究报告首次建立了"有西藏特色的、适度的新型工业化"理论框架,从内涵、特征、目标和路径等方面,深化和拓展了新型工业化理论在西藏这一特定区域的应用性研究。

第二,观点的创新。对于西藏的工业化水平和程度,"有西藏特色的、适度的新型工业化"的内涵和目标,西藏新型工业化的发展模式和路径,以往的研究成果并未给出确切的回答。本研究报告对这些问题将进行归纳和总结,提出西藏要特别注意走绿色工业化道路,对西藏走有特色的新型工业化道路提出有针对性及可操作性的对策建议。

第三,研究方法的创新。本研究报告的论据建立在对西藏的工业企业、工业园区、工业主管部门进行调研的基础上,结合运用规范分析和实证研究方法,从而有可能得出一些原创性的研究结论。

第二节 西藏走新型工业化道路的意义、条件和目标定位

一、西藏走新型工业化道路的必要性和意义

中共中央第五次西藏工作座谈会指出,西藏当前社会的主要矛盾依然是人们日益增长的物质文化需要和落后的社会生产力之间的矛盾,要解决这一矛盾,当前和今后一段时期内,西藏的主要工作主题仍然是推进西藏经济的跨越式发展,以经济建设为中心,改善农牧民生产生活条件,增强自我发展能力,使西藏成为重要的战略资源储备基地,重要的高度特色的农产品基地。而工业化是一切国家和地区要实现经济发展的攸关问题,是社会经济发展难以逾越的一个发展阶段,是产业结构高度整合优化的必由之路。目前,西藏的工业化可称为是工业发展不均衡的、过度依赖中央投资注入型的、缺乏自身造血功能的、正处于工业化初级阶段的非典型二元经济结构下的特殊工业化。这一特点决定了西藏走工业化道路有其特殊而重要的意义。

(一)走西藏特色的新型工业化道路是扶贫的需要

西藏既是全国唯一的省级集中连片贫困地区,也是全国新一轮扶贫攻坚的重点地区。通过长期的扶贫开发建设和自治区政府强农、惠农、富农的政策引导,西藏农牧区的面貌显著改善,经济建设和社会发展取得了显著的成绩。但是,同全国其他省区相比,西藏农村发展水平还较低,经济基础还比较薄弱,仍处在较低的发展层次上,还存在一些急需解决的问题,扶贫形势仍不乐观。这主要原因如下:

1.西藏自治区贫困区域分散,自然条件差,扶贫任务比别的地区更加艰巨。从西藏贫困人口的分布来看,呈现为大分散、小集中的格局,分布于全区63个县200个乡镇。绝大部分贫困群众主要集中在海拔4500米左右的高原或是在四江流域峡谷地带的边远区域,自然环境恶劣、生存条件差、社会发展程度低、地方病严重,加之交通不便、信息不灵,开发成本高,解决贫困问题难度相当大,扶贫开发任务仍很艰巨。

2. 贫困地区基础设施十分薄弱,建设力度还需要不断加强。由于历史、自然等原因,贫困地区的基本生产条件和基础设施还没有得到根本改变,虽然公路建设取得了长足的发展,但是吃水难、行路难的问题还没有从根本上解决。一是农牧业生产基础条件差,生态环境脆弱。西藏大部分贫困区的自然条件十分严酷,农牧业基础设施建设滞后,抗御自然灾害的能力还很低,靠天吃饭和靠天养畜的状况未得到根本的改变。加之草场退化沙化现象严重,生态环境不断恶化,极大地制约着农牧业和农牧区经济的持续发展。二是安全饮水问题仍然比较突出。近年来,国家和区政府投入大量的资金,逐步改善了农牧区 61 万人的安全或基本安全饮水条件,饮水困难的人口有了大幅度下降,但由于居住分散、投入不足、水源不稳定等各种原因,仍然有 161 万人的饮水安全有待解决。三是贫困地区乡村公路通达率低,缺桥少涵,硬质路面更少;公路等级低、基础差、抗灾能力弱,通车率低,严重制约着贫困地区的经济发展。今后围绕乡通公路、村通车的目标,建设任务十分严峻。

3. 教育、文化、卫生事业仍然薄弱,工作难度仍较大。全区社会事业不断发展,基础设施建设不断完善,但是城乡、区域之间发展不平衡的状态仍然存在,农牧区的社会事业仍十分薄弱,同时由于社会事业发展的滞后,贫困群众的生活条件短期难改善。

4. 巩固温饱成果任务仍很艰巨。通过国家和自治区政府的不懈努力,初步解决温饱的农牧民群众的生活仍不稳定,一旦遇到自然灾害的袭击,因灾因病返贫率较高。西藏是多灾地区,每年因灾因病返贫人口约有 15%,个别地方甚至高达 20% 以上。

结合以上分析,西藏自治区因其独特的地域特征,至今发展相对滞后,农牧区贫困问题尤为突出,而贫困问题又会衍生出很多社会问题,影响社会稳定和国家的安全。因此,迅速有效地缓解和逐步消除广泛存在于西藏农牧区的贫困现象,既是西藏经济社会发展所面临的极具挑战性的课题,也是中国必须解决的重大战略问题,从某种意义上来说,西藏扶贫开发工作的成功与否直接关系到西藏稳定、边疆巩固、国家安全。要解决贫困问题,不是一朝一夕的事情,必须依赖于全区大环境的逐步改善与经济的不断发展。由此来看西藏必需且只能选择具有自身特色的新型工业化道路,这是西藏发展和全国发展的共同需要。

(二)走西藏特色的新型工业化道路是西藏经济实现跨越式发展的需要

西藏实行改革开放以来,在中央政府和自治区党委政府的关怀和坚强领导下,经济进入了历史上最快的发展增长时期。中央第五次西藏工作座谈会的召开,为西藏确定了未来10年的发展目标,即到2020年,农牧民人均纯收入接近全国平均水平,人民生活水平全面提升,基本公共服务能力接近全国平均水平,基础设施条件全面改善,生态安全屏障建设取得明显成效,自我发展能力明显增强,社会更加和谐稳定,确保实现全面建设小康社会的奋斗目标。使西藏成为重要的国家安全屏障、重要的生态安全屏障、重要的战略资源储备基地、重要的高原特色农产品基地、重要的中华民族特色文化保护地、重要的世界旅游目的地。这次会议,使得中央在西藏的发展战略在继承中不断发展,中央对西藏的扶持力度不断增大。在这种利好的大背景和环境下,自治区必须紧跟中央步伐,实现经济的跨越式健康发展,只有发展才是解决西藏所有问题的出路。但是如何发展?怎样发展?纵观各国的历史发展,给出的统一结论就是要走工业化道路,对于具有特殊背景的西藏来讲,具有西藏特点的新型工业化道路则是最佳的不二选择。

(三)走西藏特色的新型工业化道路是全面建设小康社会的需要

2013年1月24日,自治区主席白玛赤林在西藏自治区政府工作报告中指出:"今后五年,是我区全面建成小康社会的攻坚时期,是继续追赶全国发展步伐的关键时期。党的十八大对未来五年乃至更长时期党和国家全局工作作出了新的战略部署,具有重大的现实意义和深远的历史意义,为我们进一步做好西藏工作指明了前进方向。我们一定要认真学习、全面贯彻,紧紧围绕坚持和发展中国特色社会主义,进一步坚定道路自信、理论自信、制度自信,把思想统一到党的十八大精神上来,把力量凝聚到实现党的十八大确定的各项任务上来,把行动统一到自治区党委关于贯彻党的十八大精神的工作部署上来,团结一心,攻坚克难,为加快推进跨越式发展和长治久安,与全国一道全面建成小康社会顽强拼搏、艰苦奋斗、不懈努力。"西藏有80%的人口是农牧民,农牧业发展水平较低,改善农牧民生产生活条件,增加农牧民收入,是西藏经济社会发展的首要任务。在西藏全面建设小康社会,也需要工业化的进一步发展。

(四)走西藏特色的新型工业化道路是稳固边疆的需要

西藏自治区位于中国的西南边疆,青藏高原的西南部。它北与新疆维吾尔自治区和青海省毗邻,东连四川省,东南与云南省相连,南边与缅甸、印度、不丹、锡金和尼泊尔等国接壤,形成了中国与上述国家边境线的全部或一部分,全长4 000多公里。全区土地面积为122万多平方公里,约占全国总面积的12.8%。西藏的稳定,关系到全国的稳定,同时,由于十四世达赖集团在国际敌对势力支持下一刻也没有停止渗透破坏活动,所以深入开展反分裂斗争,继续完善落实维稳措施,构建维护稳定的长效机制,是保证西藏稳定的基础,而发展经济,使全区人民生活水平不断提高,则是西藏稳定的保障,所以,我们必须使西藏的工业化步伐在保持自身特色的前提下,实现快速发展。

二、西藏走新型工业化道路的环境资源条件

西藏自治区位于青藏高原西南部,地处北纬26°50′至36°53′,东经78°25′至99°06′之间的广大地区。北临新疆,东连四川,东北紧靠青海,东南连接云南,南与缅甸、印度、不丹、锡金、尼泊尔等国毗邻,西与克什米尔地区接壤,地势由西北向东南倾斜,地形复杂多样,陆地国界4 000多公里,南北最宽1 000多公里,东西最长达2 000多公里,是中国西南边陲的重要门户,无出海口。全区面积122万多平方公里,约占全国面积的1/8,在全国各省、市、自治区中仅次于新疆。西藏平均海拔在4 000米以上,素有"世界屋脊"之称。境内海拔7 000米以上的高峰有50多座,其中8 000米以上的有11座,被称为除南极、北极以外的"地球第三极"。

独有的地域特征,也使得西藏拥有丰富的物产资源。西藏土地资源丰富,土地总面积122多万平方公里,其中牧草地65万公顷,占总面积的53.79%。耕地集中分布在藏南河谷及河谷盆地中,东部和东南部也有少量分布,总面积达36万公顷,占土地总面积的0.3%。全区土地资源一大特点是未利用土地多,占土地总面积的30.71%,这些土地资源开发利用类型较全,既有耕地、园地、林地、牧草地、城镇及工矿用地、交通用地、水域和未利用土地等8种类型。西藏还是中国河流与湖泊最多的省区之一。据不完全统计,流域面积大于1万平方公里的河流有20余条。这些水资源主要来源于地表水资源、地下水资源、冰川资源和大气降水。西藏林区的阔叶树种极为丰富,几乎包含了北半球从热带到寒带的各种植物物种科属和生态类型,同时还保留了一部分古老的孑遗植物种群,是最丰富、最独特的野生植物宝库。裸子植物中的铁杉、红豆杉、澜沧黄杉和短柄垂子买麻藤是珍稀的孑遗植物,具有较高的经济价值和科学研究价值。西藏药物资源更是丰富,目前已知的药用植物有1 000多种,其中常用的中草药400多种,具有特殊用途的藏药300多种,较著名的药材有天麻、贝母、三七、黄连、大黄和鸡血藤等;菌类有200多种,其中虫草、灵芝、茯苓是珍贵的中药材,松茸、猴头、獐子菌是名特食用菌。西藏地形地貌复杂多样,河流湖泊众多,人口密度低,森林、草场类型丰富,为野生动物繁衍生息提供了良好环境。此外西藏能源资源主要有水能、太阳能、地热能、风能、林草和畜粪等可再生能源。石油、天然气和煤炭等非可再生能源资源发现较少。西藏矿产资源丰富,开发历史悠久。特别是近十几年来,以开发铬、铜、锌、盐湖、地

热、硼等优势资源为主的经营活动有序开展。在格局上已初步形成拉萨、山南等几个较明显的矿产资源开发经济区域,矿业经济已经或正在成为资源所在地主要的财政来源和支柱产业。目前,全区设立各类矿山企业200余家,建立各类矿山90余座,从业人员超过万人。据不完全统计,2010年度,全区矿业行业实现销售收入近20亿元,主要矿产品铬矿产产量17万吨、电解铜2000吨、铜矿石5万吨、铅锌精矿3万吨、碳酸锂6 000吨、红矾钠3 300吨、铬酸酐4 000吨、硼砂2万吨、硼煤矿3万吨。矿山生产从原来的人工采掘发展到半机械化、机械化,从地表露天到井下深部开采;所有制成分从单一的地方国营向国有、集体、私营、联营、股份制等多种经济成分发展;产品经营从出售原矿逐步发展到选矿加工,初步实现了采、选、贸一体化经营。随着青藏铁路的全面开通和能源、交通问题的逐步改善,长期以来,高运输成本和电力紧张制约西藏矿业发展的问题,正在得到解决。

所有这些形成了西藏走新型工业化道路天然的独特优势,作为工业化发展比较落后的西藏地区,要实现经济发展必须遵循比较优势原则,合理地利用自身资源,以有效地发挥自身的比较优势为基础,扬长避短,走不同于传统路子的新型工业化发展道路。

三、西藏新型工业化的内涵及目标定位

党的十七大和十八大报告都提出并重申了中国要走具有中国特色的新型工业化道路,推动信息化和工业化深度融合、工业化和城镇化良性互动、城镇化和农业现代化相互协调,促进工业化、信息化、城镇化、农业现代化同步发展。[①] 这说明目前中国的新型工业化已进入深度发展、协调发展的阶段。这一提法是世界工业化历史经验和中国工业化的历程总结,也是我们对工业化发展长期实践、探索、研究和总结的结晶,对西藏新型工业化的发展有一定的指导意义。在此基础上西藏自治区政府,根据党中央的方针,结合自治区的区情,提出了西藏走"中国特色,西藏特点"的新型工业化道路,这必然是以中国特色的新型工业化道路为依据,但是又有自身特点的新型工业化道路。

关于工业化,其通常被定义为:一个国家和地区国民经济中,工业生产活动逐步取得主导地位的发展过程。传统的工业化观点认为,工业化是指一个国家由落后的农业国变为先进工业国的过程。指的是工业(特别是其中的制

---

① 胡锦涛.在中国共产党第十八次全国代表大会上的报告[N].人民网-人民日报,2012-11-18.

造业)或第二产业产值(或收入)在国民生产总值(或国民收入)中比重不断上升的过程,以及工业就业人数在总就业人数中比重不断上升的过程。反映在技术进步方面,主要是指由手工技术向机械化转变,再由机械化逐步向自动化、信息化、网络化转变的这一过程。在经济结构方面则主要体现为以农业为主向以工业为主,再向以服务业为主演变的过程,而且是各个产业的技术水平和现代化程度不断提高的过程;同时,工业化也是城市化的过程,即农村人口向城市人口转移,而且是城市化率不断提高的过程。从整个社会的状态来看,工业化是由贫穷落后的农业社会和文明向先进发达的工业社会和文明,再向更加发达繁荣的后工业社会和文明转变的过程,是社会科学、文化、教育、医疗卫生、艺术、体育等等各项事业不断发展的过程。

一个国家和地区,工业化道路和内容的选择,主要取决于实现工业化要解决的问题。通常包含以下几个因素:发展什么工业;如何解决工业与农业的关系;采用什么技术发展工业;怎样筹集资本;依靠什么力量发动和推进工业化;以什么方式发展工业生产;在什么地方进行工业生产;通过什么机制实现工业化;如何正确处理工业化与城市化的关系;怎样正确处理工业化与资源环境的关系;如何实行国际经济技术联系。我们所强调和发展的新型工业化是融入全球的工业化;是传统工业化生产方式中融入信息化生产方式的工业化;是以新技术革命为动力,通过信息化带动的工业化;是统筹协调发展的工业化;是环境污染小、实施可持续发展战略的工业化;是人的全面发展的工业化。它具有开放性、跨越性、整体性和特色性。

新型工业化道路是西藏全面建设小康社会的必经之路。以机械化、自动化为标志的传统工业化飞速发展的同时也伴随着资源浪费、环境污染、生态破坏和大量失业。西藏具有独特的地理特点、历史文化和人文背景,并且正处于工业化水平亟须提高和信息化机遇亟待把握的关键时期,在这种前提下必须走出一条不同于其他地方的工业化道路,要注重科技含量和经济效益,同时兼顾区域经济发展和扩大就业,坚持防范风险和资源友好型的新型工业化道路。所以西藏要走新型工业化道路,必须结合区情,走不同于其他地方的特色工业化道路,关于这点,毛阳海教授在《适度的新型工业化是西藏经济发展的内在要求》一文中,通过对西藏区情的分析和深入调研提出了"适度的新型工业化"概念,其内涵和定位比较符合西藏的独特背景和现状,也符合自治区政府关于西藏走"中国特色西藏特点"的方针与要求。在文中毛阳海教授指出以下两点。[①]

---

① 毛阳海.适度的新型工业化是西藏经济发展的内在要求[J].西藏研究,2009(01).

第一,西藏的"适度的新型工业化"的内涵。

他认为,西藏的"适度的新型工业化",其本质包含了"一个前提"、"一个适度"和"一个特色"。具体而言,有以下几个方面的核心内涵:

(1)一个前提。是指西藏的新型工业化道路要以保证西藏高原的生态环境安全和生态文明为前提,实现青藏高原经济、社会和环境的和谐发展。

(2)一个适度。是指西藏的新型工业化要保持在适度的水平和进度范围之内,具体而言就是西藏的工业化目前不能盲目追求和其他地区一样的大规模的发展,主要发展一些当地的特色手工业就可以了。适度的水平是指西藏特殊的地域环境下工业化水平不需要同全国其他地区看齐,更不需要追求发达地区的工业化水平。适度的进度是指西藏工业化的进程,要根据自身特殊的地域环境和特征来决定发展速度,不需要追求跨越式发展。

(3)一个特色。是指西藏的新型工业化除了要具备中国特色外,还要有西藏特点。所谓西藏特点,总体上讲,是符合西藏自治区在全国的生态功能区的定位,适应西藏的环境资源条件,有利于发挥当地的比较优势和资源禀赋,有利于促进当地资源的转化和整合,进而有利于促进当地经济社会的跨越式发展和可持续发展。具体而言,体现在6个方面:①注意高起点和跨越式发展。十六大(2002)提出走新型工业化道路的时候,西藏才基本上进入前工业化社会,2003年西藏也提出走新型工业化道路。显然,西藏的工业化已经站在了一个较高的起点上,应当而且可以越过传统的工业化阶段,直接走科技型、集约型、低碳型、可持续的新型工业化之路。②注重环境友好、资源节约和可持续发展。西藏所在的青藏高原作为全国乃至亚洲的"江河源头"和生态安全屏障,决定了西藏必须摈弃先污染、后治理的传统工业化道路。西藏的自然资源虽然总量丰富,远景储量诱人,但是目前的煤油气能源仍基本上依赖区外输入,一些理论储量丰富的水力、矿产、地热等资源,实际开采或利用的难度大、成本高,资本、人才、信息、营销网络等优质软资源更加短缺,这就决定了西藏的工业化必须是资源节约、环境友好的绿色工业化。③西藏的新型工业化是在第三产业率先发展、第二产业逐步跟进、三次产业逐步协调发展、产业结构不断优化的环境下逐步推进的。西藏的第三产业产值占GDP的比重在1997年就超过了第一产业,2003年超过了第一、第二产业总和;第二产业的产值占GDP的比重直到2009年超过30%,其中工业增加值占GDP的比重还在8%附近徘徊。近年来,随着西藏工信厅的成立和经济发展战略的调整,西藏第二产业比重已经在稳步提升,2012年,全区工业完成增加值57亿元,比

2007年翻了近一番,第二产业增加值占GDP的比重达到35.2%,①未来5年内超过40%基本上没有悬念,但工业增加值占GDP比重仍难以超过建筑业(政府的目标是到2017年达到20%)。西藏未来的工业化道路基本上仍会延续以第三产业为龙头、第二产业对经济增长和结构转型的贡献逐步提高、产业结构更加协调和优化的演进格局。④走技术引进为主与自主创新相结合的道路。众所周知,西藏是我国科技教育竞争力最弱的地区,自主创新能力偏低。2009年,西藏的科技对农牧业增长的贡献率为38.5%,科技对经济增长贡献率为32%;②而全国的技术进步贡献率已达50%左右。西藏既没有必要也没有可能走自主创新为主的工业化道路,而是可以发挥比较优势和后发优势,通过技术引进来创立有西藏特点的高新技术产业,改造自身的传统产业。⑤对政府资源有较多依赖、资本来源逐步多样化的工业化道路。一方面,推动西藏产业升级的主体是第三产业,而西藏的第三产业又是消费型产业部门,规模超过了盈利型产业部门,三产中的公有制成分超过非公有制成分;另一方面,第一、第二产业虽然属于经营性部门,且非国有经济成分已超过国有经济成分,但是,政府投入的改善基础设施及环境条件的投资居高不下,给予的户均或人均政策性补贴或政策扶持也远高于其他省市区。因此,总体上看,政府资源对于西藏工业化或产业结构转型的贡献要大于市场资本和外来资本的贡献。不过,随着经济全球化、市场化的加深,资本来源多元化的格局也在逐步形成。⑥发挥比较优势和后发优势,以资源开发型、资源转化型产业为主的工业化道路。这一点和西部其他资源富集地区类似,和东部地区有很大不同。西藏是一个自然资源、民族文化资源、政策资源富集,而人才、资本、商品品牌、专利权和其他知识产权、市场信息和营销渠道等软资源比较短缺的地区,很难在普通的高技术产业方面和其他省市区竞争,更不可能进行全面的产业竞争,只能通过发挥比较优势和后发优势,发展当地资源富集、比较成本相对较低的特色产业和优势产业,通过发展特色经济走出一条有西藏特点的工业化道路。

第二,关于西藏的"适度的新型工业化"的目标定位。

他所设想的西藏"适度的新型工业化"的目标有以下几个方面:(1)在质上既要符合中国新型工业化的一般特征,即"一个适度"、"一个前提",符合

---

① 2012年的外贸数据引自白马赤林主席在西藏自治区十届人大一次会议上做的政府工作报告,西藏日报,2013-02-07.

② 西藏社科院.西藏蓝皮书·中国西藏发展报告(2010)[M].西藏藏文古籍出版社,2010.

"高、好、低、少、优、适、序";又要体现西藏的独特地域特色和比较优势。（2）在量上要体现适度,一是从工业化阶段划分来看,西藏不需要走完工业化全程,可以只走工业化全程的3/4左右即可;二是从工业化指标及衡量标准来看,有些指标,例如反映工业化水平的人均GDP、非农产业产值比、工业化质量和效益的指标体系、信息化程度指标体系、工业化协调性与可持续性的指标体系,可以基本上按照全国新型工业化的共同标准执行;另一些指标,如第二产业尤其是工业增加值占GDP比重、工业化系数、城市化率等,则只能按西藏高原环境资源承载力的"适度"目标值来执行,这个"适度"的目标值大致相当于标准值的70%~75%。一些核心指标的目标值如表3-1所示。

另外,西藏特色的新型工业化,一定要特别注意结构协调、技术进步、民生保障、环境友好、质量优良。相应指标的目标值设想为:第二产业的就业构成要达到30%以上;霍夫曼系数要降到1及以下;科技对经济增长贡献率要达到50%以上,高新技术产业产值占工业总产值比重要达到30%以上;城镇登记失业率要降到4%以下,社会保障率要达到100%,贫困发生率要降到5%以下;恩格尔系数要降到30%以下;城乡居民人均纯收入之比要降到3:1以内;大专以上学历人员占人口总数比重要超过5%;医疗网点覆盖率(覆盖到村)要达到100%;工业污染治理率要超过90%,工业"三废"排放达标率要达到100%;城镇绿化覆盖率要超过40%,城镇空气质量优良率要超过98%;工业产品优良率要达到80%以上;净资产收益率平均达到6%以上。

表3-1 西藏"适度的工业化"的核心指标的目标值与参照值

指标 目标值	人均GDP （美元）	第一产业 产值占 GDP比重 （%）	第二产业 产值占 GDP的比重 （%）	第三产业 产值占 GDP的比重 （%）	第一产业 从业人员 占就业人 口比重 （%）	工业化 系数	人口城市 化率（%）
国际标准	6 000~10 000	10以下	40~45	50以上	10以下	5以上	60以上
西藏标准	5000~8 000	10以下	35~40	50~55	20以下	3以上	45以上

注:①钱纳里、塞尔奎因、艾尔金顿和西姆斯等人提出的工业化全面实现的人均GDP目标值为4200美元(1970美元)、基本实现标准为2800美元(1970美元),表中人均GDP目标值是按2002美元确定的;一产就业比重降到23.7%基本实现工业化,降到8.3%全面实现工业化。布热津斯基和丹尼尔·贝尔提出,农业产值所占比例下降10%以下,标志进入后工业化阶段,下降5%以下可以看作完全实现工业化。②"西藏标准"是笔者基于适度工业化思路提出的个人设想,其中,人均GDP目标值是按工业化基本实现标准及2002美元确定的。

第三节　西藏新型工业化发展的历史和现状

西藏的民族手工业历史悠久,至少可以追溯到唐代,而现代工业出现较晚,一般认为是始于西藏和平解放初期;工业化发展则始于自治区成立初期,经历过60—70年代、80年代的大起大落,90年代以后才逐渐走上可持续健康发展道路;新型工业化始于2003年,迄今已走过10多年的发展历程,现在已进入工业化初期阶段。

一、西藏新型工业化发展历程

西藏在和平解放以前,是一个以农牧业为主的自给自足的自然经济地区,几乎没有现代工业,工业品都要靠进口,经济极其落后,人民生活十分艰苦。西藏的传统民族手工业有1000多年的历史;而现代工业基本上是在20世纪50年代初期才起步。因此,可以认为西藏的工业经济在和平解放初期已经起步,但那时还没有工业化的计划,工业化的起步大约是在60年代中期。目前已初步形成了以优势矿产业、电力、农畜产品加工、建材业、民族手工业、藏医药业、矿泉水及饮料业为支柱的富有西藏特点的工业生产体系。西藏的工业化则起步更晚,按照国家社科院专家用因子分析法对各地区工业化程度的分析,结果是到2005年,西藏的综合指数为0,还处在前工业化阶段。[①] 如果这个结论是可信的,那么,由此推论,西藏的工业化在21世纪初才起步。笔者根据西藏的人均GDP、GDP的产业构成等指标数据观察,认为西藏的工业化在20世纪60年代中期即已起步,只不过西藏经历的前工业化阶段可能比较漫长,直到"十五"末,西藏经济社会应该还处在前工业化社会;"十一五"以来,随着第二产业的提速和第三产业的持续快速发展,"十二五"之初西藏可能已越过工业化初期,正在朝工业化中期迈进。从20世纪60年代以来,西藏的工业化大致走过了以下几个阶段。

（一）"嵌入式"的萌芽时期(1951—1964)

1951年西藏实现和平解放,为了进藏人员"站稳脚跟"及稳定物价、发展

---

① 陈佳贵,黄群慧,钟宏武.中国地区工业化进程的综合评价和特征分析[J].经济研究,2006(06).

经济的需要,第二、第三产业的项目纷纷开工建设。例如,1953年修建了第一座现代工厂——拉萨地毯厂;1955年重新修建了660千瓦的夺底电站,土门煤矿、班戈湖硼砂矿、纳金电厂等厂矿相继建立开工,西藏贸易总公司、西藏财经大队、中国人民银行拉萨办事处、国家交通部西藏交通局、西藏气象局、西藏地质局、邮电部拉萨邮电局以及拉萨农业试验场、拉萨门诊部等机构纷纷设立;川藏、青藏公路于1954年12月通车拉萨,北京—拉萨航线开辟。1955年后,在国家帮助下先后建成了拉萨、昌都、格尔木汽车修配厂,拉萨木材厂、石灰厂、地毯厂、血清厂以及梗张林场。1956年6月,日喀则第一个火力发电厂建成发电,同年,西藏军区后勤部建成了被服厂、皮毛加工厂、铁木加工厂。1957年2月,西藏军区后勤部和西藏自治区筹委会公安处在黑河班戈湖办的硼砂厂建成投产。

20世纪50年代末60年代初,西藏的民主改革解放了生产力。硼砂、煤炭、水泥、电力等工业得到发展,机械、农具、食品加工等加工业以及轻纺工业开始建设;拉萨榨油厂、拉萨面粉厂、林芝毛纺厂、西藏火柴厂以及那曲、昌都、日喀则三地的皮革厂等基础工业得到发展。1960年,西藏军区生产部在拉萨西郊组建了拉萨皮革厂和拉萨农具厂;同年初,国家建立了藏北化工一厂(1962年下马),因开采硼砂使得西藏当年的工业总产值达到1.1725亿元,比1959年增长169.9%。1959—1964年,西藏的电力工业发展很快,年发电量从1959年的87.7万千瓦小时增加到1965年的2782万千瓦小时,增长了30.7倍。[①] 这些工矿企业的建成投产及交通邮电、贸易、金融、医疗、学校等非农牧业机构的建立,都是在国家帮助下完成的,可以视为西藏"嵌入式"工业化的萌芽。

(二)盲目进行工业化扩张的时期(1965—1979)

1965年西藏自治区成立,这时西藏有80个以当地原料为主的中小型工业企业,其产品为丰富人民的物质生活和发展生产发挥了积极作用。从20世纪60年代中期开始,西藏根据国家战备方针和边防实际,成立了"101"工程指挥部,实施了许多"小三线"工程项目,由于"小三线"军工生产需要有综合工业的发展,因此,"小三线"建设也促进了西藏工业发展,林芝毛纺厂、拉萨水泥厂等众多工矿企业纷纷建成。从1965—1975年,西藏的工矿企业由80

---

① 多杰才旦,江村罗布.西藏经济简史[M].北京:中国藏学出版社,2002:54-75、101、103-105;60年来西藏第二产业发展综述:从0到163亿元的飞越[N].西藏日报,2011-07-12.

个增加到218个,主要工业产品由18种增加到70种,发电量增长了6.7倍,水泥增长了1.3倍,原木和锯材增长了1.6倍,建立了包括电力、煤炭、建材、森工、纺织、皮革、印刷、食品等诸多行业在内的相对齐全的工业体系。从1965—1979年,第二产业生产总值由0.22亿元增加到2.02亿元,增长了8.2倍,平均每年增长17.2%;第二产业生产总值占GDP的比重由6.8%提高到27.7%(其中工业增加值占GDP比重由2.8%提高到9.2%);第二产业产值比重由不到第三产业产值比重的1/3演变到超过第三产业比重3.3个百分点,形成了似乎已走过工业化初期的假象。但是,这段时期的工业生产和"小三线"建设存在为了"填空白"而盲目建设的现象,兴建了一批无原料、无市场、技术不过关的工程和企业,如金河电站进行了一半就下马,煤矿、炼钢厂、糖厂、奶粉厂、玻璃厂都是无法生产或亏损严重的企业。另外,"破四旧"、"割资本主义尾巴"等极左做法,也对民族手工业造成严重打击。[①] 导致国家对工业投入越多、亏损越多,地方财政收入连年都是负数,地方经济社会发展完全靠国家投入,形成了"输血型"经济。

1978年,西藏和全国一道开始走上改革开放的道路。自治区确立了以电力、矿业、轻纺、民族手工业四大支柱为重点,带动其他行业发展的指导方针。先后建起了日喀则塘河电厂、山南沃卡电厂、献多电站、羊八井地热电厂等基础工业设施,为西藏经济建设、社会发展发挥了重要的作用。[②]

(三)工业化步入调整后的稳健发展时期(1980—1993)

1980年12月,区党委和区人民政府决定关停并转一批长期亏损的工业企业,把工业的重点调整到发展适合藏族群众需要的轻工业、手工业和水电建设上来。1981年共关停并转了32户工业企业,工业企业户数由1980年的310多户减少到280余户,工业产值由1980年的1.4894亿元减少到1981年的1.2601亿元。调整之后,一批新的工程项目或企业,如43项工程陆续建成,工业在调整之后出现稳健增长趋势,1984年,西藏的工业产值达到1.9289亿元,超过了调整前的1980年的水平。从1980—1993年,西藏的第二产业生产总值由2.18亿元增加到5.49亿元,按可比价计算平均每年增长3%;其中工业生产总值由0.8亿元增加到2.7亿元,按可比价计算平均每年增长

---

① 多杰才旦,江村罗布.西藏经济简史[M].北京:中国藏学出版社,2002:111 - 114;产值及增长率、比重的基础数据来自《西藏统计年鉴》,笔者做了必要的计算.

② 60年来西藏第二产业发展综述:从0到163亿元的飞越[N].西藏日报,2011 - 07 - 12.

5.1%。期间,从 1981 年至 1989 年,国家拨款 2340 多万元,用于西藏民族手工业扩建、新建厂房、技术改造、人才培训等,使民族手工业得到较快发展。1989 年,西藏民族手工业产值达到 4070 万元。

由于第二产业及其中工业的增长速度相对较低,第二产业产值比重、工业产值比重都有明显下降。从 1979—1993 年,第二产业产值比重由 27.7% 下降到 14.7%;工业产值比重由 9.2% 下降到 7.2%。① 虽然产值比重有明显下降,但是工业内部的行业、产品结构调整取得显著成效,火电、煤炭、化工等不适合西藏环境资源条件的企业实现退出,手工、矿业、食(饮)品加工、建材等能源、制造业的企业得到成长,特别是民族手工业在优惠政策护持下发展较快,羊湖电站上马、羊八井热电站扩建、拉萨啤酒厂投产、罗布萨铬铁矿投产,使西藏的特色工业出现了恢复性增长。工业的制度环境明显好转,经济效益逐步提高。若单从这种产值结构来看,似乎西藏还处在农业社会晚期,工业化出现了倒退,这其实也是一种假象,这一时期虽然工业经济增长速度出现了放缓,但工业结构的优化及工业经济效益的好转表明这一阶段的工业化比上一阶段仍有所推进。

(四)工业化逐步提速并转型的时期(1994 年以来)

西藏工业的恢复性增长和工业经济效益的好转,特别是矿业对经济增长、地方财政及老百姓增收的贡献,打消了许多人关于西藏不具备发展工业条件的顾虑,也为 1994 年以后西藏实施赶超战略奠定了基础。

1994 年 7 月,中央第三次西藏工作座谈会召开,会议提出从 1994—2000 年,"力争国民经济年平均增长 10% 左右"、"使多数群众生活达到小康水平"的目标,落实了全国支援西藏的 62 个、投资总额达 23.8 亿元的建设项目。② 这次会议为西藏各产业,尤其是第二、第三产业的发展提供了重要契机。1995 年西藏开始实施"510"工程,即根据规划和年度计划,滚动安排 10 个技改项目、10 个新产品开发、10 个拳头产品培植、10 个企业改组和 10 个企业股份(合作)制试点。从 1995 年到 2000 年,西藏先后成功完成了西藏明珠、西藏圣地、西藏金珠、拉萨啤酒、西藏矿业等股份有限公司的组建和股票发行与上市工作;培育了珠峰摩托、奇正藏药、拉萨啤酒、圣地矿泉水、红景天口服液等有

---

① 多杰才旦,江村罗布.西藏经济简史[M].北京:中国藏学出版社,2002:122、167;产值及增长率、比重的基础数据来自《西藏统计年鉴》,笔者做了必要的计算.

② 常雪梅.中央第三次援藏工作会议(1994 年 7 月 20 日 - 23 日)[EB/OL].中国西藏网.2010 - 02 - 03.

较强竞争力和较高知名度的高原特色工业产品;拉萨、日喀则、山南一市两地的三角区域逐步形成西藏经济尤其是工业、建筑业、服务业快速发展的"金三角",这里集中了全西藏80%的工业。工业体系进一步完善,形成了以矿业、手工业、藏药和保健品加工、青稞和牦牛肉等食品加工、啤酒和矿泉水等饮料、建材、毛纺和皮革等畜产品加工为特色产业群,涵盖30多个行业的工业体系。① 1994年以来,西藏大力发展旅游商品生产,促进了旅游业及制造业的发展。

党的十六大提出走新型工业化道路(2002年);党的十六届三中全会首次提出科学发展观(2003年),为全国及各地区的工业化、农业产业化的转型奠定了基础。西藏在中央第四次西藏工作座谈会召开(2001年)以后,在党的十六大、十七大精神指引下,在中央第四次西藏工作座谈会出台的50条优惠政策的支持下,经济结构调整取得重要进展,农业产业化、国企股份化步伐加快,乡镇企业获得快速发展,非公经济明显提速。一是特色产业发展加快。例如,2002年同2001年相比,藏药产业总产值增长13.73%,农畜产品深加工和民族手工业总产值增长27.2%,建材工业总产值增长30.01%。从2001年下半年开始,中央第四次西藏工作座谈会确定为西藏建设的"117"项目陆续开建,进一步促进了能源、建材、食品饮料、藏药、高原生物资源开发和旅游业的迅速发展。二是引导龙头企业采取"公司+基地+农户"形式。推进农业产业化经营,使得西藏银河、诺迪康藏药、高原之宝、拉萨皮革厂等企业成为西藏农牧业特色产业的领头羊。② 2004年,西藏申报确认了2家国家级农牧业产业化龙头企业,筛选认定了6家自治区级农牧业产业化经营龙头企业,使得国家级和自治区级龙头企业分别达到3家和13家,同时地、县两级培育龙头企业近50家,初步形成了四级龙头企业协调发展的格局。三是国有企业改制启动,国有经济布局初步得到优化。例如,组建了西藏高争股份有限公司、西藏华冠光电科技股份有限公司、西藏合邦电源科技股份有限公司、西藏藏药股份有限公司,启动了西藏旅游集团、西藏藏药集团的组建工作;2002年启动了西藏圣地、西藏明珠股份有限公司的股权转让和资产重组工作;2004年,西藏明珠完

---

① 罗莉,拉灿.西藏50年.经济卷[M].北京:民族出版社,2001:78-98;西藏社会科学院.西藏蓝皮书·中国西藏发展报告(2003、2004)[C].拉萨:西藏人民出版社,2003、2004.后面没注明的数据或事实也来自西藏蓝皮书。

② 西藏社会科学院.西藏蓝皮书·中国西藏发展报告(2003)[C].拉萨:西藏人民出版社,2003:81-82.

成资产重组复牌,国有经济布局初步得到优化。四是乡镇企业发展开始提速。从20世纪90年代中期起,西藏乡镇企业出现了效益滑坡的局面,这种状况在2003年起有了明显改变。2003年,西藏的乡镇企业总产值、增加值分别达到12.5亿元、3亿元,分别比2002年增长19%、17%,实现利润和上缴税金分别达到1.3亿元、0.5381亿元,分别比2002年增长18%、43%;2004年,西藏的乡镇企业发展速度进一步加快,其总产值、增加值分别达到15.3亿元、3.6亿元,分别比2003年增长22%、20%,实现利润和上缴税金分别达到1.6亿元、0.7099亿元,分别比2003年增长23%、32%。五是非公经济加快发展。西藏的非公经济同全国一样在党的十五大之后明显提速,1999年,西藏自治区党委、政府出台了《关于大力发展非公有制经济的决定》。从1997—2002年,西藏非公经济年均增加近6 000个工作岗位;到2002年,西藏的私营企业和个体工商户创造产值5.7亿元,上缴税收1.6亿元,占全区税收总额的16.9%;从2001—2004年,西藏非公经济平均每年增加1.77万个就业岗位,有效缓解了社会就业压力。六是产业结构进一步高度化,进而加快了西藏的新型工业化进程。西藏的产业结构尤其是产值结构在1994年以后演变较迅速。到1997年,第三产业产值比重首次超过了第一产业,产业产值结构的排序由"一三二"演进到了"三一二"。到2003年,产业产值结构进一步演变到22.0%∶25.7%∶52.3%,第二产业产值比重首次超过了第一产业,产业产值结构排序由"三一二"演进到了"三二一",初步实现了高度化;就业结构的演变速度要慢于产值结构,但和90年代初期相比,也有了十分明显的变化。从产业结构看,西藏显然在2003年前后已达到工业化初期的水平。

二、西藏新型工业化发展现状

党的十七大直接形成和完善了科学发展观,并进一步强调要推进信息化与工业化的融合(2007年),使包括西藏在内的各区域新型工业化进一步提速并加快转型。西藏自治区工业和信息化厅的数据显示,进入21世纪以来,西藏的一、二、三产增加值年均增速分别为4.4%、17.2%、13.4%,2010年,西藏的工业增加值完成39亿元,比2009年增长13.5%。"十一五"期间,西藏的产业结构继续改善,三次产业产值比重由2005年的19.3%∶25.5%∶55.2%调整为2009年的14.5%∶30.9%∶54.6%,提前一年实现了"十一五"规划提出的"第二产业增加值占地区生产总值的比重年均提高1个百分点"的目标任务。到2010年,第一产业产值比重进一步降至13.5%,第二、第三产业产值比重分别达到32.3%和54.2%,与1992年相比,第一、二、三产业产值比重分

别变动了 - 36.3、+ 18.9、+ 17.4 个百分点;①2012 年,西藏的人均 GDP 为 22936 元,产业产值结构演变为 11.5%∶34.6%∶53.9%,但工业增加值占 GDP 的比重仍只有 7.9%;从就业结构看,1990 年时,西藏的就业结构为 80.7%∶3.8%∶15.5%,到 2009 年,演变到 55.7%∶10.4%∶33.9%,2012 年演变为 46.3%∶13.4%∶40.3%。从 2012 年的人均 GDP 及产业构成数据来看,西藏的工业化应超越了初期阶段,正在走向中期阶段;考虑到工业产值占 GDP 的比重仍低于 10%,可以判断西藏的工业化尚处于整个工业化初期的后半段。

近年来,西藏在整体发展的同时尤其加快了工业经济的发展,注意提高工业的技术含量,注意工业的节能减排。一是注重对重点产业的技术改造。2010 年,国家重点产业振兴和技术改造资金为 1.1 亿元,其中重点产业和技术改造专项资金为 0.9 亿元,中小企业技术改造资金为 0.2 亿元。自治区工业和信息化厅会同区发展改革委共同确定了 23 家重点产业振兴和技术改造项目、13 家中小企业技术改造项目、5 家电子信息产业振兴和技术改造项目,加上 2009 年结转的 1 个项目,涉及金额 10 550 万元,都已由国家下达给西藏。二是注重适当发展高新技术产业。例如,总投资 0.683 5 亿元的西藏卫星导航高技术产业示范项目已于 2010 年底竣工,为西藏交通、旅游、政府应急救灾、公共事务安全提供了高技术支撑;2012 年 4 月 18 日,西藏有奇正藏药股份有限公司、诺迪康药业股份有限公司等 13 家企业被认定为国家级高新技术企业。② 三是清洁能源的使用为"三废"减排做出了贡献。例如,自 1990 年开始,国家先后在西藏实施了"科学之光计划""西藏阿里光电计划""送电到乡"工程等;到 2010 年,西藏光伏发电的累计安装量已经达到 9 兆瓦,占全区电力总装机容量 71.6 兆瓦的 12.57%,约占全国太阳能光伏发电装机 70 兆瓦的 13%,居全国第一;截至 2010 年年底,西藏农村户用沼气累计发展到 15 万余户,年产沼气 6 570 多万立方米,节约标准煤近 4.6 万吨,减少二氧化碳排放量 6.84 万吨。"十一五"期间,西藏在节能减排方面成效显著,2005 年单位地区生产总值能耗基数为 1.45 吨标煤/万元,2006 年达到 1.42 吨标煤/万元,下降率为 2.4%;2007 年达到 1.38 吨标煤/万元,下降率为 2.4%;2008 年

---

① 文中数据来源如无特别说明,2008 年及以前的数据均来自《西藏统计年鉴(2008)》,2009 年数据来自 2009 年的统计公报和西藏自治区 2009 年政府工作报告。有些数据整理和计算而来。

② 西藏自治区 13 家企业被认定为国家高新技术企业[EB/OL].新华网,2012 - 04 - 19.

达到 1.36 吨标煤/万元,下降率为 2.5%;2009 年达到 1.31 吨标煤/万元,下降率为 2.67%;2010 年全区预计实现单位地区生产总值能耗 1.28 吨标煤/万元,下降率为 2.29%。①

"十二五"期间,西藏工业经济发展的主要目标是:工业增加值达到 133 亿元,年均增速达到 27% 以上,工业增加值占全区生产总值比重达到 15% 以上,工业固定资产投资累计完成 380 亿元以上。为达此目标,需从以下几方面努力。一是将有重点地发展矿产业。"十二五"期间,西藏将建设"国家重要的有色金属开发和战略资源储备基地",在发展矿产业方面将统筹资源开发与环境保护的关系,做好优势矿产资源勘查与开发工作。二是将大力发展绿色产业。"十二五"时期,西藏将以打造"国家重要的高原特色农产品加工基地"和"国家级饮品生产基地"为目标,大力发展传统食(饮)品和现代大宗食(饮)品产业,加快推进矿泉水、青稞、荞麦系列产品加工,高原特色畜禽制品加工,高原林下产品开发,油脂加工和保健食品制造产业发展。三是将推进藏药产业化。将进一步优化藏药产业布局,建立和完善藏药材的保护开发体系、藏药科研创新体系、藏药标准体系、藏药人才培养体系。四是扶持民族手工业。将重点发展西藏藏毯产业,开发西藏民族手工业特色旅游产品,在保护和传承唐卡文化的同时,打造"中国唐卡艺术之都"的品牌。五是改造提升建材业。"十二五"时期,西藏将围绕能源、交通等基础设施建设和农牧民安居工程、城镇建设等民生工程和区域发展需求,以新型干法水泥和墙体材料为重点,积极发展绿色建材业。六是高效发展工业园区。"十二五"期间,西藏将建设格尔木藏青工业园区即西藏特色资源加工基地、日喀则工业园区、扎囊民族手工业园、白朗农副产品加工区。力争到 2015 年,西藏工业园区实现销售收入 150 亿元、工业总产值 75 亿元、工业增加值 42 亿元,创造税收 30 亿元,解决就业 2 万人以上;培育 1—3 个自治区级工业园区。② 如果"十二五"目标能够实现,则可以认为,西藏在"十二五"末将进入工业化中期阶段。

---

① 西藏"十一五"工业经济发展:从"三一二"到"三二一"[EB/OL].西藏日报,2010–11–30.
② 聚焦西藏"十二五"工业产业发展[EB/OL].新华网,2012–03–28.

第四节　西藏新型工业化发展的路径

新型工业化对于西藏这样的后发展地区及生态脆弱地区而言,确实是一个新生事物,如何发展更为有利、更为顺利,其路径需要认真探索。有三个重要原则是需要坚持的,那就是生态(或低碳)原则、特色原则和民生原则。为此,结构优化和布局优化就自然成为重要且可行的路径。

一、路径之一:结构优化与特色工业发展

改革开放以来尤其是20世纪90年代以来,西藏坚持"一产上水平,二产抓重点,三产大发展"的产业发展战略思路,"十二五"初又提出了"提升一产,壮大二产,做强三产"的新思路,这些产业发展战略思路对于优化产业结构起到了直接推动作用。其中在"壮大二产"方面提出要"突出抓好能源产业、优势矿产业、建筑业、藏医药业、高原特色食品业、民族手工业等支柱产业,加快建设拉萨经济技术开发区、格尔木藏青工业园,到'十二五'末组建大型企业集团10个以上"的具体任务。① 可见,自治区党委和政府已经考虑到要重点发展优势特色工业、建筑业和工业园区,组建大型企业集团,通过这些产业支柱和龙头来带动特色产业乃至整个国民经济的发展,进而优化产业结构。我们将在本节介绍西藏的结构优化及发展特色优势工业的情况。

(一)结构优化情况

1. 目前西藏产业结构优化简况

改革开放初期西藏的产业结构、产值结构、就业结构都呈"一二三"排列的双"下坡型"或双"反J形"结构,1978年的产业产值结构为50.7%:27.7%:21.6%,产业就业结构为82%:5.9%:12.1%。产业产值结构自1981年直到2002年基本上一直呈现"两头大、中间小"的"哑铃"结构或非对称"V"形结构特征,1981、2002年的产业产值结构分别为60.6%:16.2%:23.2%、24.5%:20.2%:55.3%。2003年的产业产值结构演进到22%:25.7%:52.3%,从这一年起产业产值结构演进到"三二一"排列的"上坡型"或"J"形结构,但第二

---

① 陈全国.在中共西藏第八次代表大会上的报告[EB/OL].中国西藏新闻网,www.chinatibetnews.com,2011-11-18.

产业比重偏低的"凹"型结构特征明显。就业结构演进速度远慢于产值结构,除2012年年初出现非对称"V"形结构特征外,基本上都没改变"下坡型"结构特征,但第一产业从业人员所占比重由80%以上下降到50%以下,非农产业从业人员超过大农业,成绩还是相当显著的。详见表3-2。

表3-2 藏各产业生产总值比重及从业人员比重

指标 年份	西藏各产业生产总值比重(%)				西藏各产业从业人员比重(%)			
	合计	一产	二产	三产	合计	一产	二产	三产
1978	100.0	50.7	27.7	21.6	100.0	82.0	5.9	12.1
1990	100.0	50.9	12.9	36.2	100.0	80.7	3.8	15.5
2000	100.0	30.9	23.0	46.2	100.0	73.3	5.9	20.8
2002	100.0	24.5	20.2	55.3	100.0	68.8	6.2	25.0
2003	100.0	22.0	25.7	52.3	100.0	64.1	9.3	26.6
2005	100.0	19.3	25.5	55.2	100.0	60.1	9.5	30.4
2010	100.0	13.5	32.3	54.2	100.0	53.6	10.9	35.5
2011	100.0	12.3	34.5	53.2	100.0	50.3	12.2	37.5
2012	100.0	11.5	34.6	53.9	100.0	46.3	13.4	40.3

资料来源:数据来自《西藏统计年鉴(2013)》,中国统计出版社,2013。

与"国际标准"结构比较,自治区的GDP产业结构在2003年以后就基本上达到了钱纳里的标准模式形态,虽然"第二产业"的产值占比比"标准模式"所说的下限低10个百分点左右,但是"第三产业"的产值比重要比"标准模式"的上限高出10个百分点还要多。从就业结构来看,自治区现状与"标准模式"仍存在较大的差距。从整体比较,自治区目前的产业结构现状比国际"标准结构"要低一个层次。

2. 城乡结构

首先,从人口结构看,西藏的大部分人口仍留居在农村,主要从事农业。到2007年,西藏的城镇人口数占常住人口总数的比重为21.5%,乡村人口所占比重为78.5%;农牧业从业人口、非农人口数占全部从业人口数的比重分别为56%、44%;到2012年,西藏的城镇人口仍只占常住人口总数的22.7%,只比2005年的20.85%提高了1.85个百分点。因此从城乡人口结构看,西藏的城市化进程比较缓慢,目前仍处于以乡村经济为重要支柱的城乡二元格局。

其次,从区域产值结构来看,由于非农产业的比较劳动生产率要大大高于农业,使得非农产业的产值比重已大大超过了农业,在西藏生产总值中已处于绝对支配地位,尽管如此,也难以改变乡村经济的主体地位。如2007年,西藏非农产业的产值比重已达到84%,非农产业显然已经在国民经济中占据了主体地位。但是,如果我们扣除乡村的非农产业产值和城镇的农业产值,则大致可以估计出西藏2007年的城镇、乡村的产值比重分别为61.9%和38.1%;①类似地,可以估算出2012年西藏的城镇、乡村的产值比重分别为60.2%和39.8%。② 城镇经济在自治区经济中仍然占据主体地位。

这种城乡产值结构和人口结构的不同,正好说明了城镇化和农村经济非农化是解决"三农"问题的重要而又有效的途径。

(二)特色工业发展概况

限于篇幅,我们选取西藏几种主要的特色工业进行简要介绍。

1. 优势矿业

(1) 资源条件

西藏矿藏丰富,目前已发现矿种有102种。在查明矿产资源储量的矿产中,有12种矿产居全国前5位,18种居前10位。西藏的铬、铜的保有储量以及盐湖锂矿的资源远景储量列全国第一位。③ 具备发展特色矿业的资源条件。

(2) 发展历史与现状概述

西藏的矿产地质调查始于20世纪50年代中期,1959年,国家在藏北建立了西藏历史上第一个非金属矿产企业——西藏化工一厂,到1962年下马停止开采为止,期间每年开采硼砂25万吨左右。1967年,西藏开始建设第一个冶金企业——东风铬铁矿,1980年正式投产。④ 此外,60—70年代,西藏还曾建成土门格拉煤矿、拉萨砖瓦石灰厂、拉萨钢铁厂、马查拉煤矿等矿产项目,但

---

① 据《西藏统计年鉴(2008)》第147页数据,西藏农村社会总产值中,农林牧渔业总产值占77.9%,非农产业总产值占22.1%。由此推之,西藏的城镇产值占城乡总产值的比重应该为61.9%(即全西藏非农产业产值比重84%减去农村非农产业产值比重22.1%),乡村经济产值比重应为38.1%(即全西藏农业产值比重16%加上农村非农产值比重22.1%)。

② 据《西藏统计年鉴(2013)》数据,在西藏的农村社会总产值中,农林牧渔业总产值占71.7%,非农产业总产值占28.3%;在GDP中,第一产业(农业)、非农业分别占11.5%、88.5%,据此可推知,乡村、城镇产值分别占60.2%和39.8%。

③ 西藏自治区工业和信息化厅.西藏自治区矿产工业"十二五"发展规划[Z].内部资料,2011.

④ 多杰才旦,江村罗布.西藏经济简史[M].北京:中国藏学出版社,2002:340-341、346-349.

这些项目由于脱离当地资源、技术、资金等条件而纷纷中途下马。①

1978年,西藏自治区确立了以电力、矿业、轻纺、民族手工业四大支柱为重点,带动其他行业发展的指导方针;1979年,西藏地质矿产局制定了《西藏地矿工作三年调整设想》;1980年,西藏地矿系统大批职工内调,经上级有关部门批准,西藏砍掉了久攻不克的找煤、找油项目,充实、加强了重点地质工作。1980—1986年间,原东风铬铁矿共采出优质铬矿36万多吨,创产值7 000多万元,利润3 300多万元,产值与利润居西藏工业首位。1985年起,西藏有关部门恢复了硼砂开采;到1987年,西藏掀起了大规模开采硼砂的"第二次浪潮"。从1986—1993年,罗布萨铬铁矿逐步形成了年产5万吨的生产能力。

受80年代西藏工业调整的影响,1986年时,西藏矿产工业产值只占全部工业产值的6.8%,此后逐步恢复并加快增长,到1993年,这一比重提高到30%左右。②

1994年,中央第三次西藏工作座谈会召开,西藏矿业发展迎来了重要的"黄金时代"。1994—1995年,昌都玉龙铜矿的湿法选冶试验取得初步成功,且成功列入国家及西藏自治区的专项计划;1997年,西藏第一座现代化金矿——那曲地区申扎崩拉藏布金矿正式投入运营;90年代后期,西藏组建了矿业发展总公司,其主业是铬铁矿的开采、加工、销售,形成了年产8万~10万吨的规模,净产值达到3.6亿元,年创利税5 000多万元。③1998年,西藏仅铁矿石的产量就达21.37万吨,比1967年增长10倍。

2001年以来,西藏矿产勘查工作取得巨大成果,到2010年年底,西藏已发现矿床、矿点及矿化点3 000余处,涉及矿种有102种,其中有查明资源储量的42种,其中有18种居全国前10位(铬、铜的保有矿产资源/储量以及盐湖锂矿的资源远景列全国第一位)。④ 到2010年年底,西藏设立各类矿山企业200余家,建立各类矿山90余座,从业人员超过万人。2010年度,西藏矿

---

① 西藏自治区地方志编纂委员会.西藏自治区志·财政志[Z].北京:中国藏学出版社,2011:158-160.
② 多杰才旦,江村罗布.西藏经济简史[M].北京:中国藏学出版社,2002:346-349、631-632.
③ 罗莉,拉灿.西藏50年·经济卷[M].北京:民族出版社,2001:82-83.
④ 西藏自治区工业和信息化厅,中国恩菲工程技术有限公司.西藏自治区矿产工业"十二五"发展规划(征求意见稿)[Z].内部资料,2011-03:6-7.

业行业实现销售收入近20亿元①;2011年,西藏的5个矿产行业的总产值之和为23.8944亿元②。

(3)存在的问题和发展建议

①存在的问题

到目前为止,西藏的矿产资源勘查与矿业发展仍处在初级甚至起步阶段,存在的突出困难和问题有:一是环境条件差,生产、生活极为不便,且成本高昂。矿产地一般都在偏僻的山区或盆地,交通、能源等基础设施不能满足生产生活需要,生活设施(如饮用水、电力供应、医疗、教育等)也极不健全,造成生产生活不便,成本高昂。二是企业规模小,技术水平低,产品深加工程度低。"大矿没几家,小矿遍地挖"的状况在不同地区不同程度地存在;企业大多管理落后,专业技术人员匮乏,资源综合利用水平不高,经营粗放,资源转化、利用的效率与效益都很低;矿产品深加工水平低,以出售初级产品及原矿为主,附加值不高。三是企业融资渠道不畅,流动资金紧张,很容易出现"半拉子"项目。四是部分项目前期工作严重滞后,矿区环保工程建设也未能同步推进,不利于矿业经济持续健康发展。③

③发展建议

我们认为,加强、加快和做好以下工作,可能有助于解决上述困难和问题。一是要在《西藏自治区矿产工业"十二五"发展规划》的基础上,进一步制定分地区、分行业、分年度的计划,并切实做到依法治矿,以便保证有序推进全区的矿业发展,防止乱采、乱挖情形发生。二是要完善矿区环境评估制度及加大环境执法力度,严格执行环评否决制度和环境达标制度,完善奖惩措施,确保矿业经济与环境经济协调发展。三是加快铁路、公路的支线建设,加快能源、通信、给排水等设施建设,推进矿区城镇化建设,改善矿区生产、生活设施条件。四是推进矿产资源开发整合工作,是做大做强优势矿产业。可以利用资本市场加快组建,做大西藏矿业集团;加大招商引资力度,引进有整合能力的大型矿企,带动当地矿企的整合。五是像引进中国黄金集团那样,引进战略合作企业,同时要扶持本地矿产企业做大、做强,培养本土化的企业家、工程技术人

---

① 西藏自治区工业和信息化厅,中国恩菲工程技术有限公司.西藏自治区矿产工业"十二五"发展规划(征求意见稿)[Z].内部资料,2011-03:6-7.

② 2011年数据引自《西藏统计年鉴(2012)》。

③ 西藏工信厅.西藏自治区矿产工业"十二五"发展规划(征求意见稿)[Z].内部资料,2011-03.

才、管理人才、投融资及营销人才,增强本地矿业经济的造血能力。六是引进中科院等科技机构及高校的地质勘探人才,组成若干强有力的找矿小组,重点寻找国家战略资源、稀有金属及贵金属、有特色的非金属矿产、能源矿产,确保不断增加矿产保有储量及工业储量。

2. 高原生物与特色食(饮)品加工业

(1)资源环境条件

西藏生物资源十分丰富,有野生植物9 600多种,其中药用植物2 000多种;大型真菌878种;有药用动物159种;药用矿物80余种。主要农作物有青稞、小麦、玉米、油菜、豆类等;特色畜禽有牦牛、藏系绵羊、绒山羊和藏香猪、藏香鸡等。西藏的地表水、地下水资源总量及人均、亩均资源拥有量均居全国第一,冰川水资源总量达332亿立方米。这些为西藏发展特色生物和绿色食(饮)品产业(以下简称该产业)提供了理想的资源条件。而且,西藏高原的生态环境基本保持了原生态、纯净,空气、水的质量优良,具备发展绿色食(饮)品产业的非常理想的环境条件。

(2)发展现状

"十一五"以来,西藏注重调整产业结构,重视生物产业和特色农畜产品加工业的发展,特别是2010年召开的中央第五次西藏工作座谈会提出要把西藏建成国家"重要的高原特色农产品基地",促进了该产业的快速发展。

① 产出持续快速增长。截至2010年年底,全区绿色食(饮)品生产企业达到80家,实现工业总产值14.42亿元,比2005年增长206%,年均增长24.6%;2010年该产业主要的产品产量:啤酒13.331 1万吨,瓶灌装饮用水8.405 9万吨,分别比2005年增长了172.5%、20.1倍,年均增长分别为22.2%、184%。

② 形成了主导产业和龙头企业。经过多年的发展,该产业已形成了粮食加工、肉类加工、饮用矿泉水、高原林下产品、油脂加工、保健食品等6大主导行业,涌现了西藏银河科技有限公司、达氏集团、天地绿色饮品公司、藏缘青稞酒业、高原之宝牦牛乳业有限公司、珠峰冰川矿泉水股份有限公司、西藏屋脊之宝食品有限公司等一批有一定规模的龙头企业。

③ 品牌建设和品质塑造初见成效。21世纪以来,西藏在该产业发展中高度重视品质塑造与内涵提升,以发展特色农业、绿色食品、品牌产品为依托,努力打造品牌、争创名牌,初步形成了"名品带名企,名企促发展"的良性发展格局。已经涌现出圣鹿食用油、5100矿泉水、藏缘青稞酒、拉萨啤酒等4个中国驰名商标和6个自治区著名商标,2010年,拉萨啤酒、5100冰川矿泉水已成

功出口美国,青稞啤酒、藏缘青稞酒和圣鹿核桃油成为上海世博会指定产品,5100冰川矿泉水获得中国优质矿泉水源、国家地理标志保护产品。

④产品质量及安全生产明显进步。21世纪以来,西藏认真贯彻"打绿色牌、走特色路"的方针,按照特定生产方式生产无污染、安全、优质、营养类的食(饮)品,成效显著。无公害、绿色和有机食品产地认定、产品认证水平都有大幅提高。例如,2007年拉萨啤酒公司通过GB/T24001管理体系,并获得出口食品生产企业卫生注册(登记)证。西藏天麦力健康品有限公司建立有机青稞种植基地,并于2008年通过农业部有机转换产品认证。仁布达热瓦青稞酒业有限公司的青稞酒生产线和青稞种植基地通过HACCP国际食品安全体系认证,产品通过了ISO9000质量认证。

⑤技术创新取得进展。仅"十一五"期间,西藏就引进和筛选出67个农作物新品种,6个畜禽优良品种,自主培育了青稞和油菜等33个新品种,全区畜禽良种率提高到26%。建立了藏丹参种植开发、野生天麻半人工栽培科技示范、绒山羊产业化开发等10个科技示范基地。例如,西藏圣禾生物科技有限公司开发出"圣禾"牌青稞品种,β-葡聚糖含量达8.6%,高于区内平均水平;西藏天麦力健康品有限公司获得具有独立知识产权的青稞项目发明专利5项;西藏天地绿色饮品发展有限公司在青稞制麦、青稞浅色啤酒、黑啤酒酿造方面形成了自己的知识产权并已申报专利。

⑥带动农牧业发展及农牧民增收作用增强。"十一五"期间,全区农牧业累计新增生产能力分别为:牦牛育肥7.86万头、短期育肥绵羊130.86万只、山羊绒685吨、藏香猪13.67万头、鸡鸭329.63万羽、马铃薯34.5万吨、蔬菜11.67万吨,带动就业5000人,项目区群众实现年增收高于非项目区群众600多万元。

(3)存在的主要问题、建议及展望

①存在的主要问题及其建议

一是农牧业转化率低、产业链条短。到2010年,西藏农牧产品转化率仅为10%,农牧产品加工产值与农牧业产值之比不到0.25∶1,远低于全国0.82∶1的水平。而且没有形成完整的绿色食(饮)品产业链条,初级产品、中间产品多,终端产品少,绿色和有机品牌的增值效益难以发挥出来。今后需要在延长产业链条、塑造绿色品牌、提高农牧产品商品率方面形成突破。

二是资源条件影响规模化发展。除矿泉水、青稞具有较大规模开发或生产的条件外,其他大多数资源都产量较小,满足不了大规模产业化需要。如松茸、虫草产量较小且存在过量、无序采挖现象,影响了其产业规模化发展。油菜、核桃受种植或栽培面积限制,也不能满足大规模生产要求。今后需要扩大野生植物人工种植的面积,对于加工企业所需要的农牧业原料,要采取"公司+农牧户"模式实现规模化种植和养殖。

三是企业规模小,技术与设备落后。目前西藏该产业产品虽然很有市场前景,但其产品生产企业存在规模小、技术与产量低、分布散、市场秩序乱的现象,尚未形成规模效益,产业内各企业的主导产品雷同、市场无序竞争现象较严重,和国内外同类企业相比,规模、技术、装备、质量、效益等方面的差距相当明显。今后可以通过提高行业集中度、组建大型企业集团、引进先进技术及设备等方式,解决所存在的问题。

四是质量标准体系、品牌体系不完善,科技贡献率低。现在西藏的食(饮)品企业大多存在质量标准和安全标准分工不明确,指标不完善、部分指标落后现行国际标准,通过HACCP体系和ISO2200体系等质量控制标准的企业偏少,国家驰名商标偏少等问题。由于技术及管理人才、研发资金缺乏,导致产品研发能力不足,科技成果转化率低。进而使得现有产品的科技含量低、附加值低,制约了企业及产业的发展。今后要加强质量标准体系、品牌体系建设,打造国内、国际驰名商标,运用现代科技改造传统产业,加快发展高新技术产业。

② 发展展望

未来发展的总体思路是:以改善人民膳食结构和保障民生为出发点,以科技体制创新为动力,以市场为导向,以产品质量为核心,实施"绿色驱动、名牌带动、科技推动、开放拉动"四大战略,大力发展矿泉水产品开发、青稞和荞麦等系列产品开发、畜禽制品加工、高原林下产品开发、油脂加工和保健食品六大主导产业,扩大生产矿泉水、啤酒、白酒、青稞制品、荞麦产品、肉制品、植物油、松茸、保健品等主导产品,推进食(饮)品产业由初加工向精深加工转变,由传统的粗放式经营向集约化经营转变,实现传统食(饮)品现代化、现代食(饮)品国际化、家庭饮食社会化,努力把高原生物和食(饮)品产业培育成为推进西藏经济社会跨越式发展和长治久安的战略支撑产业,把西藏打造成为国家重要的农产品加工基地和国家级饮品生产基地。

主要经济目标:根据西藏"十二五""十三五"高原生物及绿色食(饮)品发展专项规划确定的总体经济目标,"十二五""十三五"期间西藏高原生物及绿色食(饮)品产业工业总产值平均增长32.6%、20%,到2015年、2020年分别实现工业总产值59.02亿元、146亿元,"十二五"末工业增加值达到33.05亿元,实现利税总额11.7亿元。

3. 藏药和高原生物特色保健品制造业

联合国工业规划署曾指出:以生命科学为基础的健康产业是21世纪两大朝阳产业之一,而保健和医药正是生命科学中最具发展潜力的产业。到2009年,我国的保健食品产值已达134亿元,成为仅次于美国的世界第二大保健食品市场。

西藏拥有得天独厚的生产藏药和高原生物特色保健品的资源条件,这里的冬虫夏草、藏红花、红景天、雪莲花、雪灵芝等是闻名于世、功效神奇的高原名贵药品或保健品。

(1) 藏医药业

西藏、青海、甘肃、四川、云南是我国藏药生产的主产区。全国以藏药为主要产品的规模以上的生产企业共38家,其中西藏18家、青海11家、甘肃3家、四川3家、云南2家,山东1家。西藏规模较大的代表性企业有:西藏奇正藏药股份有限公司(奇正藏药)、西藏诺迪康药业股份有限公司(西藏药业)、西藏自治区藏药厂、西藏藏医学院藏药有限公司、西藏藏药集团股份有限公司、西藏宇妥藏药产业集团等。自治区各地区已经陆续成立了藏医院并设立了藏医科。目前,全区有藏医医疗机构18个,正在建设10所县级藏医院。藏医治疗病床数达650张。藏医专业人员总数2 400多名,其中国家在编藏医药工作人员1 516名,藏医药技术人员1 128名。

20世纪90年代以来特别是"十一五"以来,在国家和自治区政府重视和大力扶持下,西藏藏医药产业有了空前的发展。藏药生产企业从最早的手工作坊逐渐转变到工业化生产并发展壮大,藏药生产企业突飞猛增,藏药生产开始向标准化、规范化发展。1993年时,西藏的藏药生产产值只有600多万元,2000年时也只有2 000多万元。[①] 全区以藏药为主体的医药工业年产值从2005年的4.58亿元增加到2010年的6.5亿元,年均增长7.3%,藏药产业平稳增长。[②]

到2010年年底,西藏的藏药生产企业为18家,生产剂型有丸剂、散剂、胶囊剂、颗粒剂等8种,获得国家药品批准文号的306个。2010年11月,以奇正藏药为核心的五家公司共同发起组建的西藏宇妥藏药产业集团挂牌成立,藏

---

① 多杰才旦,江村罗布.西藏经济简史(第二版)[M].北京:中国藏学出版社,2002:630.

② 西藏自治区工业和信息化厅,中国中轻国际工程有限公司.西藏自治区"十二五"藏药产业发展专项规划(征求意见稿)[Z].内部资料,2011-03:8.

药产业集团化取得突破性进展。西藏企业将藏医传统医学与现代手段有机结合起来,生产出胶囊、口服液、片剂、贴剂等新剂型产品。目前,"十味龙胆花颗粒""十味蒂达胶囊""诺迪康""奇正消痛贴膏"等一系列新型藏药,得到了消费者的认可,十分畅销。①

《西藏自治区"十二五"时期藏药产业发展规划》提出了"十二五"发展目标,量化目标主要有:①到"十二五"末,藏药产业总产值达到 20 亿元,年均增长 27.9%,总产量达到 3 700 吨,年均增长 24.8%,带动全区农牧民年增收 3 亿元,产业新增就业人数 2 000 人。②建立 1~2 个藏药高新技术产业园区,促进藏药产业集群,形成科技成果转化基地。③建立 3~5 个紧缺品种种植研究基地。④开发 3~5 个具有自主知识产权的高科技藏药产品。⑤培养 2~3 家年销售收入超过 3 亿元人民币的藏药骨干企业。⑥培养藏药中级研究人员 220 人,高级研究人员 50 人等。②

为了保障藏药产业"十二五"目标的实现,"十二五"期间,自治区将从财政上进一步加大对藏医药行业的投入。其中包括每年 1 000 万元的专项发展资金。对企业的支持力度也进一步加大,对于对藏药剂型的改良、新药研发以及配方革新和生产,并取得《药品生产许可证》的企业,只要该项目拿到第一笔生产经营收入所属纳税年度起,免征企业所得税 6 年。

(2)高原生物特色保健品制造业

到 2009 年年底,西藏有保健食品企业 16 家,能生产 21 个品种。例如,西藏圣伯力生物技术有限公司利用青稞 β-葡聚糖生产具有辅助降血脂作用的青之元 R 青稞银杏胶囊;央科生物科技有限公司利用红景天生产的央科藏域牌红景天胶囊,具有增强缺氧耐受力,增强免疫功效;西藏梅邦虫草制品有限公司利用虫草生产的梅邦健康宝口服液、梅邦虫草精,具有调节免疫、抗疲劳、抗癌、调节血脂功效。

西藏现有的保健品制造企业普遍规模较小,设备和技术落后,市场销量小,需要在"十二五"期间扩大产能及销量,提高档次和质量。"十二五"期间的主要任务是:①建立虫草、藏红花种植基地。西藏的虫草、藏红花都是珍稀名贵保健品,原料供不应求,且生长在生态极其脆弱的高原,在开采的同时特

---

① 西藏藏药生产迈向规范化、标准化[EB/OL].新华网西藏频道,2008-09-03;西藏力争"十二五"末藏药产业实现产值翻一番[EB/OL].新华网,2011-12-16.

② 西藏力争"十二五"末藏药产业实现产值翻一番[EB/OL].新华网,2011-12-16.

别要注重保护。西藏的许多地区具备人工或半人工栽培虫草和藏红花的条件。按照西藏有关"十二五"专项规划,将在那曲、昌都地区对虫草人工促繁和半人工栽培关键技术进行攻关,到2015年建立总规模达到2万亩半人工栽培基地,实现虫草年采量增长50%,达到4.5万吨;在山南地区建立藏红花种球繁殖基地,每年将生产藏红花1 000千克,藏红花种球50万千克,为当地培养带动150户藏红花种植户,培养400名种植能手。②开发虫草、藏红花保健胶囊。"十二五"期间,西藏将以天知生物科技开发有限公司等为龙头,建立虫草、红景天、藏红花保健胶囊生产线,生产能力达到0.75亿粒胶囊/年。生产企业在生产车间、生产环境、生产设备等硬件设施上不仅要符合中国GMP要求,而且要符合美国和欧盟的GMP要求,以便提高产品质量和市场竞争力。虫草、藏红花保健胶囊的开发将使西藏高原生物和绿色食(饮)品上档次、上水平、上规模,成为西藏特色经济新的增长点。③开发藏红花及红景天、虫草保健饮料。"十二五"期间,西藏将开发年产3万吨藏红花及红景天、虫草保健饮料,以区内无污染、水质优良的矿泉水为基料,引进具有国际高水平的饮料灌装技术和生产线,生产具有保健、绿色、环保特色的红景天、藏红花、虫草系列保健饮料,实现销售收入1.5亿元,利税总额0.5亿元。①

4.民族手工业

民族手工业是西藏历史上的三大传统产业之一,属于劳动密集型产业,具有投资少、效益高、组织生产灵活、易于吸收社会劳动力、与农牧民生产生活关系密切等特点。经过多年的发展,民族手工业已经成为自治区极具比较优势的特色产业,在促进地区经济发展、维护社会稳定、弘扬特色民族文化等方面发挥着无可替代的作用。一直以来,自治区政府对民族手工业的发展非常重视,在"十五""十一五"计划中都把民族手工业确定为支柱产业,"十二五"计划又把民族手工业列为六大重点工业之一。可见,民族手工业在西藏经济社会发展特别是第二产业发展中具有非常重要的地位。

(1)民族手工业发展历史简述

① 和平解放前的民族手工业。据考证,西藏民族手工业的发展历史非常悠久。据卡若文化遗址考古发现,距今4 200年左右,藏族人制造工具的技术已达到较高水平,当时已经使用了陶器、雕刻器、石刀等系列石器、骨针等。吐

---

① 西藏自治区工业和信息化厅.西藏自治区"十二五"高原生物及绿色食(饮)品发展专项规划(征求意见稿)[Z].内部资料,2011-03:69-71(附件10高原生物特色保健食品)。

蕃部落兴起后,手工业同农业、畜牧业一起都有了长足发展,到了止贡赞普时期,发明了"烧木为碳,烧矿石而为金、银、铜、铁、铝,木为孔,制作犁及牛轭、建造桥梁、熬皮制胶等"。唐代,吐蕃王朝建立以后,藏族手工业向多门类和高水平发展。当时西藏社会成员有七牧、六匠、五商、四王等职业划分,其中六匠指铁匠、鞍匠、铠甲匠、弓匠、天师(神师)六种职业;也出现了氆氇、地毯、卡垫、藏被、围裙、帐篷、藏刀、金银首饰、陶器、藏鞋、藏帽、绘画、宗教用品等手工业产品。元代,为了满足寺庙宗教需要,金工工艺出现,一座座金、银、铜塑像相继问世,精美的法器和寺庙工艺品也层出不穷。到了明末清初,五世达赖在他的地方政府下设置了一个名为"雪堆拜"的办事机构,统管手工业。这标志着西藏手工业行会的产生。此后,拉萨陆续出现了5个行业会,即泥、木、石行业的"多辛基社",缝纫行业的"索康",金、银、铜、铁业的"雪白夺当巴",作画、雕刻行业的"晋素"和鞋业的"桑贾巴";江孜、亚东等地也出现了行业会,如江孜织毯业的"错巴"等。

但是,由于封建农奴制度的束缚,旧西藏的民族手工业基本上属于家庭副业,设备简陋、规模小、生产方式落后、生产水平低下。和平解放前,西藏手工业者仅占总人口的2.5%左右,据调查,到民主改革前,西藏有纺织、缝纫、鞋帽、制革、金银、铜铁、木石、造纸、印刷、雕塑、磨面、造酒、屠宰等45个行业,从业者约8 250户、25 000人,使用的工具非常落后。以缝纫业为例,1935年前后,仅有缝纫机6部,1950年时只有13部,几乎全用针线手工作业;铁匠使用古老的皮风匣子鼓风,甚至用石头作铁砧。而且,在旧西藏,手工艺人地位十分低下,生活极端贫困;旧政府明文规定手工业品"不得花样翻新",从而严重阻碍了手工业的创新和发展。①

② 和平解放后的民族手工业。大致可分为四个阶段:

第一阶段(1951—1958年)。和平解放后,党和政府大力扶持民族手工业,仅1951—1956年间,就发放无息或低息手工业贷款136.6万元,促进了处于困境中的民族手工业的发展。企业和从业人数有所增加,拉萨从业人员最多时达2 500多人。1953年由西藏军区副司令员阿沛·阿旺晋美领导组建的拉萨市地毯厂,是这个时期成立的重要厂家之一。

第二阶段(1959—1965年)。1959年民主改革后,在各级党委和政府的

---

① 多杰才旦,江村罗布.西藏经济简史(上)[M].北京:中国藏学出版社,2002:332-333;中国社会科学院民族研究所,中国藏学研究中心社会经济所.西藏的商业与手工业调查研究[M].中国藏学出版社,2000:208-209、234-237.

支持下,民族手工业得到迅速的恢复和发展。1965年,手工业互助组达238个,从业人员6 770人,产值从平叛改革前的124万元增加到892万元,年均增长32.7%。

第三阶段(1966—1978年)。"文化大革命"期间,民族手工业受到很大的破坏和冲击,老手工艺人受到打击,大批手工业者纷纷弃工务农务牧,部分民族用品和传统工艺被视为"四旧",导致民族手工业产品数量减少、产量下降。1978年,民族手工业产值从1965年的892万元下降到336万元,下降了62.2%;产品品种规格由1 300多种减少到860种,减少33.8%;从业人数由6 670多人减少到2 750人,减少58.8%。

第四阶段(1979年以来)。党的十一届三中全会以来,自治区党委和人民政府出台了一系列发展民族手工业的政策。如1980年8月颁发了《中共西藏自治区委员会关于手工业的几项规定》,从1980年起对民族手工业的集体企业和个体专业户免征工商税、所得税,对所需国家统配主要原料纳入计划;《全区落实政策工作会议纪要》对在"文革"期间被错定错划的老艺人平反、恢复名誉,给改行务农务牧的手工艺人解决"农转非"等实际问题;1984年颁发了《关于民族手工业若干政策的暂行规定》;1988年,对民族手工业艺人首次进行评职称工作,一次评定具有工艺美术专业职称资格的79人(其中高级工艺美术师19人、工艺美术师27人)。国家财政及西藏地方财政也拨专款扶持民族手工业,1980—1993年,仅国家财政就拨扶持资金2200万元扶持西藏民族手工业;各级党委和政府还鼓励民族手工业改革,如鼓励转换国有企业经营机制,鼓励集体企业、个体户发展,采取自选厂长(经理)、自招职工、自定工资、自负盈亏的"四自办法",实行各种形式的承包经营责任制,鼓励对外开放和技术进步等。这些举措,对民族手工业的恢复和发展起到了重要推动作用。到1993年底,西藏民族手工业产品品种由1978年的800多种恢复和发展到1 600多种,产值由1978年的2 000多万元增加到8 057万元,利润由1978年的约200万元增加到819万元。① 到1998年年底,西藏共有手工业企业近300家,手工业产品的花色品种达1 800多种,年产值超过1.5亿元。② 1980—2000年,西藏民族手工业的产值从611万元增加到10 545万元,20年间平均

---

① 多杰才旦,江村罗布.西藏经济简史(上)[M].北京:中国藏学出版社,2002:333-335.

② 罗莉,拉灿.西藏50年·经济卷[M].北京:民族出版社,2001:91-93.

增长率达15.03%。到2005年,西藏的民族手工业总产值达到1.89亿元。[①]

(2) 发展现状[②]

西藏民族手工业产品按照用途分为三大类:生产用品、生活用品和宗教用品,据不完全统计,产品花色品种已达2 000多种,其中江孜地毯、杰德秀围裙、扎囊氆氇、浪卡子藏被、加查木碗、拉孜藏刀、拉萨的金银器械、仁布玉器在国内外都享有较高的声誉。

"十一五"期间,藏族唐卡、藏族造纸技艺、拉萨风筝、藏族邦典与卡垫织造技艺、藏族金属锻造技艺、藏香制作技艺、拉萨甲米水磨坊糌粑制作技艺等15项民族手工技艺入选第一、第二批国家级非物质文化遗产名录,60项民族手工技艺进入自治区级非物质文化遗产名录。

① 产品分布

西藏民族手工业产品的生产大多数集中在"一江三河"区域和藏东,产品涉及十多种行业,包括纺织业、服装制造业、皮革制造业、家具、造纸、工艺品、木材加工业、金属制品业、宗教用品等。从区域分布看,拉萨盛产地毯、唐卡、金银铜器、藏纸、藏香、木雕、藏锁、土陶器;山南盛产围裙、氆氇、木碗、竹制品、玉器、藏戏面具(蓝脸);日喀则盛产卡垫、藏刀、藏鞋、藏纸;昌都盛产唐卡、铜像、马鞍;那曲盛产帐篷、氆氇;林芝盛产藏刀、响箭;阿里盛产陶器、藏戏面具(白脸)。

② 发展成就

总体而言,产出增长很快。2010年全区民族手工业总产值4.43亿元,较2005年的1.89亿元翻了一番。其中,藏毯工业总产值13 500万元,产量4.47万平方米;藏香工业总产值10 500万元,产量3 500吨。

(3) 发展优势

第一,自然资源优势。西藏具有丰富的森林资源、种类繁多的动植物资源,常年饲养各类牲畜2 500多万头(只),是天然羊毛、羊绒、牦牛绒、牛羊皮的主要产地,年产羊毛近1万吨、羊绒1 000吨、牛绒500吨、牛皮150万张、羊皮400万张。藏毯等手工业品加工中必需的天然植物、矿物染料在西藏也有

---

① 西藏科学院.西藏蓝皮书·中国西藏发展报告(2004)[M].拉萨:西藏人民出版社,2004:150-153;西藏自治区工业和信息化厅,中国中轻国际工程有限公司.西藏自治区"十二五"民族手工业发展专项规划(征求意见稿)[Z].内部资料,2011-03:4.

② 西藏自治区工业和信息化厅,中国中轻国际工程有限公司.西藏自治区"十二五"民族手工业发展专项规划(征求意见稿)[Z].内部资料,2011-03:5-9;西藏统计年鉴(2012).

很好的资源条件。

第二，人文资源优势。西藏的民族手工业产品是当地千百年的民族特色文化的集结，是生活习俗和地理资源沉淀与交融而形成的藏民族文化瑰宝，有其独有的比较优势。西藏的民间手工艺有广泛的群众基础，每个人都是手工艺的创造者和享用者。他们中的拉巴次仁（唐卡绘画大师）、格桑次旦（勉塘画派传承人）获得中国工艺美术大师称号。

第三，旅游资源优势。西藏是国家重要的中华民族特色文化保护地、世界旅游目的地，旅游资源具有无可比拟的优势。随着青藏铁路的通车及公路、铁路、航空等立体交通网络的形成，西藏旅游业得到了空前发展，有力地拉动了民族手工业的发展。

第四，区位优势。西藏有4个陆路边境开放口岸、28个传统边贸市场，随着南亚陆路大通道的建成，西藏地区将成为对外开放的"桥头堡"，通往南亚的"贸易走廊"，为西藏民族手工业走向南亚市场提供了广阔的前景。

第五，政策优势。国家和自治区政府都非常重视民族手工业的发展。中央第五次西藏工作座谈会提出加快发展民族手工业。自治区政府出台了一系列支持民族手工业发展的重要文件，这些都为民族手工业的发展起到很大的促进和推动作用。

（4）存在的问题

民族手工业作为西藏地区经济发展中的特色产业，仍处于发展的初级阶段，问题和困难并存。

一是产品市场缺少竞争力。绝大多数民族手工业企业仍处于家庭作坊状态，生产没有标准化。同时规模小、厂房陈旧、设备落后、资金短缺等也造成了产品质量参差不齐，表现出"两低一高两差"的特点，即：科技含量低、产品附加值低、成本高、市场适应能力差、竞争能力差。

二是缺乏人才，研发能力不强。西藏民族手工业在发展过程中，专业技术人员的缺乏一直是发展的制约因素，产品研发能力弱，产品更新换代慢。到2010年底，国家认定的全区少数民族特需商品定点企业从事民族手工业的有4 637人，而掌握一定技术水平的只有818人。

三是部分民族手工业技艺面临失传。传统手工艺技术人才断代，很多老艺人相继过世，年轻人大多又不愿从事传统民族手工业。有的传统民族手工技艺已失传，如卡若遗址出土的"双体兽行罐"，其制作技艺已失传。

四是产品结构需要调整。拉萨市城关区对民族手工艺企业的1 300多种产品的市场调查显示：民族特需品占50%，宗教、工艺美术品占30%，旅游商品占20%。全区地、县二级民族手工艺企业的调查显示：手工业产品的80%以上为民族特需品；而乡村家庭手工艺产品有九成以上是民族特需品。同质产品过多，且大多忽略了产品的便携、美观和旅游纪念意义，导致产品销售市场相对狭小。

五是资金短缺、融资困难。目前，全区传统民族手工业企业大多属于集体、私营企业。由于工艺技术落后、设备陈旧，导致利润低，积累少，无力承担设备更新及技术改造；同时，企业融资困难，难以发展壮大。

六是市场营销力量薄弱。西藏的民族手工业企业，其市场、品牌、广告宣传等意识淡薄，缺少专业的市场营销人员。大部分企业在城市商业区没有专销点，对市场营销和产品的推广力度不够，影响了民族手工业的成长和发展。

七是区内旅游商品发展缓慢，市场占有率低。近几年大量价廉物美的区外旅游商品的进入，对区内旅游商品的产销造成严重冲击。西藏旅游市场中的旅游商品，55%左右来自广东、江浙、四川、云南等地区，25%左右来自印度、尼泊尔等地，只有不到20%为西藏本地生产。外来产品大多数借用藏饰的工艺、资源和民族风格等元素进行生产，而本土旅游商品因品种少、成本高、价格贵、营销差等因素，影响了市场占有率。在西藏最大的八廊街民族手工艺市场，不难发现就连牛绳、哈达这类产品大多都是内地加工生产的。

(5) 发展展望①

① 总体发展目标

"十二五"发展目标是建立和进一步完善西藏民族手工业的四大体系，分别是标准体系、科研创新体系、产业体系和人才培养体系；让西藏民族手工业的市场竞争力全面提升。促进民族手工业在科研、教育、产业、文化等方面全面发展。力争在到2015年手工业产值达到13亿元，带动全区农牧民年增收5亿元，带动48 000人就业，并且争取"十二五"期间，全区民族手工业产值年增长速度保持在24%左右。

远景发展目标是"十三五"(2015—2020年)期间，民族手工业年平均增长率达到15%。到2020年，民族手工业产值达到26亿元，力争产值翻一番；旅游商品区内市场占有率达到60%以上。将西藏真正打造成国家重要的特色旅游商品加工基地和世界藏毯之都。

---

① 西藏自治区工业和信息化厅，中国中轻国际工程有限公司. 西藏自治区"十二五"民族手工业发展专项规划(征求意见稿)[Z]. 内部资料，2011-03：18—39.

② 具体发展目标

一是建设3个工业园区(拉萨市民族手工业园区、日喀则亚美手工业文化产业园、山南扎囊民族手工业园区)和林芝民族手工业特色展销街区,促进民族手工业向区域化、规模化、集聚化发展,打造一批以具有西藏特色为主导产品的龙头企业。二是重点发展藏毯产业,立足国内外尤其是东南亚市场,引导企业向专、精、特、新和系列产品开发方向发展,增加出口。三是开发西藏特色旅游商品。使西藏旅游商品开发设计能力、产品批量生产规模和经营促销水平都迈向更高台阶。四是建立西藏民族手工业博物馆。通过征集、收藏和陈列西藏古代、近现代各类手工艺品,向世人展示丰富多彩的民族手工业文化和悠久的民族手工业发展史。五是组建西藏传统手工业保护中心。弘扬与传承西藏民族手工业的历史与文化,同时对具有重要历史文化价值的或濒临消亡的民族民间工艺予以梳理和认定,完成对全区20个濒临失传的手工业技艺的保护。

③发展重点领域或重点项目

重点领域有五个方面:

一是藏毯业。藏毯是世界闻名的手工业产品,和波斯地毯、土耳其地毯并称为世界三大名毯。到"十一五"末,全区有重点藏毯生产企业10家,是目前西藏民族手工业出口创汇的龙头行业。按照"十二五"规划,西藏要做大做强藏毯业,使之成为出口创汇的支柱产业之一。力争到2015年,藏毯产量达到12万平方米,实现产值3.5亿元,出口创汇3 000万美元。

二是藏香业。西藏的藏香已有2 000多年历史,它由藏红花、麝香、红景天等几十种名贵藏药及香草手工制作而成,已成为藏民的日常用品和备受欢迎的旅游商品。全区有120多家藏香企业,已形成"优敏芭古藏香"、"优格仓百年古藏香"、"藏药厂甘露藏香"、"吞柏古藏香"、"神水藏香"、"敏竹林藏香"等知名品牌。"十二五"期间,自治区在政府的引导下,整合资源,培育藏香龙头企业3~5家,培育国家驰名商标1个,自治区著名商标5个。形成香囊、香袋、香枕、香被、香包、香粉等花色品种多样的旅游商品。到2015年,实现工业总产值2.5亿元,藏香产量达到5 000吨。

三是民族旅游商品。"十二五"期间,西藏主要开发的民族旅游商品包括:编织类、缝纫制品类、雕塑品类、金属工艺品类、陶艺品类、家具、古建筑、民间工艺品类等。重点发展金属制品业,藏族锻铜技艺、藏刀锻制技艺已分别进入国家级非物质文化遗产名录;自治区需要进一步加大民族旅游商品的研发力度,着力打造西藏本土创新实力品牌。到2015年实现民族旅游商品总产值3.3亿元,市场占有率40%左右,产品种类增加400多种,带动3万人就业。

四是民族家具和装修、装饰业。西藏传统家具、装修、装饰业历史悠久,且现在依然保持着浓厚的民族传统风格。随着人们物质文化水平的提高,以传统民族风格和时尚理念相结合的家具和装修、装饰等特色行业得到快速发展。不断发展壮大的高原特色旅游所需的藏式客房、藏式餐厅、藏式会议室、藏式娱乐场所的设施及装饰等,进一步促进了民族家具、装修、装饰等行业的发展。"十二五"期间,西藏通过发展精品藏式家具和藏式装修、装饰业,开拓区内外高端家居市场;将紧密结合自治区安居工程,抓住家电、家具下乡补贴政策的机遇,大力发展普通藏式家具和藏式装修、装饰业。力争到2015年,发展规模以上藏式家具生产企业5~8家,藏式装修、装饰企业8~10家,实现民族家具和装修、装饰业生产总值3亿元。

五是唐卡及工艺品制造业。唐卡是藏族文化中一种独具特色的绘画艺术形式,西藏唐卡按艺术形式分为绣像唐卡、绘画唐卡和版印唐卡三大类,其绘制工艺复杂,用料考究,色泽艳丽,经久不褪,具有浓郁的雪域风格,成为西藏旅游商品中的精品,市场前景广大。在"十二五"期间,西藏在保护和传承唐卡文化的同时,要走以绣像唐卡、绘画唐卡为主的精品唐卡和以版印唐卡为旅游商品并重发展的路子。

重点项目有两个方面:

一是建设具有西藏民族特色的手工业产业园区和生产基地。拉萨民族手工业园区(达孜),重点发展藏毯、氆氇、藏香等产业,规划形成中国藏毯的加工中心。日喀则亚美民族手工业文化产业园区,规划形成集体验、娱乐、购物、生产为一体的手工文化产业园。山南扎囊民族手工业园区,规划形成以氆氇、藏毯、卡垫、民族旅游纪念品等行业为主的生产基地。林芝民族手工业特色展销街区(八一镇),依托林芝旅游资源优势,发展特色民族手工业产品展销街区,建成集民族手工业产品加工、展示、销售为一体的、前店后厂一条街。西藏藏毯发展大厦,将建成集藏毯设计研发中心、产品展示中心、商务销售中心、检测中心、人才培养中心为一体的建筑综合体。

二是建设文化遗产保护机构。建立西藏传统手工艺保护中心,其主要职责在于定期对西藏民族手工业进行调研、普查,对其中具有重要历史文化价值的或濒临消亡的民族民间手工技艺予以梳理和认定,对其进行抢救、挖掘整理与恢复。建立西藏民族手工业博物馆,主要负责收集、征集、收藏和陈列西藏古代、近现代各类手工艺品,向世人展示西藏民族手工业的发展历史和丰富多彩的民族手工业文化。该馆建成后,也会成为中国乃至世界的一个重要旅游景点。

(6) 发展的保障措施

一是政策保障。中央第五次西藏工作座谈会制定的支持西藏跨越式发展的 5 项重大政策措施，为推进西藏实现跨越式发展和长治久安提供了强大的支持和动力。在国家工业和信息化部与西藏自治区人民政府制定的《关于共同推进西藏工业和信息化发展的合作协议》中，2011—2015 年，政府将在产业经费投入和政策支持等方面为西藏产业发展提供充分保障。在发展规划、产业政策、产业布局、投资计划等方面提供有力的指导和支持。在此背景下，自治区政府需要扎实落实对各个产业的政策优惠和保证，促进产业健康有序发展。

二是资金保障。"十二五"规划明确提出，要确保每年自治区的产业发展基金达到 5 亿元，把对自治区中小企业的扶持逐渐向民族手工业倾斜。同时建立民族手工业发展专项资金和民族传统手工艺专项保护基金，对于艺术价值很高且面临失传的民族传统手工艺品加工企业进行保护；积极争取中央支持产业发展的专项资金和引导资金。拓宽渠道，通过各种形式吸引社会资金投入到民族手工业发展，进一步发展和完善民族手工业融资渠道；建立以财政资金为引导，社会资金为主导的创业投资体系。

三是组织保障。建立民族手工业各类行业协会，并使其在实践中充分发挥在产业发展、技术进步、标准制定、贸易促进、行业准入和公共服务等方面的作用。建立开放的信息平台，真实及时地反映行业现状和问题，加强行业自律，保障企业发展。

四是人才保障。首先要充分发挥和调动现有人才的作用和积极性，尤其是老艺人和技术骨干的作用，做好相关政策和待遇的落实工作。如对技艺突出、成绩显著，并有发明创造的手工艺人，经考核评审，授予其相应的职称或技术等级，给予相应的政府津贴。建立民族手工业奖励基金，对做出突出贡献的单位和个人给予奖励。其次，要通过各种途径，加快人才培育步伐。采用企业自训、各地市重点培训和送出区外深造的多种方式，把培养创新发展手工产品、旅游商品开发设计人员作为人才培训的主要任务；对在岗职工定向、定期进行专项培训，尽快培养出一批素质高、技艺成熟的民族手工业产业工人；全面提高全区技工队伍的整体素质。再次，大力充实人才队伍。将西藏民间手工艺的传承教育落实到西藏高校学科创新发展中。在西藏高校开设民族工艺美术、包装装潢和工艺设计专业，通过招收本、专科生，代培生，进修生，扩大充实民族手工业人才队伍。最后，加大专业人才的对口支援。利用国家对西藏的优惠政策，加大内地科研院所对西藏民族手工业的支持。

五是立法保障。首先,应尽快制定和颁布对西藏的民间传统文化保护的相关政策法规和保护条例,明确文化遗产的认定标准及名录,界定民族传统工艺品及技艺的条件。通过各种方式对西藏传统手工业进行保护和抢救。其次,加大对民族传统手工业的知识产权保护。

六是宣传保障。西藏民族手工业作为藏文化的重要组成部分,是西藏人民及其千百年的传统文化、民族特色、生活习俗和地理资源沉淀与融合而形成的藏民族文化瑰宝,也是推动和发展中华民族大家庭五千年灿烂文明史的璀璨明珠,更是人类长期奋斗和社会发展的历史见证。要使其进一步发扬光大,首先要扩大宣传力度,通过电视、广播、报纸、网络等媒体,加大民族手工业文化、产品的宣传,让世人认识、了解、喜爱、使用民族手工业品。其次,让旅游业带动手工业,进一步扩大民族手工业中旅游商品的发展空间。再次,通过政府及对口支援的省市等多种渠道和途径,加强对西藏民族手工业产品的宣传与销售,促进民族手工业企业走出去,每年在区内外举办民族手工业产品展销会,举办关于民族手工业及藏毯等国际交流研讨会。加强国际交流与合作,让西藏的民族手工业走向世界。

二、路径之二:布局优化与工业园区发展

西藏的新型工业化发展必须要以维护生态安全屏障和国家安全屏障为基本前提,必须是有中国特色、西藏特点的新型工业化。为此,西藏除了要优化产业结构,着力发展特色优势产业外,还要优化地区产业布局。在西藏存在很强资源环境约束、主体功能区划对产业发展影响很大的前提下,实现工业集中发展或园区化,将是优化地区产业布局的最佳路径。我们将在本章介绍西藏工业园区发展的现状及存在的主要问题,并对其未来发展提出建议。

(一)工业园区布局概况[①]

西藏的工业园区包括自治区内所有的经济技术开发区(高新技术产业园区、科技产业园区)、工业集中区、工业园、特色工业园以及青海格尔木藏青工业园等工业基地,统称为工业园区。到2012年年底已形成或正在形成的工业园区有10个,即拉萨国家级经济技术开发区、达孜工业园区、堆龙德庆县工业园区、曲水县雅江工业园区、山南建材工业园区、扎囊县手工业园区、林芝生物科技产业园区、日喀则佳木斯开发区、格尔木藏青工业园、昌都工业园区等。

---

① 西藏自治区工业和信息化厅.西藏自治区"十二五"工业发展总体规划(征求意见稿)[Z].内部资料.

西藏按照工业发展向园区集中,园区向集约化、规模化、集群化发展的思路,计划在"十二五"期间,"开发一片、建设一片、收益一片",带动一方经济发展。将重点开展拉萨国家级经济技术开发区、达孜工业园区、堆龙德庆工业园区、曲水县雅江工业园区、山南建材工业园区在内的"一区四园"基础设施建设和招商引资工作;做好格尔木藏青工业园有色金属冶炼及深加工基地项目前期论证和项目建设工作;支持那曲物流中心农畜产品加工区建设、林芝地区生物科技园建设;将在昌都布局一个工业园区,促进藏东产业集聚、集约发展;将建立扎囊县民族手工业园区,日喀则市民族手工业园区,白朗、江孜农畜产品加工园区。

西藏区内的工业园区布局基本上呈现出集中于拉萨、山南、日喀则、林芝的地市政府所在地,及其周边县级政府所在地的带状或菱形分布,如果再加上格尔木藏青工业园和那曲物流中心农畜产品加工区,则可望形成倒T形点轴分布格局,随着青藏铁路即将向日喀则、林芝延伸,昌都工业园区即将建成,伞形复合点轴分布将会形成。

(二)工业园区发展现状概述①

到2010年年底,西藏有国家级工业园区1个,自治区级园区1个(达孜工业园区)、地市或县级工业园区7个,总规划占地面积39.79平方公里。注册企业300多家,已经入驻企业100多家,共计完成固定资产投资超过50亿元;2010年园区实现销售收入35亿元,实现税收10亿多元,解决城乡就业6 000多人。② 现已形成一定规模的工业园区是"一区四园",即拉萨国家级经济技术开发区、达孜工业园区、堆龙德庆县工业园区、曲水县雅江工业园区、山南建材工业园区。按照自治区"十二五"工业发展总体规划,到2015年工业园区要实现产值150亿元以上,其中工业产值达到75亿元,工业增加值达到42亿元,实现工业利润10亿元以上,上缴税金约为20亿元,其中工业税收达到10亿元,解决2万以上农牧民就业。③ 在"十一五"时期,仅拉萨的"一区三园"就累计完成建设投资22.67亿元,入园企业达到289家,其中工业企业99家,完成工业销售产值23.2亿元,实现工业增加值7.88亿元,实现工业税收1.31

---

① 西藏自治区工业和信息化厅.西藏自治区"十二五"工业发展总体规划(征求意见稿)[Z].内部资料.

② 李彦山,麦朵.西藏已有9个工业园区,实现税收10亿多元[EB/OL].中国西藏新闻网/西藏商报,2011-05-26.

③ 李彦山,麦朵.西藏已有9个工业园区,实现税收10亿多元[EB/OL].中国西藏新闻网/西藏商报,2011-05-26.

亿元,解决农牧民就业 8 736 人。2010 年,拉萨国家级经济技术开发区被工业和信息化部授予国家新型工业化产业示范基地。①

1. 拉萨经济技术开发区

(1)基本情况和发展现状

目前,西藏经国务院批准的国家级经济技术开发区只有拉萨经济技术开发区。开发区于 2001 年开始在拉萨市堆龙德庆县东嘎镇兴建,规划面积 5.46 平方公里。经过长期发展,已形成一个集研发、加工、出口、贸易、社区建设等为一体的综合开发区,是西藏发展经济、吸引外资、扩大开放与出口的重要产业集中区。开发区分 A、B 两区规划,融入拉萨市"东延西扩"城市总体发展规划,是西藏经济发展的重要增长极。

到 2009 年年底,开发区入驻企业 40 余家,总投资达到 40 亿元。自 2009 年以来,杭州娃哈哈集团、西藏自治区藏药厂等 24 家自治区内外知名企业的重点项目陆续开工建设,总投资达 28 亿元。目前,落地的 86 家企业中,非工业企业有 27 家。截至 2013 年 2 月,开发区累计注册企业已达 879 家。

(2)投资环境

一是基础设施已比较完善。经过 10 多年的建设,到 2010 年年底,开发区 A 区建成道路共计 12 条,全长 l6.3 公里,实现了包括通市政道路、供电、给水、排水、电信、有线电视、互联网、燃气和土地地貌自然平整在内的"八通一平"。总体设计绿化率40%以上,目前已完成绿化面积 8.1 万平方米,为投资商提供了一个良好的发展环境。到 2012 年年底,开发区市政道路网络已经形成了"三横九纵"方格网式市政道路格局。

二是除了重视基础设施建设外,开发区还重视"靠信用招商,靠信用发展"。首先,实实在在扶持落户企业的发展。其次,提高办事效率。例如,2009 年 8 月 10 日,娃哈哈集团与开发区签订了投资协议,8 月 22 日开始在开发区建厂,从考察到建厂前后只有 16 天。西藏娃哈哈食品有限公司办公室主任钟辉说:"2009 年 8 月 22 日公司开始筹建,开发区从民工协调到各种证件的办理都为企业想到了并积极帮助办理,真是无微不至。""今年公司要筹建营销公司,3 月 7 日才向开发区工商局递交材料,3 月 8 日他们加班就办好了。这就是开发区的效率。"②

---

① 拉萨市工业和信息化局.拉萨市"十二五"工业发展总体规划[Z].内部资料.
② 来自国家级拉萨经济技术开发区的报道之六[EB/OL].365 新闻网,2013 - 04 - 17.

(3)产业定位及重点项目

依托西藏资源优势,以资源开发和农畜产品深加工为重点,着眼于以下五大产业:一是高附加值的农林畜牧产品的深加工与精加工;二是藏医药的研发、加工、生产制造;三是光电产业;四是民族传统工艺产品(旅游产品)生产加工和制造;五是商业、配套房地产业、地区总部经济及其他产业(如软件设计业、GPS 产业等)。① 围绕这五大产业,该开发区将重点发展以下七大项目:②

① 独特的高原绿色林业资源加工。例如沙棘系列产品开发是园区很多企业及专家都十分关注的重大项目。包括沙棘酒、沙棘油、沙棘茶叶、沙棘果汁、沙棘果酒、沙棘果酱、黄酮口服液、沙棘油、沙棘洗发液、沙棘防晒液、沙棘天然色素等等。

② 牦牛肉品精细加工。西藏的牦牛存栏有 600 多万头,出栏率 20% 左右,为牦牛肉深加工和开发提供了丰富的原料。被称为"高原之宝"的牦牛肉蛋白质含量、乳干物质含量、微量元素和维生素含量均大大超过普通牛肉,有丰富的营养价值;且牦牛肉系列产品,均是地地道道的纯天然、高品质"绿色食品",具有广阔的市场。园区企业已引进牦牛肉干、牦牛肉罐头、牦牛肉酱加工生产线,将建成牦牛产品深加工基地。

③ 藏药生产基地化项目。甘露藏药已经在园区建立新厂,天知生物科技开发公司也开始生产虫草制品。开发区藏药生产基地化的实施,将促进藏药生产智能化、现代化、规模化、标准化,建成具有一定规模和西藏特色的藏药产业化基地。

④ 青稞深加工项目。青稞具有丰富的营养价值和特殊功效,可降血脂和降胆固醇,预防心血管疾病,预防结肠癌,清肠通便、清除体内毒素,抑制胃酸过多等良好功效。开发区引进青稞产品深加工项目,将有力推动西藏的特色产业——青稞产业的发展。

⑤ 土豆深加工项目。西藏的土豆种植面很广,拉萨的达孜县、城关区、曲水县、堆龙德庆县,以及山南地区、日喀则地区都有大规模土豆种植。拉萨的土豆因日照充足和高原特有的气候、温差,加上独特的种植方法,吃起来口感极好。在藏餐中,土豆屡见不鲜。广大市民及农牧区群众对其加工成的系列产品,如粉条、粉丝、淀粉、土豆片等,也倍加青睐。土豆系列产品是高原绿色

---

① 拉萨市工业和信息化局.拉萨市"十二五"工业发展总体规划[Z].内部资料.
② 拉萨市工业和信息化局.拉萨市"十二五"工业发展总体规划[Z].内部资料.

食品,不仅市场潜力巨大,其生产对环境无污染,而且加工后的残料可作为牲畜饲料出售,是理想的投资生产项目。

⑥ 太阳能产品开发项目。西藏拥有丰富的光照资源,太阳年总辐射值达6 000~8 000 兆焦耳/平方米,年日照时间为3 000 小时以上。拉萨素有"日光城"之称,丰富的太阳能源为西藏进行太阳能产品开发提供充足的自然条件,太阳能利用的市场潜力巨大。四川宝生实业发展有限公司计划在开发区建新能源动力储能电池管理系统生产基地;西藏英利公司太阳能产品的研发和推广,将有力地推动西藏的光电等新能源产业的发展。

⑦ 民族手工业项目。民族手工业产品主要有地毯(卡垫)、氆氇、围裙、藏民族鞋帽、民族画、民族家具、民族雕刻、木碗、金银首饰等,其中西藏藏毯行业是民族手工业的一大支柱。开发区已做好准备,迎接传统手工艺品的现代化改造项目入驻,并将扶持其发展壮大。

(4)优惠政策①

2011 年年初,拉萨经济技术开发区出台了包括土地、财税、金融、外贸等在内的 38 条优惠政策。

① 土地政策。例如,开发区土地按基准地价优惠 50% 提供给投资者,并免收土地使用费、土地管理费、土地登记费、土地抵押登记费,减半计收土地评估费;对一次性缴纳土地使用权出让金有困难的,可根据投资者实际情况确定分期缴纳(首期支付比例不得低于土地出让金总额的 50%,余额在 3 年内付清);土地使用期内,在完成投资总额的 20% 以上的投资后,可享有土地抵押、转让权;投资高新技术产业的企业,在基准地价优惠 50% 的基础上再优惠 10% 提供给投资者;对外商独资企业(包括港澳台地区投资者,下同),土地使用权出让价,按基准地价成本收取。

② 财税政策。例如,开发区内各类企业按 15% 的税率征收企业所得税;国家、自治区认定的高新技术产业和高新技术产品的企业,从经营之日起,分别免征企业所得税 10 年、8 年;从事药业、旅游业的企业,自生产经营之日起,分别免征企业所得税 6 年、7 年;开发区内新办内资工业企业,从获利年起,前 2 年免征企业所得税,后 3 年减半征收;开发区内注册、异地经营的企业或经营场所迁入开发区的企业,自经营之日起,减半征收企业所得税 5 年;外资企业从获利年度起,前 3 年免征企业所得税,后 3 年减半征收(其中,外商投资额在 500 万美元以上的项目,从获利年起,前 5 年免征企业所得税,后 5 年减半

---

① 拉萨市工业和信息化局.拉萨市"十二五"工业发展总体规划[Z].内部资料.

征收);开发区内企业将取得的利润进行再投资,经营期限不少于3年的,自生产经营之日起,返还所缴纳的增加投资部分的企业所得税,对该企业决策者,以个人所得的50%为基数征收个人所得税;除工本费外,开发区10年内免收各种行政事业性收费(国家明文规定收取的除外)。

③金融政策。例如,投资企业享受中央赋予西藏的贷款平均利率低于全国商业利率的2.472个百分点的特殊优惠政策;允许外商在开发区投资企业以汇质抵押方式向区内外汇指定银行申请人民币贷款;凡一次性投资在1 000万元人民币以上的企业,或注册在开发区,注册资金在3 000万元人民币以上的企业,开发区给予其贷款贴息的财政扶持;对享有边境贸易经营权的投资者,允许在边境贸易中以可兑换货币或人民币计价结算,准许其在区内外汇指定银行开立外汇结算账户。

④外经贸政策。例如,开发区内的经营企业可优先赋予边境小额贸易进出口经营资格;开发区内的企业,进口基础设施建设和企业自用的机器设备、建筑材料、办公用品等,免征进口关税和进口环节税,专为生产出口产品所实际耗用的原辅料、零部件、元器件、包装材料,以及外商投资者为履行出口合同在投资总额内进口的机械设备、生产用车等,海关按保税货物管理,免征进口关税和进口环节税。

⑤工商行政管理政策。例如,对外来企业迁至开发区登记注册,或在开发区设立分支机构的,工商、税务或特种行业管理部门只收取登记注册工本费,对产权清晰的企业可免交资产评估证明。工商注册登记费,企业注册资金在1 000万元以下的按0.5‰的标准征收,注册资金在1 000万元以上的按0.3‰的标准征收,超过1亿元的部分,不再计收工商注册登记费。登记注册为有限责任公司的企业,降低登记注册的资本额:以生产经营、商品批发为主的公司和综合性广告的公司,均为30万元;以商品零售为主的公司为10万元;以科技开发、咨询、服务性为主的公司为8万元;以工业产权、非专利技术作价出资的金额可突破占公司注册资本20%的限定,但不得超过公司注册资本的35%,以高新技术作价出资的金额,可不受限定;非法人企业在申请登记注册时,不需提交验资报告。"三资"企业注册资本到位后,在年检中不再提交会计年度审计报告。

⑥其他政策。例如,在开发区投资形成固定资产10万元以上的投资者,凭有关部门的投资证明,按下述办法办理落户手续:本人、配偶及子女均为非农业常住户口的,根据个人意愿,办理在开发区落户;本人或配偶、子女为农业户口的,在藏工作或居住满3年后转为非农业常住户口。凡一次性投资在

1 000万元人民币以上的企业,或注册在开发区,注册资金在3 000万元人民币以上的企业,可解决部分员工农转非户1:3,免征城市增容费或类似增容的费用。

(5)发展展望

按照《拉萨市"十二五"时期工业和信息化发展规划》,"十二五"时期,拉萨经济技术开发区A区立足特色资源发展特色产业,形成生物科技、藏药、农畜产品深加工等特色产业群;B区成为高原特色生态园区和面向南亚的出口产品加工基地、新能源示范基地和旅游产品加工基地。全面实施"百亿工程"。到"十二五"末,销售收入力争达到120亿元,固定资产投资累计完成60亿元,工业增加值达到45亿元,各项税收达到30亿元,出口总额达到2亿美元,就业人数达到1.5万人,规模以上企业达到15家,销售收入过亿元的企业达到8家,将其打造成为西藏产业繁荣、生态良好、独具特色、具有区域竞争力的制造业样板和龙头。

2.达孜工业园区

(1)基本情况和发展现状

西藏达孜工业园区位于达孜县城以西1公里处,距拉萨市仅20公里。2002年9月,达孜县委、县政府为充分发挥自身丰富的资源和区位优势,将达孜县城以西1公里处的荒地规划为达孜工业园区,当年开始基础设施建设。2004年,达孜县加强招商引资工作力度,第一季度同7家企业签订投资协议,协议总投资3 500万元;同时,达孜还迅速展开了工业园区土地平整等工作,使园区面积扩大到了1 000亩以上。[①] 2009年7月,中央书记处书记、中组部部长李源潮视察工业园区,提出"保护环境、加快发展、造福百姓、保持稳定"的发展要求,并要求园区"到2013年销售收入达10个亿、财政收入1个亿、进园区农牧民务工人员突破3 000人、增加农牧民现金收入3 000万元"的发展目标。[②]

经过7年多的招商引资,到2010年年底,工业园区已初具规模,园区总体规划和产业发展规划编制完成。规划总面积6.1平方公里,是2010年年初面积的6倍。根据这一规划,达孜县提出了"五三三"发展战略,即把达孜工业园区建设成为经济发展的带动区、科技创新的试验区、对外开放的前沿区、生

---

① 达孜县工业园区初显雏形[EB/OL].中国西藏新闻网,2004-06-08.
② 杨正林.拉萨达孜工业园区实现大发展[EB/OL].中国西藏新闻网,2010-09-16.

态工业的示范区和富民兴县的创业区五个特色区;做大做强高原生物及医药产业、藏文化产业和新能源制造产业三大特色产业;三项主要经济指标迈上新台阶,2013 年力争实现销售 10 亿元,税收 1 亿元,园区企业安排农牧民就业 3 000 人;2020 年力争实现销售 30 亿元,税收 3 亿元,园区企业安排农牧民就业人数近万人。到 2010 年年底,协议入驻到工业园区的项目有 36 家,协议计划总投资 11.34 亿元,已到位资金 6.82 亿元。2011 年 11 月,自治区人民政府同意达孜工业园区升格为自治区级工业园区,为园区的进一步发展带来了重大机遇。① 到 2011 年年底,园区落户企业达 53 家,其中有国家扶持龙头企业 1 家、自治区农牧业产业化龙头企业 1 家、拉萨市农牧业产业化龙头企业 3 家;仅 2011 年,园区就新引进企业 24 家,协议总投资 14.34 亿元,同比增长 26%。2012 年,园区实现工业总产值 5.21 亿元,同比增长 48.6%;实现工业增加值 5.9 亿元,同比增长 113.5%,是 2009 年的 38.89 倍;实现销售 18 亿元,同比增长 113.3%,是 2009 年的 5.92 倍;完成税收 1.3 亿元,同比增长 125.1%,是 2009 年的 5.78 倍;解决就业 3 105 人,同比增长 107.6%,是 2009 年的 3.65 倍。提前 1 年超额完成了李源潮副主席提出的目标。同年园区新引进企业 57 家(其中超亿元企业 9 家),使得 2012 年年底园区企业超过了百家。②

(2)产业定位

按照《达孜工业园区产业发展规划》,园区发展的产业目标定位是做大做强高原生物及医药产业、藏文化产业和新能源制造产业三大特色产业;并规划了三个功能区,分别为高原生物和藏医药产业功能区、民族文化和手工业功能区、新能源和机电制造业功能区。到 2011 年年底,达孜工业园区形成了以优格仓、卓玛、藏艺文博园等项目为主体的民族手工业产业;以天圣、华草堂、藏品为主体的食品、药品、饮品业;以阳光庄园、艾斯特为主体的农畜产品深加工业;以天威、英利、力泰聚能为主体的新能源和环保产业;以普雄矿业为主体的矿产品加工产业;以圣川铸造、路安公司为主体的建材物流业,产业特色逐步形成。③

---

① 阿孜古丽,德央.达孜工业园区升格为自治区级工业园区[N].西藏日报,2011 - 12 - 23.

② 达孜工业园区管委会.达孜工业园区经济运行情况汇报[Z].内部资料,2013 - 05.

③ 达孜工业园区:筑巢引凤汇纳百川[N].西藏日报,2012 - 01 - 21.

(3)发展展望

据达孜县工业和信息化局负责人介绍,到 2013 年,园区力争新签约企业达到 70 家,总投资达 10 亿元以上;重点工作是对延长医药第三方物流、北草地虫草深加工、运高实业等 9 个重点超亿元项目,促成其落地;确保今年及时开工实现销售 11 个亿,实现税收 1 个亿,安排农牧民就业 3000 人以上。① 到 2015 年,力争完成全社会固定资产投资 16 亿元,工业增加值年均递增 30% 以上,实现税收 1.5 亿元,实现销售收入超 17 亿元;力争达到规模以上企业 25 家,上市企业 3 家,高新技术企业 3 家,创自治区级品牌 6 个,申请专利企业 8 个。②

按照拉萨市工业和信息化局编制的《拉萨市"十二五"工业发展总体规划》,到 2015 年,把达孜县工业园建设成为西藏一流高原生物及藏药产业基地、最大藏艺文化旅游产业与民族手工业产品研发制造销售基地和新能源制造和物流基地。实现销售收入 16.9 亿元,年均增长 40% 以上,实现工业增加值 6 亿元,实现工业税收 1.2 亿元,年均增长 40%。培育规模以上企业 10 家以上,其中销售过亿元、税收过千万元的企业 2~4 家;销售 5 000 万到 1 亿元、税收 500 万元~1 000 万元的企业 3~5 家;销售 1 000 万元以上,税收 100 万元以上的企业 10 家,解决农牧民就业 3 000 人以上。

3. 堆龙德庆县工业园区

(1)基本情况和发展现状

堆龙德庆县工业园区位于县城以西 6 公里羊达乡境内,毗邻拉萨市火车货运站和全区最大的农贸综合批发交易市场。该园区于 2005 年规划,规划面积 3.1 平方公里。该工业园区正在成为城镇建设的新区,体制创新的实验区,经济发展的新增长点。③ 2010 年 10 月,堆龙德庆县委、县府邀请中国航天设计研究院对工业园区 A、B 两区编制园区《产业发展规划》和《控制性详细规划》,园区 A、B 两区土地规划总面积约为 9 150 亩,到 2010 年年底,已使用土地 2 039.96 亩。2010 年年底,园区入驻企业为 33 家,正式建成投产的企业 8 家;2009 年该工业园实现产值 3 806.7 万元,销售收入 1 333.7 万元,完成税收 211.27 万元,解决就业 611 人(其中当地农牧民 190 人)。④

---

① 达孜工业园区管委会.达孜工业园区经济运行情况汇报[Z].内部资料,2013 – 05.
② 裴聪,王晓燕.达孜县工业园加快推进园区建设[N].西藏日报,2011 – 09 – 23.
③ 杨正林.堆龙德庆县 多轮驱动谋求突破[EB/OL].西藏新闻网,2007 – 06 – 08.
④ 西藏招商.堆龙德庆县工业园[EB/OL].中国招商引资信息网,2012 – 12 – 06;田志林.堆龙德庆工业园发展纪实[EB/OL].西藏日报、中国西藏新闻网,2010 – 06 – 08.

2010年以来,投资3 000万元的西藏珠穆拉瑞青稞饼干研发生产项目、投资5亿元的西藏安顺物流有限公司物流园区建设项目、投资3 700余万元的藏泉酒业万吨超低度青稞饮料酒示范生产线项目、投资2 500万元的唐古拉荞麦深加工项目纷纷落户堆龙德庆县工业园,意味着该工业园进入了一个发展的新阶段。① 2011年,园区企业拉萨普信矿业公司、远征包装有限公司销售收入超过亿元;西藏雄巴拉曲神水藏药厂、大道堂养生制品有限公司、东嘎水泥厂等7家工业企业利税总额超过千万元。2011年,堆龙德庆县工业园区实现工业产值10 356万元,同比增长321%;实现销售收入11 506万元,同比增长379%;实现工业增加值3 167万元,同比增长257%;实现工业税收835万元,同比增长921%;解决就业570人,其中当地农牧民332人。②

2012年以来,工业园区各项工作取得突破性进展,前4个月共引进项目8个,协议资金达2.66亿元,有效带动了堆龙德庆县工业经济快速发展。

(2)产业定位

园区以构建和谐社会、打造工业堆龙为目标,结合本地地域优势,紧紧依靠青藏铁路带来的机遇,不断加大招商引资工作力度,初步形成了以建筑建材业、民族手工业、特色饮食品加工业等为主导产业的产业群。

(3)发展展望

2013年1—4月,堆龙德庆县工业园区共完成工业销售产值38 825.75万元;完成工业增加值11 631.22万元;实现工业税收8 313.92万元。1—4月份社会消费品零售总额为28 058.3万元,同比增长500.44%。4月份入驻工业园区4家新企业,分别为堆龙裕威商贸有限公司、堆龙和盈商贸有限公司、瑞祥医药科技有限公司和顺发投资咨询有限公司,预计税收可达4 500余万元;正在洽谈的新项目2家,分别为投资3 800万元的拉萨藏一塑胶制品有限公司生产HDPE双壁波纹管、玻璃缸套管及相关配套系列产品项目和投资3 600万元西藏圣云藏药厂药品药剂生产线建设项目。③ 按照拉萨市工业和信息化局编制的《拉萨市"十二五"工业发展总体规划》,"十二五"末,要把堆龙德庆县工业园建设成为西藏一流新型建材基地。实现销售收入1.3亿元,年

---

① 田志林. 堆龙德庆县工业园促进企业发展纪实[EB/OL]. 中国西藏新闻网,2011-11-04.

② 陈闰娥. 奏响工业富县最强音——堆龙德庆工业经济发展纪实[EB/OL]. 中国西藏新闻网,2012-02-10.

③ 堆龙德庆县政府办. 堆龙德庆县4月份工业经济运行稳步提升[EB/OL]. 拉萨招商引资网,2013-05-21.

均增长30%以上,实现工业增加值0.36亿元,年均增长30%以上,实现工业税收0.05亿元,年均增长30%以上,解决农牧民就业1 000人以上。①

4. 曲水县工业园区

(1) 基本情况和发展现状

曲水县雅江工业园区由聂当工业集中区和绿色农产品加工园区组成,总规划面积6.4平方公里。其中,聂当工业集中区位于曲水县聂当乡德吉村境内,截至2010年5月底,已入驻企业33家。工业区集中在县城东南角,以绿色农产品加工为主要定位。规划总面积2.4平方公里,2010年年底,二期工程完工,总投资2200多万元,已经入驻企业5家。

2010年,曲水县政府又提出统一规划县城绿色农产品加工园区和聂当工业,命名为曲水雅江工业园区,从而确定了走规模化、集群化和规模化的发展道路。到2010年6月底,入驻企业38家,占全县工业企业总数的61%,工业总产值的70%、税收的80%,并且解决了当地农牧区600余名剩余劳动力的就业,直接为当地群众增加创收1 200万元以上。2010年,曲水工业园区经济总量达2.94亿元,实现工业税收1.84亿元,分别占全县总数的70%和80%。到2011年10月初,以县城工业集中区和聂当工业集中区为核心的曲水雅江工业园区建设面积达4.5平方公里。②

2011年,曲水县把工业园区作为加速全县工业化进程的重要平台,强化园区功能定位和产业规划,按照"区域集中、能量聚集、产业结合、开发集约"的原则,有计划地引导企业逐步向工业园区集中,加快生产要素聚集,构筑产业发展优势。2011年,曲水雅江工业园区预计总产值35 000万元,同比增长40%;增加值10 500万元,同比增长42%;上缴税金1 600万元,同比增长40%。园区承载力显著增强,逐步成为带动曲水经济发展的"引擎"和后劲保障,成为带动曲水新一轮发展的"火车头"。③

2012年,曲水县雅江工业园完成工业增加值21 200万元,同比增长123.16%,完成目标任务的111.58%;完成工业税收3 497.6万元,同比增长118.60%,完成目标任务的109.30%。④

---

① 拉萨市工业和信息化局.拉萨市"十二五"工业发展总体规划[Z].内部资料.
② 王立.西藏拉萨市曲水县雅江工业园建设纪实[EB/OL].中国西藏新闻网,2011-10-11.
③ 王立.春风拂绿雅江岸[N].西藏日报,2012-02-07.
④ 曲水县政府办.2012年曲水县不断加大雅江工业园实体企业培育;2012年曲水县雅江工业园工业投入增长情况良好[EB/OL].拉萨招商引资网,2012-12-25.

(2) 产业定位

到2011年,整个雅江工业园区已形成了"建筑建材、再生环保循环加工、绿色食(饮)品业、藏药业、民族手工业"等五大支柱产业。其中,聂当工业集中区以发展建筑建材、民族传统手工业、高原特色产品开发为主;绿色农产品加工园区以发展农副产品加工、藏药材、高新技术产品开发为主。

(3) 发展展望

到2013年6月初,曲水雅江工业园区已入驻企业68家,其中聂当工业集中区61家,县城工业集中区7家。占全县企业总数的63%以上。雅江工业园区招商引资累计到位资金达4.61亿元,同比增长23.10%。西藏航鑫金属有限公司年产10万吨硼砂项目、拉萨元丰新型建材有限公司加气砖项目等10个项目已建成或投产试运行。①

按照拉萨市工业和信息化局编制的《拉萨市"十二五"工业发展总体规划》,"十二五"末,曲水县工业园将被打造成为高原特色农产品加工和新型建材基地。实现销售收入10亿元,年均增长30%以上;实现工业增加值2.5亿元,年均增长30%以上;实现工业税收0.6亿元,年均增长30%以上;解决农牧民就业2000人以上。②

5. 山南工业园区

(1) 基本情况和发展现状

山南地区工业园区于2003年启动建设,位于桑日县冲达村,规划面积1 245亩,到2010年8月底,已开发利用322亩。到2010年8月底,有华新水泥等5家企业落户。近日,园区内华新水泥投资4.5亿元的二期工程顺利竣工和投产运营,年产120万吨水泥,每年可增加5 000多万元税收。③

(2) 产业定位

山南地区工业园区是"山南地区建筑建材工业园区"的简称,山南地区行署在工业园区建设中,注意突出产业导向,重点发展建筑建材企业和矿产开发企业,以确保园区发展能够专而强。同时,注意树立可持续发展理念,把有利于生态环境保护作为发展工业园的首要标准。

---

① 丹增央吉. 曲水县雅江工业园区已入驻企业68家[N]. 拉萨晚报,2013 - 06 - 11.
② 拉萨市工业和信息化局. 拉萨市"十二五"工业发展总体规划[Z]. 内部资料,2011 - 03.
③ 梁军,马静. 五家大企业落户山南工业园区[N]. 西藏日报,2010 - 09 - 07;西藏招商网. 山南地区工业园区[EB/OL]. 中国招商引资信息网,2012 - 07 - 27.

(3) 发展展望

《中共山南地委关于制定"十二五"时期国民经济和社会发展规划的建议》指出,"十二五"期间,山南地区要优化升级建材业,推动建材工业结构优化调整。将以地区建材工业园区为依托,建设以桑日县为中心、辐射周边地区的大型建材专业批发市场,将建材建成地区支撑性主导产业。"十二五"期间,西藏自治区将投资 2.4 亿元开展山南地区工业园区的基础设施建设,力争到 2015 年,使山南工业园区的工业增加值、税收在 2010 年的基础上翻一番。①

此外,自治区工业和信息化厅编制的《西藏自治区"十二五"工业园区发展规划(征求意见稿)》(下称《规划》)指出,"十二五"期间,西藏除建设好目前的 9 个工业园区外,还准备再建 5 个工业园区,分别是扎囊民族手工业园、昌都工业园区、格尔木藏青工业园(有色金属冶炼及深加工基地)、日喀则民族手工业园以及白朗(江孜)农副产品加工区。②

(三)西藏工业园区在发展中存在的问题及改进建议

西藏的工业园区发展还处在起步阶段,同发达地区的工业园区相比,同西藏新型工业化对工业布局优化的要求相比,还存在诸多需要改进的地方。

1. 存在的主要问题

(1) 入驻企业较少

上述 9 个园区中,只有拉萨经济技术开发区(国家级)的注册企业达到了 800 多家(落地企业只有 80 多家),较接近内地中型工业园区的企业数量,其余工业园区的入驻企业都只有 30 多家甚至不到 10 家。西部许多民族地区的工业园区的入驻企业都比西藏工业园区多,如成立于 2001 年的宁夏银川经济技术开发区(国家级),2007 年年底,入驻企业就达到了 1 810 家。③

(2) 入驻企业的生产规模小

拉萨经济技术开发区 2012 年的生产总值不到 100 亿元("十二五"末的目标值是 120 亿元),其中工业产值只有 11.64 亿元;而青海省西宁经济技

---

① "十二五"规划解读:把二产打造成为山南经济"名片"[EB/OL]. http://www.xzsnw.com,2011-01-25;西藏自治区工业和信息化厅. 西藏自治区"十二五"工业发展总体规划(征求意见稿)[Z]. 内部资料,2011-03.

② 李彦山,麦朵."十二五"期间西藏准备再建 5 个工业园区[EB/OL]. 中国西藏新闻网/西藏商报,2011-05-26.

③ 银川经济技术开发区网站.

开发区(国家级)2011年完成的地区生产总值达247亿元。[①]拉萨经济技术开发区入驻企业2012年的户均生产总值只有1 000万元左右,只有9家产值过亿元的企业;西宁经济技术开发区入驻企业2010年底户均生产总值有2 000多万元,2010年底产值超过50亿元的企业有2家,产值超亿元的企业有92家。[②]

(3)园区产业集聚程度及产业互补性不强

例如在拉萨经济技术开发区,有青稞8度、娃哈哈等饮料类企业,有建材企业,有甘露藏药新厂及天知生物等医药保健类企业,涉及行业甚多,但尚未形成高端产业集群,特色产业集群也未成规模,企业之间存在产业上下游关系者极少,企业之间的互补性不强。在达孜工业园区,有藏缘酒业、西藏英利能源等企业,也有岗地经贸文化产业示范园区,行业跨度大,但产业集群尚未形成、企业之间的互补性弱。而发达地区的园区,基本都由园中园和众多产业集群组成,产业集聚和产业互补性强,形成了外部经济效应。如苏州工业园区,包括国际科技园、创意产业园、中新生态科技城、苏州纳米城等创新集群,以及纳米技术应用、生物医药、云计算等新兴产业集群,入园企业在研发、生产、营销等方面都十分便利、市场交易费用很低,容易做大做强。[③]

(4)尚未形成生态工业示范园区

众所周知,西藏地处生态环境十分脆弱的青藏高原的腹地,发展工业在注重经济效益的同时更要注重生态效益。西藏的工业园区都应该建成生态工业示范园区,其中拉萨经济技术开发区应建成"国家生态工业示范园区",但到目前还没有1家西藏的工业园区达到这个目标。发达地区则往往有多家园区成为国家生态工业园区,如江苏省已有7家经济技术开发区或工业园区通过"国家生态工业示范园区"验收,有9家园区进入"国家生态工业示范园区"建设名单。其中苏州工业园区的万元GDP能耗为0.284吨标准煤,COD和SO_2排放量仅为全国平均水平的1/18和1/40,生态环保指标连续4年列全国开发区首位,成为全国首批"国家生态工业示范园区"。[④]西藏工业园区在生态

---

① 欧阳传春.西宁开发区,从荒地开始的嬗变[EB/OL].东方财富网,2012-10-16.
② 开发区见证西宁创业史上奇迹[EB/OL].西宁(国家级)经济技术开发区甘河工业园区网站,2012-12-25.
③ 苏州工业园区管委会.苏州工业园区简介[EB/OL].苏州工业园区主页,2013-06.
④ 国家生态工业示范园区名单[EB/OL].四川环保厅网站,2013-04-11;苏州工业园区管委会.苏州工业园区简介[EB/OL].苏州工业园区主页,2013-06.

化建设方面和发达地区的差距还很大。

(5)科技含量和集约发展程度有待提高

发达地区的工业园区几乎都在建设创新型园区,推进集约发展。如苏州工业园区大力推进"科技跨越计划"和"科技领军人才创业工程",加快建设创新型园区。R&D 经费支出占 GDP 比重达 3.33%,累计建成公共技术服务平台 20 多个、国家级创新基地 20 多个,国际科技园、创意产业园、中新生态科技城、苏州纳米城等创新集群基本形成。创新主体加速集聚,每年新增科技项目约 500 个,拥有各类研发机构 300 个、国家高新技术企业 459 家。[①] 而西藏的工业园区实际上还停留在工业集中区水平,产业集聚、科技集聚的程度都很低,即使是特色产业集聚的程度也不高,离创新型园区、科技园区甚至现代产业示范园区的标准都有不小的距离。

2. 设想和建议

(1)要按照优化产业结构和提高产业集群水平的标准选择入园企业

在西藏,建设和发展工业园区,要符合自治区"提升一产、壮大二产、做强三产"的产业发展战略,挑选和引进入园企业要有利于推进农牧现代化、新型工业化、信息化和城镇化"四化"结合的战略,有利于增强园区企业的产业互补性,有利于形成产业集群、科技集群,有利于形成特色园区和创新性园区。如果周边企业不符合入园条件,就要克服地方保护主义倾向,不对其降低入园门槛,积极从其他地区甚至区外引进科技含量和管理水平高、关联效应大、辐射能力强的企业。如苏州园区引进 88 家世界 500 强企业到园区投资的做法就值得借鉴。

(2)要增加园区企业数量并扶持园区企业做大做强

在西藏,除拉萨经济技术开发区比较接近西部其他地区的中型园区外,其他工业园区都只是小规模的工业集中区,入园企业过少、企业规模过小,需要引进更多有实力、符合园区发展需要的企业入驻。同时,工业园区要起到产业示范基地和项目孵化器的作用,通过空间集聚、产业互补、政策支持降低市场交易费用,形成外部经济效应,为园区企业做大做强创造条件。

(3)加大园区基础设施建设和组织建设

西藏的工业园区虽然路已很宽,楼群也不少,用水、用电、通信设施也基本具备,但还有许多配套建设还没有跟上。如除了拉萨经济技术开发区外,其他

---

① 苏州工业园区管委会. 苏州工业园区简介[EB/OL]. 苏州工业园区主页, 2013 - 06.

园区的医疗、教育、商业、应急能源、科研实验、环保等配套设施还不健全,园区管委会的内设机构和人员配置也比较薄弱,相关制度建设、政策保障也有待加强,科研条件、市场条件都需要改善。

(4)发挥当地比较优势构建特色产业园区

西藏的生态环境不允许大规模全面建设工业,只能是有重点地发展特色产业。所以,西藏的工业园区也要以特色工业园区为主(如手工业园区、绿色食饮品加工园区等)。发展特色产业园区不一定都是单一的行业园区,也可以是有多个特色产业集群组成的综合产业园区,后者可能更有利于实现产业集聚和规模经济效益,但构建综合性特色产业园区不可能一步到位,可以先建设分行业的特色产业园区,然后再进行整合,形成园中园式的综合产业园区。

(5)要按照国家生态工业示范园区的标准推进规范化建设

西藏是在脆弱的生态环境下进行工业化的,更需要按照国家有关文件有意识地推进生态工业示范园区建设。国家生态工业示范园区是有评价指标体系和标准的,按照《国家生态工业示范园区管理办法(试行)》(环发2007 188号),申报国家生态工业示范园区需要具备5个条件,其中"园区内所有企业排放的各类污染物稳定达到国家或者地方规定的排放标准和污染物排放总量控制指标"、"园区所在区域已完成或正在计划进行区域环境影响评价,园区按照ISO14001的要求已建立或正在计划建立环境管理体系"具有较大难度。更具有挑战性困难的是:园区建设还应结合生态工业园区标准《行业类生态工业园区标准(试行)》(HJ/T 273-2006)、《综合类生态工业园区标准(试行)》(HJ/T 274-2006)、《静脉产业类生态工业园区标准(试行)》(HJ/T 275-2006)。要通过验收还需要达到以下标准:行业类生态工业园区标准共19个指标,由经济发展、资源循环与利用、污染控制和园区管理四部分组成;综合类生态工业园区标准共21个指标,由经济发展、资源循环与利用、污染控制和园区管理四部分组成。

不管挑战和困难有多大,西藏的工业园区建设也要按照上述标准逐步推进,有利条件是:西藏属于民族区域自治地区,可以得到国家的民族政策和对口援藏政策的支持;西藏也是生态环境质量最好的地区之一,绝大多数区域的生态环境基本上保持了纯天然状态。只要坚持按照国家生态园区建设标准开展长期建设,就一定可以在西藏高原建成国家生态工业示范园区。

第五节 进一步推进西藏新型工业化的建议

自治区"十二五"规划中提出:"'十二五'时期经济社会发展的总体目标是保持经济跨越式发展势头,农牧民人均纯收入与全国平均水平的差距显著缩小,基本公共服务能力显著提高,生态环境进一步改善,基础设施建设取得重大进展,各民族团结和谐,社会持续稳定,全面建设小康社会的基础更加扎实。"由此可见,"十二五"时期(2011—2015年),是西藏坚持走具有中国特色和西藏特点发展之路,探索西藏新型工业化发展模式的关键时期;是深入贯彻科学发展观,加快"调结构、转方式"促进形成自治区现代新型工业经济体系的关键时期;是推进西藏跨越式发展和长治久安,全面建设小康社会的攻坚时期。2009年,工业和信息化部在南昌召开全国工业和信息化规划工作座谈会,正式启动了"十二五"规划相关工作。同年,自治区经济社会发展调研协调领导小组产业组办公室,为贯彻落实胡锦涛总书记在十一届全国人大二次会议西藏代表团审议时提出的"从本地资源条件和产业基础等实际情况出发,发展既有地方特色又有比较优势和市场竞争力的产业,特别是要做大做强特色民族手工业、旅游业、藏医药业、优势矿产业、高原特色生物产业、特色农牧产品加工业等,努力培育出战略支撑产业"的重要讲话精神,紧紧围绕自治区"一产上水平、二产抓重点、三产大发展"的经济发展战略,西藏必须抓住机遇,采取有力措施,实现产业优势和产品优势,从而达到西藏经济的跨越式发展,并以此推进小康西藏、平安西藏、和谐西藏、生态西藏的建设。促进自治区经济快速健康发展,为此,我们必须进一步推进中国特色、西藏特点新型工业化的发展道路,结合报告上述分析和论证,要推进西藏新型工业化的发展,我们还需要做好以下工作。

一、优化经济结构和转变经济发展方式

西藏要实现经济的跨越式发展,就必须清醒地认识到自身产业发展的优势与劣势,以本地区区情为出发点,摒弃传统的一、二、三产业顺势发展模式,以西部大开发为契机,充分发挥西藏的资源优势和政策优势,以市场发展为导向,依托改革动力,以科技为先导,通过技术创新,逐步实现三产规模扩大化和高级化,确立健康的跃进式的产业发展模式。当然在实现这个目标的过程中,

产业结构不可避免地会遇到各种挑战。其一是生产结构与资源结构之间存在的矛盾。从生产结构与自然资源的关系看，西藏经济仍处在粗放型发展阶段，资源浪费严重；从生产结构与社会资源结构的关系看，西藏建设资金基本依赖国家投入，自身造血能力不强，劳动力过剩与产业结构合理化存在矛盾。其二是生产结构与需求结构之间的矛盾。工业化规模相对比较小产业门类不齐全，虽然生产过剩的问题不很突出，但某些生产行业重复建设与低水平扩张严重，造成现有产业结构的低水平、低质量，与逐渐变化的需求结构形成矛盾。其三是产业结构技术含量不高，产品竞争力比较弱。其四是优胜劣汰、要素流动以及企业结构重组的机制尚未真正建立起来。这些都是市场经济条件下产业结构调整的需求必由之路。但是现阶段，由于各方面的配套改革没有跟上，结果造成困难产业难以下马，新兴产业难以培育，企业组织结构"大而全、小而全"，要素缺乏流动难以克服，这些将严重影响产业结构的合理化步伐。所以必须结合西藏实际情况，优化产业结构和转变经济发展方式。

针对目前西藏全区整体第一产业生产力水平低下，第二产业优势不突出，第三产业内部结构失衡的问题，我们应该在自治区"十二五"规划的引导下，积极推进一产上水平，加快发展现代农牧业。加强现代生物技术的引进、创新与推广应用，建立健全农牧业标准化体系，加强农畜产品质量检测和监管能力，强化无公害食品、绿色食品、有机食品等认证工作。加快品种改良，调整种养结构，转变种养方式，推动集约化发展，提高质量产量，大力发展高原特色农畜产品基地和产业带，保障以青稞为重点的粮食安全和特色农牧产品加工业的需要。有重点地发展第二产业，着力增强工业发展实力。优化产业发展环境，加快企业引进、兼并重组，强化企业主体地位，提升企业质量和管理水平。以市场为导向，优先发展能源产业，大力发展农畜产品加工业、高原生物和绿色食(饮)品业，有重点地发展矿产业，改造提升建材业，加快推进藏药产业化，鼓励发展民族手工业，推动工业发展上规模、上水平，切实提高工业在第二产业中的比重，促进第二产业由依靠建筑业为主向由工业和建筑业协同发展转变。大力发展第三产业，加快服务业结构优化升级。完善服务业政策体系，推进服务业综合改革试点，营造有利于服务业加快发展的社会环境。加快传统服务业改造提升，培育壮大现代服务业，有效发挥旅游业的龙头作用，积极培育新的消费增长点，促进第三产业主要依靠消费性服务业带动向消费性和生产性服务业并举转变。

二、推进新型工业化、城镇化、信息化、农牧业现代化"四化"融合

西藏经济要快速稳定地发展，必须顺应潮流，走工业化、城镇化、信息化、农牧业现代化融合的道路。我们要清醒地看到当前西藏经济发展的状况以及存在的主要问题。与全国发达省份相比，主要差距在工业，但潜力也在工业，希望也在工业。我们所提的"四化"融合不是孤立存在的，而是一个相互促进和制约的有机整体。工业化的发展会推动信息化的实现和城镇化的发展；信息化的发展同时又会提高工业化往更高水平发展，也为市场化、国际化和城镇化提供技术支撑；城镇化是工业化、信息化的有效载体；市场化是推进工业化、信息化、国际化有效运行的机制保证；国际化则是工业化、信息化、城镇化和市场化在世界范围内的延伸和深化。

目前西藏仍处于工业化发展初期，在"十二五"（2011—2015年）期间，西藏以自身独特的资源优势为后发优势，在节约资源和保护环境的前提下，走一条不同于其他地方的科技含量高、经济效益好的新型工业化道路，推动经济社会实现跨越式发展。

从信息化来角度看，它是工业化发展到一定阶段的必然产物，同时又是一场新的革命。和其他地方相比，西藏信息化建设基础比较弱，信息生产能力和信息传播储存处理能力同全国信息资源相比，有一定的差距。一是数据库及专利申请在全国处于比较落后的地位；二是人均所拥有的图书馆、文化馆的数量少；三是高校在校生人数、企事业单位拥有技术人员的数量、邮电网点、邮电业务量等指标均低于全国平均水平。由此可见，西藏在信息化程度，包括信息的传播、储存、处理等设施居于全国之尾，许多项目的差距都在10年以上。与此同时，西藏的数据业务发展仍旧大大低于全国平均水平，这一现状，与西藏电信发展也不协调。所以，西藏要推进新型工业化，信息化的发展必须快速提升，大力加强农牧区和农村地域区的信息通信基础设施建设，建立电信普遍服务补偿机制。充分利用现有的光缆网和传输节点资源发展农村通信建设，通过构建本地光缆环路和光缆支路，将光缆网扩展到乡（镇）；采取有线、无线等多种方式，将网络覆盖到行政村及其周边自然村；制定适合农村和边远地区的服务战略和产品，降低资费，积极参与涉农信息平台建设和涉农信息内容开发与应用。逐步以光缆网络替代现有的卫星传输网络，扩展带宽，减低成本，提高网络稳定性。有效整合信息资源，建立部门、系统、行业间网络信息平台，推动信息资源共享。完善科技、旅游、农牧业、医疗卫生、文化教育、社会保障和政法等领域信息服务网络，强化地理、测绘、人口、金融、税收、统计等基础信息

资源开发利用,基本建成区、地、县三级电子政务网络平台,建立区、地、县三级公共事件预警信息发布系统。推进"三网融合",建设中小企业信息服务平台和电子商务、安全生产监控、物流配送等信息平台。建立信息网络安全保障体系,健全信息安全监测监管机制,提高基础信息网络和重要信息系统安全监管能力、应急处置能力和数据恢复水平。

从城镇化来看,它是人类社会发展的必然趋势,也是衡量一个国家或者地区现代化程度的重要标志。实践证明,工业化进程必然带动城镇化建设。把发展工业经济与农牧业现代化发展相结合,必将实现工业反哺农牧业,提高农牧业生产效率,增加农牧民收入,促进农牧区劳动力向产业工人、专业技术人才转变,提高城镇化建设水平,建立有西藏特点的城镇体系。

从农牧业现代化来看,农牧业是西藏国民经济的基础和支柱产业,农业结构离不开气候条件,西藏独特的气候条件形成了特殊的农业结构。西藏农业的分布状况是人们经过长期实践,不断认识自然环境,采取与自然环境相适应、和人们的需求相结合的经营措施,逐步发展形成的。西藏农牧业生产布局是受海拔高度支配的,从局部地区的一个乡、一个县看是如此,从西藏整个地域看也是如此,受纬度和地形的影响次之。这些与国内平原地区相比较,有着显著的不同。人们将西藏历史上形成的这种农牧业分布状况称之为"立体农业"或"梯度农业"。近年来,由于采取了一系列行之有效的措施,西藏的农牧业形成了稳步向前发展的态势,西藏主要农畜产品由过去的长期短缺变为总量基本平衡,部分地区出现品种性、结构性的供大于求。同全国一样,西藏农牧业发展也进入了一个战略性结构调整的新阶段。在新型工业化发展和推进的过程中,逐步建立资源消耗补偿机制,是农业资源可持续利用的关键;同时发挥投入导向作用,促进结构"纠偏"和结构"升级";在充分发挥区域优势的基础上,发挥政府宏观调控作用,发展特色农牧业。

综上所述,新型工业化、城镇化、信息化、农牧业现代化是相辅相成的。要进一步推进具有西藏特点的适度的新型工业化,就必须做到"四化"融合发展。

三、促进特色优势工业集群化发展

西藏独特的资源优势与相对落后的经济发展环境形成较大落差,要实现区域经济快速健康发展,必须走一条符合西藏自治区区情的新型工业化道路,建立产业集群。西藏地矿、生物、水能、光热、人文等资源十分丰富,随着交通等基础设施的改善、技术的进步、教育的发展、人民物质文化需求的提升和资源产品价格的调整,西藏与国内国际市场的融合越来越紧密,特色优势资源的开发凸显出良好的前景。在这种大背景下,开发利用西藏特色优势资源是西藏增强内生发展动力、保持持续发展后劲、增加广大群众收入、提高人民生活水准的重要基础。提升产业聚集能力,坚持走大项目、大基地、大集群的产业发展路子,培育和发展优势产业集群,在资源条件相对较好的城镇科学规划和布局工业园区。加快拉萨国家级经济技术开发区B区和那曲物流中心产业园区建设,完善现有各类产业园区配套基础设施。加大招商引资,引导社会资本向优势产业聚集,引导产业向园区发展。建设格尔木藏青工业园区,形成西藏特色优势资源深加工基地。

四、统筹兼顾大型工业集团的发展和中小企业发展

一个地区经济要发展,离不开大型工业集团和中小企业。随着青藏铁路的开通,西藏经济基础设施不断完善,企业发展的大环境越来越成熟。着力发展一批重点的特色产业建设,集中力量发展品牌形象好、技术力量强、管理水平高、带动作用大、有竞争实力的龙头企业,对切实发展西藏经济推进新型工业化的发展有巨大的推动作用,同时要着力培育一批特色灵活的中小企业,二者互相带动发展,推动西藏工业发展上规模、上水平,不断提高第二产业和工业经济占GDP的比重,为新型工业化的发展提供推动力。

五、促进工业园区发展

与国内大多数城市一样,西藏由于经济发展和特色地域特征的现实需要,工业发展也必须走产业集群化道路,发展工业园区,有机结合园区经济的地域化和产业群的集中化,逐步形成规模经济和更专业化的企业分工与协作。利用产业聚集形成的规模效应,使集群企业得以共享由规模经济所带来的市场资源、原材料资源、人力资源、设备资源、金融资源、信息资源和基础设施资源等,从而降低他们的进入门槛、交易风险和成本,提高劳动生产率和竞争力。同时,通过工业园区建设和龙头企业的发展,将大量的农牧区剩余劳动力转移到非农业产业上去,加快城镇一体化的进程。但是,我们也要注意到,必须结合西藏自身的独特优势发展产业簇群,切忌全面模仿其他地方的做法。这些都需要以西藏差异性和独特性资源为基础。

六、统筹兼顾特色工业发展和生态安全建设

近年来,越来越多的西藏特色产品走向全国、走向世界,特色优势产业正

成为西藏经济发展新的推动力。发展具有西藏特点的新型工业化道路，必须把大力培育特色优势产业作为加快转变经济发展方式和提高自我发展能力的重要途径，其中旅游业、藏医药、民族手工业、特色农牧业、绿色食（饮）品等特色产业都有很好的发展前景。西藏是中国五大牧区之一，拥有丰富的牦牛资源。这些都是西藏独有的先天性优势，所以在发展工业化的过程中，把培育特色优势产业作为西藏转变经济发展方式的重要途径。西藏要走新型工业化道路，一定要坚持走生态可持续发展战略，增强新型工业化持续发展能力和后劲。独特的生态环境是特殊资源和生产力，但是我们也要清醒地认识到，西藏生态环境自身的脆弱性，加之人类活动的影响，已经产生了严重的生态环境隐患，在新型工业化过程中要把保护环境放到重要位置，使经济建设与环境相协调，实现良性循环，走可持续发展的道路。最后，实施自主创新战略，以增强其自主创新能力。这里所说的自主创新，指从增强创新能力出发，加强原始创新、集成创新和引进消化吸收再创新。西藏整体创新能力不高，企业尚未真正成为技术创新的主体，缺乏创新动力和机制，提高自主创新能力是解决西藏工业化发展中面临的重大难题，是推进新型工业化的根本途径。

第五章

西藏城镇化、信息化发展研究

21世纪,全球经济化与信息化进入了快速发展的时期,给中国经济发展带来了新的发展机遇和前所未有的挑战。为了在经济全球化和全球信息化进程中趋利避害,中国政府抢抓机遇,及时地做出了三大战略选择。一是积极稳妥地推进城镇化;二是加快工业改组改造和结构优化升级;三是加快国民经济和社会信息化。本章主要侧重西藏城镇化、信息化的发展研究。城镇化是现代化的重要表现,是各国经济社会发展的共同规律,是信息化与工业化的强大动力与载体;信息化是社会经济发展的体现,在经济建设与社会发展中的作用日益明显;城镇化与信息化的发展水平已经成为一个国家和地区社会经济发展水平的重要标志。

作为中国必须着重研究和解决的重大战略性问题,城镇化与信息化备受全社会的广泛关注。无论是政府决策部门、公司企业,还是大专院校、科研院所,都展开了不同程度的研究论证工作。西藏自治区位于中国的西南边陲,地处青藏高原的主体,面积120多万平方公里,雄踞亚洲中部,是伊斯兰教、佛教、印度教等世界著名宗教的分水岭和汇聚地,是中国经济发展的重要组成部分。一直以来党和国家十分关切西藏自治区的发展,在"十一五"规划以及"十二五"规划中,中央第五次西藏工作座谈会都着重强调要大力发展西藏城镇化、信息化,关注人民群众生活,并制定和提出相关措施,构建西藏自治区和谐的小康社会,推动西藏自治区跨越式发展。由于西藏特定的生活经济条件和历史原因,其城镇化、信息化近年来虽然有了较快发展,但仍存在许多矛盾和问题,与我国其他地方相比仍存在不小差距。国内外的经验表明,信息化与城镇化之间相互影响,信息化是城镇化发展的倍增器,城镇化是信息化发展的载体。因此,推进西藏城镇化、信息化的发展,对推进西藏的城镇化进程,提高西藏的信息化水平以及促进西藏经济的快速发展具有十分重要的现实意义。

本章主要通过四个方面研究了西藏城镇化、信息化的发展。首先,介绍了城镇化、信息化的相关理论;其次,分析了西藏城镇化、信息化发展的现状、存在问题及原因;再次,提出了西藏城镇化、信息化发展的对策及建议;最后,探讨了西藏城市信息化发展的新模式——"智慧城市"的建设和发展。

第一节 城镇化、信息化相关理论

一、城镇化、信息化的概念及内涵

(一)城镇化的概念及内涵

1. 城镇化与城市化

城镇化或城市化作为一个外来词,主要源自英文"urbanization",对其翻译和理解有三种不同的观点。第一种观点认为,作为形容词"urban",是指"城市性",小城镇是城市的初级形态,并不具备完全意义上的"城市性",因此,"urbanization"应译为"城市化"。第二种观点认为,"urbanization"其中的词汇"urban"除了包含"城市"(city)外,还有"镇"(town)的意思,城市又可细分为一般城市(city)和大城市(metropolis),尤其是对中国这个人口大国来说,"镇"的规模较大,大多数的"镇"差不多相当于甚至大于外国的小城市,选择用"城镇化"更能反映中国的实际状况,因此,"urbanization"应译为"城镇化"。第三种观点认为,"urbanization"既可译成"都市化"、"城市化",也可译成"城镇化"。在本质上,城镇化与城市化并无差别,应该将"urbanization"译成"城市化"还是"城镇化",要从本国实际需要出发。1998年我国建设部颁布的《城市规划基本术语标准〈中华人民共和国国家标准·GB/50280-98〉》对所列词条"城市化"的解释是:"城市化——人类生产和生活方式由乡村型向城市型转化的历史过程,表现为乡村人口向城市人口转化以及城市不断发展和完善的过程,又称城镇化、城市化。"

综合以上研究,从某种意义上来说,我国的相关政策以及学者都普遍认为"城镇化"的译法更符合我们的实际和国情,更能够说明近年来城镇化对经济社会发展的巨大作用。因此,本章中"城镇化"既可代表"城镇化"本身,也可用来替代"城市化"。

2. 城镇化的概念

城镇化的概念界定比城市化晚一些,但对城镇化的概念界定相对较多,具有代表性的观点如下：

顾朝林认为，城镇化是指由社会生产力的发展而引起的城镇数量增加及其规模的扩大，并且转变农村人口为城市人口以及农村人口向城镇集中的过程。

陈锡文认为，城镇化是由人口占较大比重的传统农业社会向农业人口占少数的现代文明社会转变的历史过程。

胡顺延认为，城镇化是指社会生产力在信息化以及工业化的基础上，在经济结构、人口居住、人口素质等方面，由传统农村文明转变为现代城镇文明的自然历史过程。

柳随年认为，城镇化是人们在经济、政治、文化等社会活动中为节约时间向特定空间集聚的过程，在此过程中，农业人口比重下降，工业、服务业人口比重上升，人口和产业向城市聚集，生产方式、交换方式和生活方式向规模化、集约化、市场化和社会化发展。

按照《中华人民共和国国家标准城市规划术语》对城市化的定义：人类生产与生活方式由农村型向城市型转化的历史过程，主要表现为农村人口转化为城市人口及城市不断发展完善的过程。

总结以上学者对于城镇化概念的界定可知，城镇化的本质其实就是城乡统筹、协调发展的问题。城镇化既属于一个历史范畴，又是一个发展及动态化的过程，其动态化可以从以下方面体现：剩余劳动力由农村不断地向城市转移，农村地域不断转变为城镇地域，城镇人口不断扩大；农业人口不断转变为非农业人口，城市人口比例不断提高；产业由相对低效的第一产业逐步向相对高效的二、三产业转移转化；农业文明不断向工业文明、现代文明转换；农村自然景观不断转变为城镇建筑景观，城市的数量不断增多、规模逐渐扩大；农村居民生产、生活方式不断现代化，农民整体素质、生活水平不断提高。

3. 城镇化的分类及特征

城镇化的分类是城镇化研究的重要内容。目前，城镇化主要从以下七个方面进行分类。第一，从宏观角度可分为：农村城镇化、郊区城镇化、人口城镇化、逆城镇化。第二，从城镇化发展过程可分为：社会文化过程的城镇化、经济基础过程的城镇化、生态环境的城镇化；或乡村城镇化、人口城镇化、农村城镇化。第三，从城镇化发展模式角度可分为：发展型城镇化与发达型城镇化；过度城镇化、同步城镇化、逆城镇化与滞后城镇化；或超前城镇化、适度城镇化、逆城镇化、低度城镇化；或分散型城镇化与集中型城镇化。第四，从物质与精神的角度可分为：物质城镇化以及精神城镇化。第五，从结构转换角度可分为:人口城镇化、地域城镇化与就业城镇化。第六,从传统与现代角度可分为:传统城镇化与现代城镇化。第七,从资源、人口与环境的角度可分为:资源的城镇化、人口的城镇化与环境的城镇化。

城镇化的本质特征主要体现在三个方面:一是非农产业向城镇聚集;二是农业劳动力向非农业劳动力转换;三是农村人口在空间上的转移。此外,分析角度不同,城镇化的特征不同。例如,从农村城镇化的角度而言,城镇化具有四个方面的特征:一是时间特征,以渐进为主,表现为过程和阶段的统一;二是就业特征,非农为主,表现为亦工亦农;三是空间特征,以镇为主,表现为城镇结合;四是生活方式特征,以"洋"或以"新"为主,表现为亦"洋"亦"新"。从一般城镇化过程来看,城镇化具有五个方面特征:一是方向性;二是空间地域性;三是时效性;四是分化与变化性;五是广泛性。

(二)信息化概念及内涵

1. 信息化的概念及内涵

"信息化"产生于20世纪60年代,也是一个外来词,主要来自于英文中的"information"。1977年,美国斯坦福大学博士马克·波拉特(M. U. Porat)从经济活动的一般性及信息的相关概念出发,给出了信息、信息劳动、信息资源、信息产业和信息活动等一系列既有经济含义又能计量的定义和测度方法。波拉特将信息产业分为第一信息部门和第二信息部门,其中,第一信息部门是指直接向市场提供信息产品和服务的部门,第二信息部门是指信息劳务和资本提供内部消耗,不进入市场的信息服务部门。1982年,美国学者约翰·奈斯比特在《大趋势》中提出"信息经济",他认为信息经济社会是真实的存在,是生产、创造和分配信息的经济社会。1984年,美国企业家保罗·霍肯对与信息化紧密相关的信息经济进行定义,认为所谓的信息经济,指的是消耗较少的能量和材料,使用更多的信息和知识,生产出质量更好,人们更喜爱的商品的经济。1994年,日本学者伊藤阳一在《信息化与经济发展》一书中指出,信息化指的是信息资源(包括知识)的空前普遍和高效率的开发、传播、加工和利用,在此过程中,人类的体力劳动和智力劳动获得空前的解放。

20世纪80年代中期,中国学者开始关注信息化问题,并对"信息化"的概念及含义进行探讨。中国最早系统探讨信息化概念的是在1986年12月北京召开的"首届中国信息化问题学术讨论会",这次大会对信息化概念进行了新中国成立以来最广泛的讨论,大大推动信息化问题以及信息化概念的研究。国内学者王可(1987)认为,信息化是指国民经济发展从以物质能源为基础向以知识和信息为基础的转变过程。乌家培(1993)认为,信息化是指以计算机技术为核心来生产、获取、处理、存储和利用信息,换句话说,信息化主要是指计算机化或者通信化。李京文等(1994)认为信息化是指通讯现代化、计算机化和行为合理化的总称。钟义信(1995)认为,信息化是指用现代信息技术装备国民经济各部门和各领域,极大地提高社会劳动生产率。张东彦(1996)认为,信息化是指在工业化的日程中,要逐步提高信息经济在国民生产总值中的比重,同时通过信息高速公路的建设,把信息产业发展起来,把信息技术的应用普及起来,把信息技术的自主能力提高上去。韩建新(2000)认为,信息化指的是采用通信以及信息技术等手段,通过人类开发以及利用信息资源的智能,推动经济发展、社会进步及人们生活方式变革的过程。谭荣华(2001)认为,信息化是指在社会和经济活动中,通过采用信息技术,有效开发和利用信息资源而带来经济增长值在国民生产总值中的比重逐步上升,直至占据主导地位的过程,其展开为信息基础结构、信息技术、信息产业、信息应用、信息服务诸多方面不断进步和深入应用。高燕(2006)认为,信息化是产业信息化和信息产业化互动发展的结果,产业信息化为信息化提供发展的动力、应用环境以及市场基础,是推进信息化持续发展的重要基础和动力,信息产业化为信息化提供技术基础和信息资源,信息化离开了产业信息化以及信息产业化的支撑,将难以持续发展。[①]

综合以上学者观点,信息化既然是一个渐进的过程,那么,可从以下四个方面理解:首先,信息化是产业革命和技术革命的产物,是一种新兴的、高渗透性的科学技术。其次,作为一个渐进的动态过程,信息化的每一个新的进展都是某一发展阶段的结果,同时又是下一发展阶段的新起点,它是从工业经济向信息经济、从工业社会向信息社会逐渐演进的动态过程。再次,信息化指的是信息的获取、传递、存储、处理以及利用的水平和能力,是一个相对概念。最后,信息化所描述的是由有形物质产品起主导作用向信息产品起主导作用转变的过程,是向信息社会前进的动态过程,它是一个动态发展的概念。

2. 信息化要素及特征

综上所述,信息化是一个动态变化的过程,在这个过程中包含三个层面和十大要素。三个层面:一是信息产品制造业层面,是信息化建设的重要支撑;二是信息技术的开发和应用层面,是信息化建设的基础;三是信息资源的开发和利用层面,是信息化建设的核心与关键。这三个层面是相互促进、共同发展

[①] 高燕.基于信息化的区域经济非均匀协调发展(D).四川大学博士学位论文,2006.

的过程,也是工业经济向信息经济演化、工业社会向信息社会演进的动态过程。包括:信息产业化与产业信息化、产品信息化、国民经济信息化、企业信息化、社会信息化的过程。所谓十大要素是指信息资源、信息网络、信息技术、信息设备、信息产业、信息管理、信息政策、信息标准、信息应用、信息人才等。这三个层面及十大要素的相互影响及作用过程就构成了信息化的全部内容。即信息化指的是在经济和社会活动中,通过采用电子通信技术和信息技术,开发和利用信息资源,推动经济发展和社会进步,通过利用信息资源而创造的劳动价值在国民生产总值中的比重逐步上升,直至占主导地位的过程。

信息化的特征:一是技术多样性;二是知识含量高;三是行业合作性;四是业务综合性;五是客户选择性;六是市场竞争性;七是网络化;八是数字化;九是广泛渗透性;十是虚拟化;十一是智能化。此外,还有学者将信息化的特征概括为五个方面:一是网络互联普及化;二是传输高速宽带化;三是系统人工智能化;四是管理法制规范化;五是服务系统综合化。

二、城镇化与信息化相互作用机理

城镇化与信息化相互影响,相互促进,共同发展。城镇化是信息化发展的空间载体,信息化是城镇化发展的重要表现;城镇化是信息化演变发展的栖身之地,信息化是城市产业升级和城市功能提升的发动机;信息化是城镇化、工业化发展到一定历史阶段的产物,是城镇化与工业化互助互进的直接成果。[①]

城镇化与信息化相互作用,共同推动经济向前发展。它们之间形成一种新的合力,这种合力可用函数表示,其公式为:

$$E = F(C, X)$$

其中,C 表示城镇化率,X 表示信息化率,E 表示城镇化与信息化之间相互作用的合力,两者的相互作用产生一种新的经济形式,即"城市信息化"。城镇化与信息化之间互动关系还可以用图 5 – 1 来表示。[②]。

[①] 姜爱林.城镇化、工业化与信息化协调发展研究[M].北京:中国大地出版社,2004.

[②] 姜爱林.城镇化与信息化的互动关系研究[J].经济学动态,2004(08).

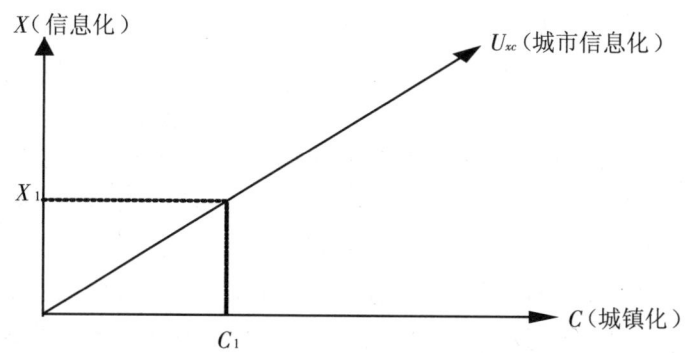

图 5-1 城镇化与信息化的互动关系

城镇化与信息化的相互作用的关系,可从以下几个方面来理解:

1. 信息化是城镇化和工业化发展到一定历史阶段的产物,是城镇化与工业化互促互进的结果

城镇化与信息化相互作用、相互促进,共同发展。首先,对于信息技术或是信息产业,其发展都需要拥有一定的发展场所和活动空间,而恰恰城镇化为其提供足够的场所和空间。其次,城镇化从初期到中期再到后期的发展,都需要信息化的支撑,信息产业以及信息技术使得城镇内部网络化、一体化。信息化时代的到来,使城镇化发生了质的变化,但传统城镇化的若干功能仍然存在并继续发挥作用,城市依然是社会经济活动的中心,城市的传统功能并不能被远程通信所代替。

2. 城镇化对信息化具有推动作用,而信息化对城镇化具有带动作用

一方面,城镇化能够为信息化提供足够的发展空间,使信息化在城市中发挥作用,从而更快实现城镇信息化。城镇化对信息化发展的作用体现为:(1)城镇化为信息化发展提供了重要的依托。这种依托表现为:一是资金支持;二是市场发展;三是技术、管理、人才和信息储备等。(2)城镇要素禀赋和资源配置能力是信息化发展的关键。信息化建设离不开信息技术和信息产业的发展,而信息技术和信息产业发展的核心要素是知识信息,知识信息直接影响着信息化发展的知识要素。城镇知识信息资源丰富,人口素质高,高等院校、科研机构、人才及高科技成果相对集中,这些丰富的知识信息资源为信息化发展提供了良好的发展条件。

另一方面,信息化能够整合和提升城镇的功能,能够改善就业结构、城镇产业、提高城镇居民的素质等,从而实现城镇化向现代化方向转变。表现为:(1)信息化支撑和拉动了城镇经济增长(信息产业的发展和带动)。(2)信息化优化了以知识为核心的城镇资源配置。信息化把以现代科学技术为主的知

识作为一个核心要素引入到了城镇资源配置过程之中,从而打破了城镇经济发展主要依赖于资本、规模、自然资源和原材料、劳动力大规模投入的资源配置方式。(3)信息化推进了城镇产业结构高级化。信息化主要通过信息产业化和产业信息化这两个方面优化城镇产业结构,信息技术在很大程度上改变着生产组织、经营模式和社会协作方式,为结构调整提供新型管理模式,推动城镇产业结构升级。(4)信息化强化了城镇化进程中的制度创新。信息化极大地促进城镇对信息的产生,交流、释放和传递的有序化、高效化,从而带动城市经济制度的规范和完善,提高了城镇经济和社会活动的综合竞争能力。①

城镇化与信息化的相互作用关系如图5-2所示。

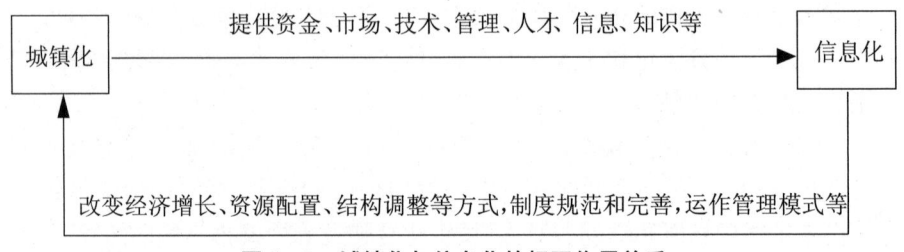

图5-2 城镇化与信息化的相互作用关系

三、正确处理城镇化与信息化之间的关系——协调发展

通过以上分析可知,城镇化是促进信息化发展的载体,信息化是加快城镇化发展的有效手段,只有两者协调发展,才能加快城镇化、信息化的发展进程。城镇化与信息化协调发展的必要性主要体现在以下几个方面。

1. 城镇化与信息化的协调发展是积极并稳妥地推进城镇化的需要

20世纪80年代,信息化使得城市的功能发生了根本性的转变,这为解决城市病提供了历史性的契机,而且成为城镇化发展的新动力。信息化对城镇化的作用主要体现在三个方面:第一,提升城镇的规划、建设和经营管理水平;第二,提升城镇的产业技术层次和促进产业结构优化;第三,促进市场体系升级演进,推动城镇体系升级。

2. 城镇化与信息化的协调发展是大力推动国民经济和社会信息化发展的需要

信息化不仅是城镇化发展的推动力,更是未来城市化发展的方向。从产业发展的过程可知,工业化发展的趋势是城镇化,而城镇化与工业化共同作用

---

① 何光福.信息化与城镇化协调发展研究[D].安徽大学硕士学位论文,2007.

的必然结果则是信息化。进一步而言,城镇化是信息化的栖身之地,信息化是城镇产业结构升级和城镇功能提升的发动机。也就是说,没有城镇化,信息化就失去了栖身的场所,而离开了信息化,城镇化的进程也会受到阻碍。

3. 城镇化与信息化的协调发展是推进新型工业化的需要

工业化是一个国家实现提高物质生活水平的必要手段,是发展中国家实现城镇经济增长和社会经济转型的重要途径。目前,中国处于工业化的中期阶段,其中某些指标已经达到了较高的水平,但总体还不发达,仍处于一种较低层次,尤其是工业结构升级过程较为缓慢,严重影响工业化的发展进程。根据前面分析可知,信息化是产业优化升级和实现工业化、现代化的关键环节,而城镇化则是优化城乡经济结构,促进国民经济良性循环和社会协调发展的重大举措。因此,要促进新型工业化,就必须使得城镇化与信息化的发展协调一致,从而共同推进工业化的发展。

第二节 西藏城镇化、信息化发展现状分析

一、西藏城镇化发展的现状分析

(一)西藏城镇化发展中取得的成就

西藏城镇化发展中取得的成就主要表现如下:

首先,西藏城镇化得到较快发展。目前,西藏已有拉萨和日喀则两市,并具有71个县城、140个建制镇,基本形成了以拉萨市为中心,地区所在地城镇为次中心,县城及较大建制镇为三级中心的较为明晰的城镇层次系统。[①]

其次,从中共十一届三中全会以来,西藏实行了一系列关于搞活经济、发展生产力的政策,并鼓励发展西藏集体和个体经济,对农畜林产品实行以市场调节为主的方针,促进了农村商品经济的良好发展。大量的农牧民以及全国的国有、集体和个体工商户纷纷进入西藏各地区的城镇进行工商业经营,推动了西藏城镇化的进程。

再次,随着国家在西藏地区的资金、人力、物力等的投入,加快了西藏的城镇化建设的步伐。随着第四次、第五次中央西藏座谈会的召开,全国兄弟省份

---

① 西藏统计年鉴(2013).

的大力支援以及西藏自治区各级领导的重视,西藏经济获得长足发展的同时,西藏城镇化过程也在不断加速。根据表5-1可知,截至2012年,西藏的城镇化率从2006年的21.13%增长为22.70%。

表5-1 西藏自治区城镇化率的变化趋势

年份	2006	2007	2008	2009	2010	2011	2012
城镇化率(%)	21.13	21.50	21.90	22.30	22.67	22.71	22.70

数据来源:西藏统计年鉴(2013)。

(二)西藏城镇化发展中存在的问题及成因分析

在国家对西藏地区的相关政策的倾斜以及各省份的支持下,在藏汉同胞的共同努力下,西藏城镇化获得了稳定的发展,目前西藏的城市化率将近23%,增长速度不断提高,形成了较为合理的城镇化层次发展体系。但是由于全区经济发展总体滞后,生产力低下,加之自然条件差,地域辽阔,人口分散等,西藏城镇发展中还存在着很多问题。具体如下:

1. 主观认识滞后,城镇规划和管理水平不高,体制不健全[①]

一般而言,政治体制的改革滞后于经济体制的改革,群众观念的改变更是一个长期的过程。首先,西藏城镇化落后的根本原因在于体制以及主观认识的滞后(刘雨林,2009)。长期的体制滞后,使得人们观念也变得相对滞后,造成城市文明扩散的力度不够,从而使得城镇化缺乏相应的吸引力。其次,近年来,西藏城镇化得到了较快发展,但是缺乏有效合理的规划。主要表现为:城镇发展布局不合理,城镇各项设施不健全,结构单一,城镇经济缺乏有效的产业支撑等,导致城镇基础功能得不到有效的发展。再次,西藏地区的城镇化发展缺乏合理有效的规划体制和管理体制,同时由于管理效率较低,使得大多数城镇布局不合理,造成城镇资源的浪费。最后,除拉萨外,西藏各市镇不具备健全以及完善的城市运行体系,城市基本的道路、供水、治安、社区服务等体系均不够健全,因此,不能满足市民的生活和城市自身发展的需要。

2. 城市规模较小、数量很少、城镇化水平低[②]

西藏目前只有1个地级市、一个县级市以及140多个建制镇。西藏城市市区面积和建成区相对较小,好多地方甚至城区都是由没有经过发展的自然村落组成,完全没有一个现代化都市的面貌,下属的县镇,有的面积还不到1

---

① 杜炳萱,陈爱东. 关于西藏城镇化问题的探讨[J]. 中国证券期货,2012.
② 吴沛宝. 西藏城镇化发展战略研究[D]. 西藏大学硕士学位论文,2012.

平方公里,有的镇只不过是由一条街道或几幢机关、学校、店铺的房子组成而已。对于城镇人口,只有拉萨市城镇人口将近30万,可以称为中等城市,其他的建制镇都不足10万人,不属于严格意义上的城市。除此之外,截至2012年,西藏的城镇化率仅为22.70%,比全国2012年平均城镇化率(52.57%)相差甚远,更是远远低于我国东部沿海地区。西藏城镇的面积以及人口规模较小,造成城镇发展空间和辐射区域狭小,因此,城镇功能得不到充分的发挥,不利于集中有限的财力加快农牧区城镇化建设的步伐。

3. 城镇分布极不均衡,城镇的功能较为单一[①]

由于西藏地广人稀,人口分布极不均衡,藏东峡谷地区城镇发展较快,人口分布较为稠密,而藏西北高原城镇由于人口稀少发展比较缓慢。尤其是拉萨城关区和日喀则市,面积占全区的0.34%,而常住人口却占全区的12.34%,从而导致西藏城镇发展水平差异大。目前,西藏仅有的2个建制市和近1/3的建制镇主要集中分布于"一江两河"流域,在此流域的城镇分布密度远远高于西藏其他地区。而且,西藏的城镇大多经济基础薄弱,主要以行政职能为主,这种封闭和单一的发展轨迹,导致西藏市镇经济存量较小,城市之间经济联系少,经济缺乏活力,使得小城镇发展后劲严重不足,发展速度缓慢。

4. 城镇化投资不足,城镇基础设施落后

由于西藏主要以中小城镇为主,对城镇基础设施硬件的投入以及软件的投资不足,严重制约着城市集聚与扩散效应的发挥,导致城镇化发展较为缓慢。据有关专家推测,能够有效发挥城镇聚集和扩散效应的城镇规模的下限是15万人左右,西藏的城镇基本都未达到这个下限值,导致西藏城镇经济发展缓慢。近年来,虽然西藏的城镇基础设施有了一定的发展,但还存在诸如城镇总体规模小、基础设施匮乏、道路等级不高、没有内河航运、通信导航等技术落后等问题。由于投资不足,使得本身城镇化空间分布不均衡的藏西北、藏东基础设施严重滞后,从而造成农牧区发展落后。总的来说,西藏城镇化投资的不足,使得西藏城市基础设施远远不能满足地区经济发展的需要,阻碍了西藏地区经济的发展。

5. 城镇发展缺少完善的动力机制,缺乏强有力的信息化支撑

主要表现为农业产业结构偏离度较高,西藏农业发展滞后。西藏2012年农作物总面积243.95千公顷,然而,粮食作物面积过大(170.86千公顷),占农作物总播种面积的70.04%,比其他农作物的面积之和还要高出近70个百

---

① 吴锋锋.西藏城市化发展战略思考[J].热带农业工程,2008(06).

分点,农畜产品产量不高,质量差。根据产业结构理论,第一产业的发展是二、三产业发展的重要基础,在粮食作物已经满足自给需要的情况下,应适当减少粮食作物的面积。由于西藏第一产业中粮食作物面积过大,而渔、林、牧等产业的不发达,严重影响了二、三产业的发展,导致工业化发展缓慢,第三产业发展后劲缺乏。作为第三产业的一个重要组成部分的信息化,西藏的信息化在发展历程上较晚,加上第一产业的影响以及信息化建设力度上的投入不足,使得信息化缺少高素质、复合型人才,导致信息化发展落后,从而阻碍城镇化的发展。

6. 西藏地区自然环境以及人力资源承载力差,阻碍了城镇化发展

西藏自然环境恶劣,在4000米以上的区域占该区总面积的86.1%,大量的冻土分布于此,草场以每年5%的速度退化,目前西藏沙化土地面积达22万平方千米,荒漠化土地面积达43万平方千米,分别占全区土地面积18.1%和36.13%,仅次于内蒙古、新疆,居全国各省(区)第三位(刘雨林,2008)。近年来,随着人口的增多(人口密度1990年的1.82人/平方千米,到2012年的2.5人/平方千米),生态环境的恶化,地区承载力下降,也限制了西藏城镇发展的力度和广度。另外,西藏的人力资源素质在全国较低(刘雨林,2009)。大多数偏远地区的农牧民未曾受过教育,只能在原始驻地务农和放牧,没有较高的人力资本,也就根本不能适应产业结构升级和新兴产业发展对劳动力的要求,限制了农村适龄劳动人口向城镇的转移力度。

综合以上分析可知,除了自然环境等客观条件无法克服外,西藏城镇化发展存在主要问题及原因还在于投资的力度不足。投资力度的不足导致城镇化发展以及信息化发展的缓慢,信息化发展的缓慢阻碍了人们对新生事物的接受力度,影响了外部先进的思想观念的融入,也影响了西藏所需的各方面的人才培养和发展,这些因素严重影响西藏城镇化的进程。另外,信息化的发展需要和城镇化的发展相匹配,信息化发展了城镇化才能进入快速发展的轨道,因此,西藏信息化是促进西藏城镇化发展的必要途径。

二、西藏信息化发展的现状分析

(一)信息化发展取得的成绩

相比于全国其他地方,西藏的信息化的建设起步比较晚。然而在中央关怀和全国支援下,西藏在信息化建设方面也取得了让人惊喜的成绩,具体体现在以下几个方面。

1. 信息基础设施建设逐渐完善

自从1995年西藏建成了拉萨至日喀则,拉萨至山南光缆工程后,西藏的

通信事业实现了跨越式的发展。截至 2012 年末,全年完成邮电业务总量 34.14 亿元,比上年增长 27.3%。其中,邮政业务总量 1.43 亿元,增长 4.4%;电信业务总量 32.98 亿元,增长 28.5%。年末局用交换机总容量 126.20 万门。年末固定电话用户 40.52 万户,其中城市电话用户 39.10 万户,乡村电话用户 1.40 万户。新增移动电话交换机 117 万门,总容量达 342 万门。新增移动电话用户 39.09 万户,年末达到 235.49 万户。年末全区固定及移动电话用户总数达到 276 万户,比上年末增加 39.1 万户,电话普及率达到 92 部/百人。① 另外,西藏建成了通达世界,连接全国,以拉萨为中心,集光缆、卫星传输、程控交换、卫星通信、数字通信、移动通信、邮政通信等一体化的通信网络,信息化工程扎实推进,乡乡通宽带全面实现。西藏的通信事业进入了卫星、光缆、程控交换的全新时代。②

(2)相继建立了信息化相关机构②

①2000 年 6 月 9 日,西藏自治区移动通信公司正式成立。西藏移动以"远赶西部先进,近创区内一流"的战略目标,公司运营一年来就实现了用户发展、业务收入、劳动生产率等经济指标翻一番的目标。②2000 年,成立了西藏自治区的经贸信息中心,并连通了自治区统计局 DDN 专线,建立了西藏经贸委局域网,开通了与国家经贸委的 DDN 专线,开通了与自治区党委信息中心的专网,完成了中国经济信息网西藏站、联合国科技信息网 TIPS 西藏网站的建设等工作。③2001 年 4 月,西藏通信管理局在西藏自治区正式挂牌成立,其主要行使电信通信行业监管职能。④2001 年 5 月 18 日,中国联通西藏分公司挂牌成立,进一步推动了西藏通信事业的发展。⑤2002 年 8 月 16 日,西藏自治区互联网协会正式成立,这对于规范行业经营,使互联网业健康、安全、有序地发展具有促进作用。

3. 建成相应的信息化系统及数据库

①建成 Internet 网络,实现了网上检索全国各省市自治区有关统计信息,并对网站主页进行调整,建成了西藏统计信息发布站点。同时,建成了西藏统计行业电子邮件系统,与全国各省市自治区开通电子邮件系统,帮助拉萨、那曲、日喀则、林芝、山南、阿里等 6 地市统计局完成了广域网连接任务。②2001 年 8 月,西藏自治区资源与环境地理信息系统(GIS)建成并投入使用。该系统主要由项目管理、环境资源、区域概况、社会经济、特色城

---

① 西藏统计年鉴(2013).
② 胡京波,阿华.西藏信息化建设的现状与对策[J].中国藏学,2003(04).

镇、藏医藏药、气象及动物数据库、分县数据等部分组成。该系统为建设数字西藏奠定了基础,它反映了西藏区域发展基本现状,揭示了西藏区域发展的分布特征和发展前景。③建成了青藏高原气候综合数据库系统。该数据库的建成有助于全面实现资料的现代化管理,对优化存取手段,增加资料的内容和形式,拓展服务领域,实现资料的共享打下坚实的基础。④西藏科技项目数据库。该库根据科研立项数据,内容涉及全区农、林、牧、地矿、医药、电子等部门,共有年度、承担单位、项目名称、研究内容、行业类别、申请经费、社会经济效益等,每年可为全区新的科研项目的申报与审批提供信息资源服务。⑤西藏科技成果数据库。该库包括多项全区科技进步获奖成果的数据,共有成果登记号、中国图书馆分类法号、成果名称、任务来源、主要完成单位、组织鉴定单位、主要完成人、技术水平、鉴定时间、成果转让、成果简介、邮政编码、通信地址等条目,每年可为全区获得科技成果奖的申报与审批提供信息资源服务。⑥西藏科技文摘数据库。该库包括期刊的数据,内容涉及全区各行业与部门,共有分类号、序号、作者、文摘篇名、期刊号、期刊名称、摘要和关键词等 8 个字段,为全区各科研单位提供文献信息资源服务。⑦西藏科技文献馆藏数据库。该数据库的建成为开展图书馆馆际互借和提供文献信息服务打下了基础,初步实现了全区各科研单位和图书馆文献信息资源的共享。

除此之外,在企业的信息化方面,西藏传统产业转型进入信息产业已引起高度广泛的重视。政府通过对西藏自治区传统产业实行集约化经营,加快联合、重组、兼并等形式打破部门、地区界限,组建或重点扶持一批以产权联结为主要纽带的大型企业集团,借以增强企业抵御风险的能力尤为重要。同时,西藏信息服务业正在逐渐兴起并快速发展,信息技术人才培养初露端倪。在信息技术人才培养方面,全区已有相关高校设立了计算机科学技术、信息管理与信息系统、信息工程等本科专业和其他与信息技术和信息专业密切相关的课程,初步为西藏自治区信息产业的发展培养了相关人才。无论是政府支持还是人才培养等,这些对于西藏其他产业部门,如传统农牧业、藏医药、生态环保、新能源、旅游业、建筑和建材业等行业信息化发展都具有示范和借鉴以及重要帮助作用。①

---

① 李子.西藏自治区信息产业发展现状与对策研究[J].西藏科技,2005(06).

（二）信息化发展存在的问题及成因分析

1. 对信息化认识不够，信息化建设的基础比较薄弱[①]

西藏自治区由于历史、地理、经济发展状况等诸多因素的制约，导致交通不便、信息闭塞，教育相对落后，人文素质不高。由于科技文化知识的缺乏以及现代教育落后等因素的制约，使得普通百姓对于信息化的概念意识淡薄，信息化建设的基础比较薄弱。首先，表现在信息化指数方面，全国信息化指数的平均值为25.89，西藏远远落后于全国水平。北京、上海的信息化指数在70以上，属于信息化水平的一类地区，而西藏、甘肃、贵州等省区的信息化指数在19以下，属于信息化水平最低地区。其次，在软件开发方面，没有形成西藏自己的开发队伍和力量，随着西藏经济的发展，急需开发具有西藏地方特色的软件以及拥有西藏自主知识产权的信息产品。再次，在信息服务方面，西藏没有形成集团优势，基本处于各自为政时期；成熟的公众网络尚未建立，网络市场急需培育。另外，对信息化建设投资不足，工业基础比较薄弱，管理体系不完备，信息化配套能力欠缺等，造成东西部之间信息化发展差距扩大。

2. 信息化建设资金缺乏，投入不足

西藏的通信网络建设资金极度匮乏。通信作为第三产业的重要部门之一，在全区经济社会运行中更多地显示出社会公用性，在很大程度上掩盖了它作为经营部门对产值和效益追求的目标，更多地表现为对全区经济发展和社会稳定的贡献。面对社会的需求和全国通信网络协调发展的要求，西藏信息化自身积累不足与发展要求的矛盾日益突出，信息化建设中的通信建设必须超前发展，然而西藏信息化建设资金的匮乏却又阻碍了它的进一步发展。目前，由于西藏在信息化研究的经费投入太少，许多研究项目无法开展；同时，西藏经济欠发达，政府财政十分紧张，对西藏信息化建设的投入不可能多；再加上信息化建设的基础相当薄弱，信息化建设的人才匮乏，使得财政投入的信心和能力不足。这些都导致了西藏信息化建设发展较为缓慢。

3. 信息化缺乏统筹管理和规划，缺乏配套的法律以及政策法规的支持[②]

西藏自治区信息化发展取得了一些成绩，但就全区而言，缺乏对行业进行统一有效的宏观管理。比如：相关信息法规制度缺乏相应的标准规范、政策法规和相应的领导协调机构，部门利益冲突、建设分散、低水平重复建设现象，导致信息资源开发利用不足，实现互联互通资源共享困难。在网络应用系统和

---

① 石方夏.论西藏的信息化建设[J].西藏研究,2007(02).
② 李子.西藏自治区信息产业发展现状与对策研究[J].西藏科技,2005(06).

信息资源开发方面缺乏统筹规划,投资较少,网络管理、网络设计和系统集成等专业人才短缺。另外,西藏的信息化建设以及有关信息产业发展的一些政策还未列入议事日程,法制法规建设落后于信息化建设的实际要求,阻碍了信息化的发展。同时,信息产业的发展急需优惠政策的扶持,信息产业技术的知识产权保护与合法利用等问题亟待法律、法规的规范。西藏信息化处于建设之中,多数配套服务体系跟不上,长期以来,由于种种管理体制给西藏经济的发展带来的滞后影响较大。

4. 缺乏复合型人才,信息市场的培育和信息产品的开发不足①

由于自治区教育、科技落后,所需信息化建设人才特别是复合型骨干人才严重匮乏,现有人才留不住,区外人才引进难,造成了西藏自治区信息化建设与东部地区的巨大差距。表现为:在软件开发上,没有形成西藏自己的开发队伍和力量,具有西藏地方特色的软件急需开发,急需发展拥有西藏自己知识产权的信息产品;在信息服务上,西藏没有形成集团优势,基本上还是处于各自为政时期,成熟的公众网络尚未建立,在信息市场培育方面表现为信息市场体系不健全,个人和企业大多抵制信息中间商和代理商,习惯于传统的自我服务模式,商品和市场意识不强,造成信息和信息的服务价值得不到普遍承认,信息技术市场尚未成为真正的交易市场。另外,多元化风险投资市场体系尚未形成,资金短缺是制约西藏自治区信息产业发展的一个主要因素。由于西藏地方企业融资渠道单一,企业缺乏规模效益,国有大中型企业很少,仍停留在以政府投入为主阶段,投资多元化没有形成。加上西藏由于交通、地理位置所限,发展信息产业所需的资金缺口较大,严重影响了西藏自治区信息产业的发展。

5. 城镇化发展缓慢,信息化资源以及设备提供不足

信息资源是指一个地区的信息生产能力和信息的传播、储存及处理能力的综合。信息生产能力主要由数据库数量、专利和商标数量、图书出版数量等基本要素构成。信息的传播、储存及处理能力,主要由图书馆、信息中心、档案馆、博物馆、文化馆拥有量、电台、电视台拥有量、邮电网点、邮电业务拥有量及高等教育的普及率,科研人员占有率等基本要素构成。西藏的信息生产能力与信息传播储存处理能力和全国信息资源相比较表现出以下几个特点:首先,数据库及专利申请数在全国处于落后的地位。其次,人均所拥有的文化基础

---

① 刘宁. 西藏工业园区信息化建设存在的问题及对策研究[J]. 经济视角,2013(02).

设施,如图书馆、文化馆数量少,西藏高等学校在校生人数,企事业单位拥有技术人员数量、质量、邮电网点、邮电业务量等指标均低于全国水平,有些项目上差距很大,信息传播、储存、处理的硬件设施居全国之尾。社会信息化需要大量的信息设备作保证,信息化建设必将推动信息设备制造业的迅速发展,强大的信息设备制造业又是社会信息化的基础,西藏自治区在这方面处于非常薄弱地位。城镇作为信息化资源和设备的提供者和承载者,对信息化的发展起着至关重要的作用。由于西藏的城镇化发展缓慢,使得信息资源和设备的提供明显不足,这就严重阻碍了信息化的发展。

综上所述,可见西藏信息化发展落后的原因,无论从人们的主观认识,还是信息化基础设施、信息资源状况以及市场等,归根结底与城镇化的发展紧密相关。因为城镇化为信息化提供了相应的资金、人才、市场、技术、管理、信息、知识等,这些都是信息化发展必不可少的组成部分。只有在城镇化快速发展的基础上,才能够提供足够的资源来支撑信息化的发展。因此,西藏的信息化发展的关键点在于西藏的城镇化。

三、西藏城镇化、信息化协调发展的必要性

所谓协调发展,是指城镇化与信息化在发展过程中,互促互进、互推互动,相互配合适当,形成合力,共同发展、共同进步,进而促进经济社会的可持续发展。在一定限度内,相互掣肘和相互制约也是协调发展的重要内容,但超过了一定的限度则会成为协调发展的阻力或障碍。互促互进和互推互动的作用在于形成合力,共同推动城镇化与信息化的协调发展;相互掣肘和相互制约的作用在于消除引致城镇化与信息化不协调发展的种种因素。[①]

从上节对于西藏城镇化与信息化发展存在问题及成因分析看出,西藏城镇化发展进程缓慢的主要原因在于信息化发展的落后,而西藏信息化发展的落后在于城镇化发展进程的缓慢。根据协调发展的定义可知,两者是互相促进的关系,发展城镇化就必须以信息化为手段,发展信息化就应该加快城镇化进程。对于西藏地区来说,城镇化与信息化协调发展的必要性主要表现为:

1. 加强西藏的信息化建设,推进城镇化发展速度

城镇化是经济社会发展的重要体现和必然趋势,也是缩小城乡差别,解决"三农"问题、全面建设小康社会的重要战略举措。城镇化是伴随着现代化和工业化必然出现的,反过来又推进现代化和工业化的一个历史过程,也是一个

---

① 何光福.信息化与城镇化协调发展研究[D].安徽大学硕士学位论文,2007.

国家和地区经济和社会发展水平的重要标志。现阶段西藏城镇化滞后也导致许多问题:一是城镇规模小,数量少,城镇化水平低;二是城镇化分布不均衡,城镇发展差异大;三是城镇基础设施落后;四是城镇功能单一,经济辐射力小;五是城镇规划和管理水平不高;六是城镇发展缺少完善动力机制。

信息化是城镇化进程的新动力。信息化具有极强的技术创新性、广泛的技术渗透性、强劲的产业带动性和较高的经济效益性特点。信息化对城镇化的作用主要体现在:第一,改变城镇化经济增长方式、资源配置方式和结构调整方式;第二,能提升城镇的产业技术层次和制度的创新化;第三,能提升城镇的建设规划以及运营管理水平;第四,能促进市场体系的升级演进,从而推动城镇体系升级。由此可见,信息化对城镇化的发展具有重要作用,加快信息化建设是推动城镇化发展的需要。

2. 加快西藏城镇化进程,推进新型工业化及信息化的建设

由现代信息技术所推动的信息化,给经济和社会的方方面面带来了深刻的影响,使得信息化程度成为一个国家和地区综合竞争力的象征。近年来,西藏信息化建设取得了一定的成绩,表现在:第一,信息基础设施建设逐渐完善;第二,信息化相关机构相继建立并成熟发展;第三,建成部分信息化系统及数据库等。然而,西藏信息化在发展过程中也存在不少问题,表现在:一是信息化建设的基础比较薄弱;二是信息化建设资金缺乏,投入不足;三是管理体制和政策法规不健全,信息化缺乏相应的监管和指导;四是公共服务体系不健全,信息化人才严重匮乏等。

然而,根据前面分析可知,信息化与城镇化之间是相互联系,相互影响、相互制约的,信息化是推动城镇化的重要动力,而城镇化是信息化发展的物质基础和有效载体,为全面推进信息化提供了发展机遇。加快西藏城镇化进程,是解决西藏信息化过程中出现的各种问题,大力推进西藏经济和信息化发展的需要。

3. 通过信息化与城镇化的协调发展,推进新型工业化

工业化是一个国家实现提高物质生活水平的必要手段,是发展中国家实现城镇经济增长和社会经济转型的重要途径。根据2012年统计,全年全部工业实现增加值55.11亿元,比上年增长14.7%。规模以上工业企业实现增加值42.83亿元,比上年增长15.1%。其中,轻工业实现增加值11.32亿元,增长9.1%;重工业实现增加值31.51亿元,增长17.3%。[①]

从以上数据可看出,西藏经济的主体部分正处于重工业加速发展的工业

---

① 何光福.信息化与城镇化协调发展研究[D].安徽大学硕士学位论文,2007.

化的中期阶段。然而,西藏工业化发展过程中也存在着不少问题。

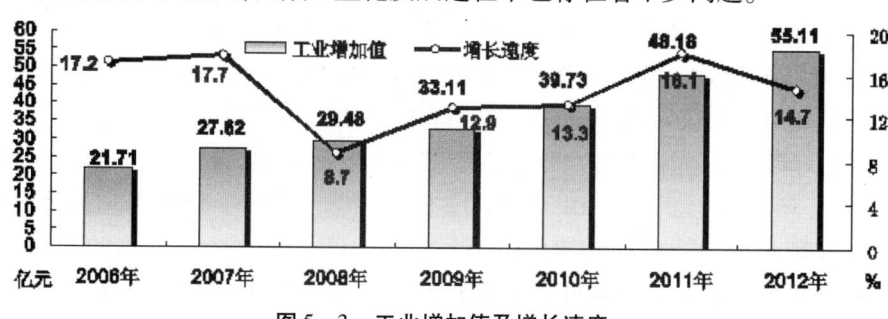

图5-3 工业增加值及增长速度

(1)产业发展不平衡,第三产业比重下降

初步核算,2012年,西藏实现全区生产总值(GDP)701.03亿元,比上年增长18.58%。其中,第一产业生产总值80.38亿元,比上年增长7.35%,第二产业生产总值242.85亿元,比上年增长14.03%,第三产业生产总值377.80亿元,比上年增长14.62%。人均地区生产总值22 936元,增长12.47%。在全区生产总值中,第一、二、三产业所占比重分别为11.5%、34.5%、54.0%,与上年相比,第一产业比重下降0.8个百分点,第二产业持平,第三产业提高0.6个百分点。① 最近几十年西藏自治区第三产业所占比重从未低于50%,第三产业产值GDP的比重一直高于全国平均水平。第三产业虽然在结构方面看似发展较快,但缺乏第二产业的支撑,特别是工业化的强有力的基础支撑,其质量很差,出现了第三产业的"虚高化",最终使得第三产业的发展缺乏后劲。另外,西藏工业化仍旧相对落后,西藏工业数量少,密度低,质量不高,工业的弱质性严重制约着城镇化的发展。

(2)资源开发过度,严重影响生态平衡

西藏自治区2012年全年接待国内外旅游者1 058.39万人次,比上年增长21.7%。其中,接待国内旅游者1 038.89万人次,增长23.3%;接待入境旅游者19.49万人次,下降28.0%。旅游总收入126.48亿元,增长30.3%;旅游外汇收入10 570万美元,下降18.5%。② 但是随着旅游业的兴旺,也迎来了生态资源的严重破坏。如察隅自然保护区内建造大兴土木,修公路、建索道导致自然生态系统、自然遗迹和珍惜的野生动植物遭受灭顶之灾。又如,对拉萨市内古院落进行旅游开发,使得原住民搬迁至其他地方,让其古院落开发为旅游者服务景点,失去了千百年来传承的生机和文脉等等。

---

①② 西藏统计年鉴(2013).

(3)经济竞争力不强,生产总值仍处于全国最低水平

主要表现为:2012年全年社会消费品零售总额254.64亿元,比上年增长16.3%。分地域看,城镇消费品零售额211.79亿元,增长18.3%;乡村消费品零售额42.85亿元,增长7.2%。分行业看,批发和零售业零售额212.28亿元,增长14.7%;住宿和餐饮业零售额42.36亿元,增长24.7%。2012年,西藏实现全区生产总值(GDP)601.03亿元,仍远远低于全国平均水平16 752.3226亿元。[①]

根据上一节可知,新型工业化的特征主要表现为:一是依靠科技进步,不断改善经济增长,提高经济效益;二是控制人口增长,保护环境,合理开发和利用自然资源,实现可持续发展;三是以信息化带动工业化,以工业化促进信息化;四是推进产业结构的优化升级,正确处理高新技术产业与传统产业之间的关系。可见,要加速实现西藏经济发展,提高全区生产总值,解决经济增长方式和产业发展问题,解决提高经济、化解资源开发、保护生态环境等问题,必须走新型工业化道路。由于信息化和城镇化对工业化具有深刻的影响,信息化与城镇化之间又是相互联系、相互影响的。因此,必须通过加快西藏城镇化进程,推进西藏信息化建设;通过加强信息化建设,推进城镇化发展。同时,协调两者的发展,以形成最大合力从而推进新型工业化,促进城市信息化、数字化以及智能化、智慧化的发展。

第三节 西藏城镇化、信息化协调发展的对策及建议

一、西藏城镇化、信息化协调发展的现状

(一)西藏城镇化、信息化协调发展中取得的成就

20世纪90年代以来,随着国家对信息化的逐渐重视和城镇化潮流的到来,城镇化与信息化的相互作用关系越来越明显,两者的协调发展对促进整个社会经济的快速发展具有重要作用。在此基础上,西藏在信息化与城镇化协调发展方面也取得了一定的成绩,主要表现在:

---

① 西藏统计年鉴(2013).

1. 对城镇化与信息化协调发展的认识有所改变

近年来,由于经济全球化和信息技术革命的推动,西藏自治区政府以及企事业单位对城镇化与信息化协调发展的认识表现在各级领导讲话、市政工程建设、政策文件的制定、信息网络建设、城市规划与管理等方面,西藏城镇化与信息化协调发展的意识逐渐增强,协调发展的观念开始被人们所接受。2012年在西藏的城镇固定资产投资中,与城镇化、信息化发展紧密相关的电力、燃气及水的生产和供应业投资完成85.70亿元,增长39.4%;科学研究、技术服务和地质勘查业投资完成2.56亿元,增长1.1倍;水利、环境和公共设施管理业投资完成45.03亿元,增长1.5%;交通运输、仓储和邮政业投资完成132.24亿元,下降7.9%;信息传输、计算机服务和软件业投资完成13.05亿元,增长1.1倍;公共管理和社会组织投资完成72.06亿元,增长67.2%;批发和零售业投资完成14.65亿元,增长3.2倍;卫生、社会保障和社会福利业投资完成8.52亿元,增长13.9%;居民服务和其他服务业投资完成4.91亿元,增长2.4倍;教育投资完成19.66亿元,增长4.5%;文化、体育和娱乐业投资完成14.25亿元,增长24.3%。从以上大部分数据的增长率可知,西藏城镇化、信息化表现出齐头并进的良好增长态势。①

2. 关于西藏城镇化、信息化发展的理论研究逐渐增多

石方夏(2007)认为,西藏信息化的通信手段落后,西藏信息化建设起步晚,存在着基础设施薄弱、建设资金匮乏、运行成本高、应用范围不太广泛、信息业净产值占全区生产总值比例太低、人们信息意识不强等问题,我们知道城镇化的发展可以为信息化提供相应的资金、人才、市场、知识、技术等,这些就是解决信息化的主要措施。李含琳(2006)认为,加快城镇基础设施建设和提高政府服务水平要以供排水、城镇道路为重点,以完善城镇功能为目标,加快城镇基础设施和服务设施建设。要确保水、电、路等基础设施建设的一体化、功能性和高标准,注意普水率、普电率、绿化率的提高和文化、教育、卫生、体育系统的完善,充分兼顾经济功能和其他社会服务功能的协调,解决结构布局、产业与网点规划、国土利用、资金融通、户籍登记、市场管理等一系列具体问题,这些城镇化的发展措施与信息化都是紧密相关的。另外,还有学者杜炳萱和陈爱东(2012),胡京波和阿华(2003)以及刘宁(2013)等,也对西藏城镇化与信息化的相关问题进行了研究。虽然在以上相关研究中,并没有特别谈到西藏城镇化、信息化协调发展问题,但是大多数学者在城镇化、信息化发

---

① 西藏统计年鉴(2013).

展的现状及对策分析中都隐含着城镇化与信息化之间的相互影响、相互制约以及相互促进的作用关系。

3. 注重用信息技术提升城市的综合实力

一个城市的信息化水平是城市综合实力和现代化水平的重要标志,信息化作为城镇化的重要推动力量。在西藏城镇化发展的过程中,西藏自治区政府注重运用信息化来提升城镇的整体水平和综合竞争力。西藏城镇的通信事业进入了卫星、光缆、程控交换的全新时代,建成了以拉萨为中心,连接全国,通达世界,集光缆、卫星传输、程控交换、卫星通信、数字通信、移动通信、邮政通信、通信网络和信息化工程扎实推进,乡乡通宽带全面实现,这些对于推进城市化进程都起到了举足轻重的作用。

4. 城市信息化的建设取得一定的成绩

近年来,随着西藏在城市的政治,经济、文化、教育、服务等领域的功能不断增强,城市的建设、规划、管理和服务等要求的不断提高,西藏城镇化建设更加注重质量的提高;加上西藏对于计算机、通信和网络为主的信息技术的投入和发展,西藏城市信息化的建设也取得相应成绩。除此之外,西藏自治区广开门路,在争取政府财政拨款的同时,多方筹集资金,进行社会集资、捐赠、拉企业赞助等方式来获取更多的信息化建设资金,发展以电子信息技术为代表的高新技术产业,同时用高新技术和先进适用技术改造传统产业,努力提高工业化的整体素质并使其具备一定的竞争力,使信息化和工业化融为一体,互相促进发展,从根本上改变西藏城镇化、信息化建设的硬件设施,提高西藏地区的城市信息化水平。[1]

(二)西藏城镇化、信息化协调发展中存在的问题

虽然西藏在城镇化、信息化协调发展中取得了一定的成绩,但是也存在一些问题,主要如下:

1. 西藏城镇化、信息化协调发展的相关政策不完善阻碍了其协调发展态势

由于西藏对于城镇化与信息化协调发展的认知较晚,相关政策的提出以及法规的完备方面有所欠缺。按照现行的相关政策,一方面西藏需要积极稳妥地推进城镇化,另一方面西藏又需要大力推进国民经济和社会的信息化。两者同等重要,如果平行发展显然不合实际,由此便产生诸如孰轻孰重、孰先孰后的问题。另外,西藏既有为数不少的关于城镇化发展的规划,也有关于信

---

[1] 石方夏.论西藏的信息化建设[J].西藏研究,2007(02).

息化发展的规划,在保障城镇化以及信息化发展上这些规划发挥了至关重要的作用。然而,当两者遇有矛盾冲突或交叉重叠时,如何在不违反相关政策的情况下做到协调发展则是一个值得思考的问题。因此,两者在协调发展上就会出现彼长此消的发展态势。

2. 西藏管理以及体制上存在的不足阻碍了城镇化与信息化的协调发展

协调发展对经济社会发展的促进作用早已在实践中显现。根据1998年国务院新的机构改革方案,城镇化主要由建设部负责,信息化主要由信息产业部主管,两个部门各司其职,共同搞好城市化与信息化工作。然而,实际中两者的很多工作往往难解难分,因而就出现各自为政的不良后果,由于西藏管理体制上的不足,这种现象更加明显。同时,由于西藏职能管理部门在对城镇化、信息化协调发展的分工上缺乏统筹,其结果是几乎所有的政府职能部门都去管理城镇化、信息化工作,既分散人力、物力,又分散了有限的财力。这种管理和体制上的偏差是西藏城镇化与信息化协调发展的最大障碍。

3. 西藏城市信息化建设存在经验不足、信息安全管理欠缺的现象

由于西藏城市信息化的起步较晚,在城市信息化方面,不仅缺乏国内外成功经验的借鉴,而且也没有较全面、系统的理论指导,因此在建设过程中必然会出现一些问题。首先,西藏城市信息化建设和全国部分地区一样,存在"重建设、轻应用"的普遍问题。据调查,在信息化建设中许多花巨资购买的设备却被闲置,这种在应用上没有引起足够重视的突出表现是信息资源开发特别是数据库建设参差不齐,信息资源不能得到有效整合,共享程度低等。其次,西藏信息化人才资源欠缺,突出地表现在缺乏信息化的创新人才,特别是通用型、国际化高级人才,这就直接影响了城市信息化应用的层次和水平。再次,由于西藏高技术人才缺乏,导致信息产品缺少自主权,在技术上受制于人。最后,西藏也缺乏对信息化进行安全管理的技术与法律的支撑,如信息安全的发展战略和计划,网络管理与经营法律,用户数据、信息资源保护的法律,电子支付法律,网络规划与建设的法律,计算机犯罪与刑事立法,计算机证据的法律效力等,这些都是信息安全的重大隐患。

4. 西藏地区农村信息化建设的滞后性阻碍了非农化和城镇化进程

近几年来,西藏农村的信息化建设取得了一定进展,信息基础设施的建设稳步推进,农业信息资源的开发利用得到加强,农村信息网络体系和信息服务体系建设积极推进。但是,由于西藏农村信息化建设起步较晚、基础较差,整体水平仍相当落后。同时,由于西藏自然条件恶劣,人口密度低,信息化基础设施薄弱,信息化建设滞后,共享程度低,农村受教育程度不高,信息服务人才

缺乏,农民的信息意识薄弱,信息需求不强烈,农村信息服务体系不完善,服务落后等问题,导致西藏大部分地区信息化建设落后,这严重影响劳动力的分流与转化,阻碍了西藏非农化和城镇化进程。

二、西藏城镇化与信息化协调发展的战略选择

城镇化与信息化之间的相互作用关系是其协调发展的重要动力。不管是信息化滞后、过度或超前,还是城镇化滞后、过度或超前,都不利于城镇化、信息化的协调发展。当前,西藏城镇化与信息化发展不协调主要表现在:人们的主观认识不够,城镇化与信息化发展滞后;城镇化与信息化投入不足,基础设施落后;相关政策法规以及体系建设跟不上等,这些都阻碍了城镇化、信息化的协调发展。

根据城镇化、信息化协调发展的基本思路和中心内容以及西藏城镇化与信息化协调发展的现状,要促进西藏城镇化与信息化的协调发展,必须进行相应的战略选择。归纳起来,主要包括:(1)要充分认识城镇化与信息化协调发展的重要意义及其对经济社会发展的重要作用。(2)要充分利用国家相关政策对西藏经济发展重视作用,实行以需促用与以用促建相结合,市场导向与需求导向并用的发展策略。(3)要正确处理城镇化与信息化之间的互动关系。(4)用信息化推动城镇化发展进程,用城镇化促进信息化快速发展。(5)要注意培养西藏城市公民的信息意识和重视培育信息市场。(6)要大力发展西藏城市信息化。(7)要积极建设西藏"智慧城市"。在这些政策措施中,尤其要正确处理城镇化与信息化之间的相互关系,促进两者协调发展。

要推进西藏城镇化、信息化的协调发展,必须处理好两者之间的互动作用关系,对此提出以下策略:①

一是要处理好西藏城镇化相对滞后与信息化加速发展的关系。根据"十五"计划建议和"十五"计划纲要的要求,既要发展城镇化,又要发展信息化,两者都很重要,两者都不可或缺,需要两者的齐头并进才能协调发展。这就要求我们:(1)以信息化促进城镇化的发展,进一步加大信息化对城镇化的推动力和拉动力;(2)以信息化带动工业化,推动信息化超常规发展,从而为城镇化的发展提供强大的新兴技术支撑;(3)消除城镇化滞后的经济障碍,力促与信息化、工业化的相互协调。

---

① 姜爱林.城镇化、工业化与信息化协调发展研究[M].北京:中国大地出版社,2004(03).

二是要处理好西藏的城镇基础设施建设与信息基础设施建设的关系。城镇基础设施和信息基础设施都是城市现代化建设中两个必不可少的组成部分。城镇的基础设施即为人民生产、生活提供相应服务的公共设施,是城镇赖以生存和发展的基础;而信息基础设施则主要是指信息高速公路,就是以现代通信和计算机技术为基础,建设一个以光缆作为干线的覆盖全国的智能通信网,以推动西藏地区经济高度信息化进程。西藏城镇基础设施建设虽然取得了一定的成绩,但整体水平较低,主要体现在居民居住条件差、天然气普及率和硬化道路比重低、水资源相对短缺、污水废物处理设施缺乏等。这种低水平的落后状况,既不利于信息化基础设施的建设,也不利于城镇化基础设施的建设,城镇基础设施要建设、要发展,信息基础设施同样要建设、要发展。

三是要处理好西藏城镇化的推动作用与信息化的带动作用之间的关系。城镇化对信息化具有推动作用的同时,信息化对城镇化产生了一定的带动作用。一方面,城镇化为信息化的发展提供广阔的空间载体,使信息化在城镇里发挥其应有的作用,全面实现城镇信息化;另一方面,信息化提升和整合了城镇的功能,改善了城镇的产业结构以及就业结构,提高城镇居民素质,使城镇化在信息化中得到升华,从而实现城镇信息化。因此,积极利用城镇化与信息化的互动作用,及时地调适西藏城镇化、信息化发展战略,使西藏城镇化、信息化发展尽可能达到互促互进的理想境地。

四是促进城镇化与信息化有机结合,生成一种新的发展模式——城市信息化。通过理论部分的分析我们知道,协调发展要解决的关键问题在于:提高城镇化和信息化的发展水平,缩小城乡差距,消除不协调因素,促进城镇化与信息化之间的协调发展,促进城市信息化,最终实现智慧城市的发展。智慧城市是城市信息化现阶段一个重要的发展模式,是城镇化与信息化协调发展的重要内容。

根据"三化"发展的总方针,结合城镇化、信息化发展的特点,西藏城镇化、信息化协调发展的思路为:在加速发展城镇化的过程中,优先发展信息产业,用信息技术推动城镇化的发展;在加快信息化的过程中,重点发展城市信息化,通过城市信息化带动整个国民经济和社会信息化的发展;在城镇化比较发达的地区,要重点发展信息化,用信息化进一步推动城镇化;在城镇化发展比较落后的地区,要重点发展城镇化,通过城镇化的发展,增加就业人数,从而推动信息化发展。

三、西藏城镇化、信息化协调发展的战略选择——城市信息化

(一)城市信息化的相关理论

1. 城市信息化的基本概念、内容及框架

城市信息化是城镇化与信息化协调发展的有机结合,它既是一种信息社会的发展范式,同时也是一种信息社会发展的目标。所谓的城市信息化,指在一定历史阶段以信息为特征的城市发展过程,是城市社会经济结构从以物质与能量为重心,向以信息与知识为重心转变的一种历史的、渐变的、动态的发展过程。[①]

另一种说法认为,城市信息化指的是以城市为主体,在政治、经济、文化、社会、教育、旅游、消费等各方面广泛应用的现代信息技术,深入开发和充分利用信息资源,完善城市信息服务功能,加速城市现代化的一种发展过程。主要包括:(1)城市信息技术的开发和普及;(2)城市信息资源的开发和应用;(3)城市信息服务体系的完善和健全;(4)城市信息产业的高度发展;(5)城市信息政策与法规的制定;(6)城市信息教育等。[②]

城市信息化的基本框架主要包括两部分:[③]

一是基础部分。包括:(1)信息化规范、标准与法律的制定与执行。(2)信息基础设施,包括以电脑宽带网为主体的网络和遥感、遥测、数据库、电视监测、安全、海量数据存储处理、信息挖掘、综合分析、超媒体、多媒体、多位显示、数据共享、仿真与虚拟、互运算与远程操作等技术。(3)数字神经系统,布满全城的数据采集系统、快速分析、分布式数据库、快速辅助决策、网络快速传送、准确反应技术系统等。(4)信息人才培养与知识普及。

二是应用部分。包括:(1)智能化小区建设与管理:a. 智能化住宅建设与管理信息系统;b. 智能化办公大厦建设与管理信息系统;c. 智能化小区、社区建设与管理信息系统。(2)城市超媒体信息系统:a. 城市基础设施数据库及信息系统,包括各类交通、通信网络、城市近况与远景规划、各类能源及各类建筑物等;b. 城市基础地理数据库及信息系统,包括大地测量控制点、正射映像

---

① 姜爱林. 城市信息化:持续环保的城市经济发展新模式——中国城市信息化发展初探[J]. 天津行政学院学报,2004(02).

② 姜爱林. 城市信息化:城市化与信息化协调发展的有机范式[J]. 南方经济,2003(01).

③ 承继成,王宏伟,等. 城市数字化:纵谈城市信息建设[M]. 北京:中国城市出版社,2002:44-45.

图、DLM、工程地质、地质基础、自然灾害、气象水文、土地利用现状图、历史地理等;c.城市基础功能数据库及信息系统,包括地籍管理、人口户籍管理、房地产管理、市场管理、交通管理、生态与环保管理、消防与公安管理等。(3)智能化交通:除了高效智能的交通设施、运行网以及智能的监管外,还涉及智能化的物流配送服务。(4)应用与服务信息系统:a.电子商务、电子金融、电子政府等;b.网络化生存、网络化旅游等;c.网络化科技与教育、网络化文化与卫生。[1]

2.城市信息化建设原则

部分学者[2]认为,首先,城市信息化必须遵循"以需促用,以用促建"的基本原则。一方面,任何信息系统的建设,都必须事先进行详尽的需求分析,找准技术应用的突破口;通过具体应用项目的开发,带动整个系统的信息化建设。另一方面,从经济和社会发展对信息化的内在需求出发,以需求促进应用开发,以应用作为重点和抓手,促进城市信息化建设,包括信息基础设施建设、信息技术应用和信息产业发展、信息资源开发和共享等。其次,城市信息化需坚持以企业信息化推动城市信息化的原则。企业信息化是城市信息化的主体工程,企业在信息化建设中既是生产者,又是消费者。作为信息生产者,企业必须自筹资金加强自己的网络化建设来加强企业市场信息的收集能力、知识经济时代的抗风险能力以及企业的远景管理能力;作为信息消费者,企业同时也通过参与并实施信息化建设,享受信息化带来的高效、公平的游戏规则。在此基础上,用企业信息化推动城市信息化,加快西藏经济的快速发展。再次,城市信息化建设必须坚持以人为本的原则。在城市信息化的过程中需要多开发广大用户需要的城市信息化技术,包括:实用技术、民用技术、大众技术、日常应用技术。同时,开发研制的产品要力求方便、实用、智能式、易学易懂的信息、电子、通信产品,以满足城市信息化发展的需要。

3.城市信息化测评与指标体系

城市信息化测度、评估是城市信息化建设与发展的一项重要内容,而构建城市信息化测评指标体系则是检验和衡量其发展水平的重要标准和基本尺度。比较有代表性的是上海市信息化办公室和上海市互联网经济咨询中心等

---

[1] 承继成,王宏伟,等.城市数字化:纵谈城市信息建设[M].北京:中国城市出版社,2002:44-45.

[2] 郭理桥.城市信息化建设要遵循什么原则?[J].中国信息界,2005(10).

共同研究制定的"中国城市信息化水平测评指标体系"。① 中国城市信息化指标体系设置包含三大部分 15 个指标:

第一部分主要反映信息化基础设施,共有 6 项指标:每万人城域网带宽(千比特/万人)、家庭宽带接入比例(%)、每百户计算机拥有量(台/百户)、固定电话主线普及率(线/百人)、每百人拥有移动电话数(部/百人)、每百户拥有电视机数(台/百户)。

第二部分反映信息化的发展环境,有 4 项指标:人均 GDP(元/人)、平均受教育年限(年)、信息产业增加值占 GDP 的比重(%)、政策法规完善程度(分)。

第三部分是反映信息技术的应用水平,共有 5 项指标:每万人互联网用户数(户/万人)、上网企业数占企业总数的比例(%)、大中小学每百人在校生拥有计算机数(台/百人)、政府门户网站年人均访问次数(次/人)、人均信息消费支出占消费总支出的比例(%)。

(二)西藏城市信息化构建的对策及建议

首先,加强西藏的城镇信息基础设施建设,提升城市信息化的竞争力。城市信息化的前提条件是采用先进的信息基础设施建设。信息基础设施是指以宽带大容量光纤为主,卫星和微波信道为辅作为传播通道,利用数字化技术,集计算机、录像机、电视机和电话机于一体,可以传递数据、语言、视频以及图表的多媒体高速通信。当前,西藏城市信息基础设施的发展重点是宽带传输网、接入网与基础核心网络。在城镇基础设施的建设过程中,需要利用西藏现有网络资源和社会成本,建设具有相当规模、安全可靠、结构合理、面向未来的信息网络。同时,要强化城市与网络之间的信息安全保障体系建设,建设宏观经济数据库及其交换服务中心、完善的地理空间信息系统、公共信息资源等。

其次,用西藏地区信息化发展水平提升城市的综合竞争力,使信息技术成为城市发展的重要动力。在新经济时代,互联网和电子商务的应用解决了跨区域联络不便和信息不畅的问题,突破了时间和空间的限制,大城市人流和物流的规模大幅度减小,即使在人口继续膨胀的大城市中,信息化也会对城市的产业结构布局产生重要影响。在西藏工业化向信息社会转变的过程中,要提高城市的综合水平,信息化是必然的选择。信息化使人类从工业化阶段发展

---

① 中国试点城市信息化水平测评指标方案(试行)[EB/OL]. http://www.szsmb.gov.cn;城市信息化指标体系与统计规范[EB/OL]. http://www.szsmb.gov.cn/content.asp?id=1813.

到以信息为标志的新阶段的过程,它带来了人类社会各个领域的重大变革的同时,推动着社会经济各个方面的变化,进而推动城镇化,并最终成为城镇化发展新的主要动力。因此,通过信息化提升西藏各城镇的综合竞争力就是一个很有效的重要途径。

再次,加速西藏企业信息化和城市产业信息化进程,推进城市信息化向纵深发展。在发达地区,企业信息化广泛应用于技术开发、企业重组以及市场拓展和产业调整中。企业通过信息技术的广泛应用和信息资源的深度开发,实现了提高经济管理、降低产品与服务成本、决策效率、实施纵向多元化、拓展网络业务、确立其在经济全球化中竞争优势等多重目标。西藏的企业信息化建设可从三个层面推进:一是通过计算机实现对产品生产制造过程的自动控制;二是通过万联网开展电子商务的销售模式;三是通过计算机系统实现企业内部管理的系统化。在西藏企业信息化过程中,应注意管理、技术、信息、设施等信息化要素的共享,搞好分工与协作。同时,应坚持高标准、高起点,既要突出应用性、现实性,又应具有一定的超前性,充分考虑到城市信息化未来发展的需要。

其次,大力发展西藏的信息服务业,提高城市信息化的整体水平。信息服务业作为一种新兴的行业,在社会生活和生产中发挥着越来越重要的作用。为满足西藏城市信息化建设的需要,必须从以下几个方面着手:一是运用西藏信息网络技术,促进产品生产、设计、研发和物流配送,提高西藏传统产业的信息化水平;二是健全信息服务评估机构和机制,制定和规范西藏信息服务业标准,提高信息服务质量;三是加快西藏数据库的发展、信息加工处理、软件开发、信息设备维修等以计算机服务为主要内容的信息服务业;四是鼓励西藏地区网络服务商兼并重组,组建大型网络服务企业;五是需要多渠道筹集资金,放宽西藏的市场融入水平,扩大对外开放程度,推进产业化,从而形成有利于西藏信息服务业发展的环境。

再次,加快西藏城市信息化管理体制创新的步伐,建设有序公平的市场竞争环境。体制创新是中国城市信息化建设的重中之重,也是西藏城市信息化建设的重要方面。西藏目前的信息化管理体制还存在众多问题,制约了西藏城市信息化的健康发展,对此,提出以下策略:一是加强西藏宏观调控力度,健全西藏信息化组织管理体系,更好地制定城市信息化发展战略和重大方针,有效地利用各种资源,组织实施城市信息化的各种专项规划,促进资源共享。二是要不断深化西藏城市信息化管理体制改革,顺应技术进步和市场需求,规范市场行为,健全现代企业制度,建立竞争性体制框架,形成有序、有效的竞争环境。三是积极应对经济的全球化,检阅西藏城市信息化建设,加快与中国智慧城市建设接轨的步伐。

最后,重视西藏信息化人才的培养,提高领导干部的信息化素质。重视培养和发挥信息化人才在信息化建设中的作用,首要是如何留住人才,吸引高素质复合型人才,并培养信息化的人才。对此,一方面,可通过西藏各级各类学校积极推广计算机和网络教育,在全社会普及信息化知识和技能;另一方面,在西藏小学、中学,统一设置计算机知识、网络技术基础等信息技术必修课程,调整西藏高等院校专业课程设置,加快对信息化人才培训。此外,加强对西藏在职教师、政府公务员、企事业单位人员的信息技术培训,提高从业人员技能与素质。在大力培养信息化人才中,要特别注意提高领导干部的信息化素质与技能,这也是城市信息化建设与发展中一支不可忽视的重要力量。

综上所述,西藏进行城市信息化的过程也就是应用信息技术进行一次全面的体制创新的动态过程。这一过程要求西藏必须抛弃以传统的思路与方法进行信息化的方法,而需要根据西藏地区城镇化、信息化发展的思路、特点、方法进行城市信息化建设,并按城市信息化自身的规律发展城市信息化,促进西藏城市信息化建设更快更好地发展。

第四节　西藏"智慧城市"的建设:高效新兴的城市信息化发展模式

伴随大数据时代的到来,移动通信技术和互联网得到了迅猛发展,以移动通信技术为基础的城市信息化经历了"电子城市—数字城市—智能城市"等阶段之后,发展到了城市信息化的高级形态——智慧城市。

一、"智慧城市"的基本理论

(一)智慧城市的概念及特征

城市信息化过程经历了电子城市(以计算机的产生和应用为标志,以资源的信息化为中心,强调通过办公系统的应用来优化企业内部管理,提高管理效率)、数字城市(数字城市建设的主要内容是利用地理信息系统将城市建设、管理、经济、民生等信息与空间地理位置信息联系在一起,实现更精准的服务)和智能城市(强调具体领域事务处理的自动化和灵敏性,是智能技术充分应用,主要借助信息系统来实现事务的自动处理)三个阶段后,于2010年进入了智慧城市阶段。智慧城市已成为新形势下普遍认可的城市发展新模式,在世界范围内掀起了一股建设智慧城市的热潮。

1. 智慧城市的概念

智慧城市是以新一代信息技术为支撑,知识社会创新环境下的城市形态,智慧城市通过物联网、云计算等信息技术以及社交网络、维基、Living Lab、Fab Lab、综合集成法等工具和方法的应用,实现全面透彻的感知、互联、智能融合的应用,以开放创新、用户创新、协同创新、大众创新为特征的可持续创新是城市信息化发展的高级形态。[1]

2. 智慧城市的特征

(1)信息无所不在。基于云计算、物联网、移动互联网、大数据等基础信息架构,不间断地通过信息终端和信息服务,信息需求者可按需随时获取,从而增强环境的友好性,提高城市管理的效率和科学性。

(2)融合。智慧城市的本质是融合,以信息融合为基础的城市运行系统之间的交融协作,从而达成有效的服务和管理。

(3)优化资源配置。通过信息技术与其他资源要素优化配置并共同发生作用,从而减少城市的资源消耗和浪费。

(4)以人为本。以人为本是智慧城市建设的精髓,智慧城市核心是构筑面向市民的广泛的、机会均等的城市服务。

(二)智慧城市建设的具体内容及框架

(1)面向企业的公共服务平台建设;

(2)智慧公共服务,建设智慧公共服务和城市管理系统;

(3)信息综合管理平台建设,提升政府综合管理信息化水平;

(4)面向新农村建设的公共服务信息平台,推进"数字乡村"建设,建立涉及政策咨询、农业咨询、农保服务等面向新农村的公共信息服务平台;

(5)智慧教育文化服务,积极推进智慧教育文化体系建设;

(6)智慧服务应用,建立智慧物流、智慧贸易、智慧服务业示范推广基地;

(7)智慧交通,建设"数字交通"工程,通过监测、监控、交通流量分布优化等技术,建立以交通诱导、智能出行、应急指挥、公交车和出租车管理等系统为重点的、统一的智能化城市交通综合管理和服务系统建设;

(8)智慧健康保障体系建设,重点推进"数字卫生"系统建设,构建区域化

---

[1] 智慧城市[EB/OL].360百科,http://baike.so.com/doc/3430033.html.

卫生信息管理为核心的信息平台,建立卫生服务网络和城市社区卫生服务体系,促进各医疗卫生单位信息系统之间的沟通和交互;

(9)智慧安居服务,使居民生活"智能化发展";

(10)智慧社会管理,完善面向公众的公共服务平台建设;

(11)安全防控系统建设,深化对社会治安监控的动态视频系统的智能化建设和数据的挖掘利用。(见图5-4所示)

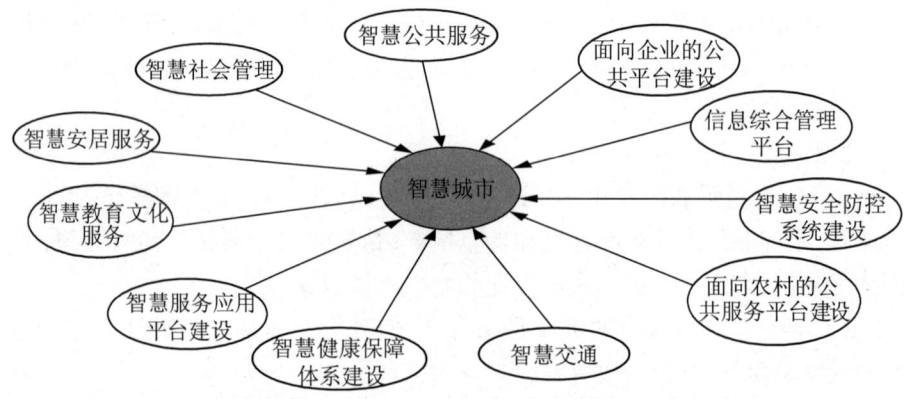

图5-4 智慧城市建设的具体内容及框架

结合智慧城市的具体内容和框架可以看出,智慧城市的主要功能是为了实现智慧贸易体系、智慧物流体系、智慧公共服务、智慧能源应用体系、智慧交通体系、智慧社会管理体系、智慧安居服务体系、智慧健康保障体系、智慧文化服务体系等。

三、智慧城市的建设阶段

第一个阶段是智慧化基础设施的建设,主要包括物联网建设、云计算中心建设等等,实现数字化,才能谈智慧化的问题。从服务性来说,城市管理、城市公共设施、基础服务设施的数字化最为关键。

第二阶段是融合的智慧城市建设阶段,将来源于不同领域的城市基础服务信息实现基础性的互联和互动挖掘,借以形成广泛的城市服务。

第三阶段是智慧城市的内生发展阶段,实现更透彻的感知、更广泛便捷的互联互通,更深入的智慧化城市。

(四)智慧城市建设的原则

中国工程院院士李伯虎认为,在具体建设智慧城市过程中需要注意如下5个原则:

第一,要注重系统工程,科学构建智慧城市,使智慧城市能够统筹规划、综合集成资源,总体效果能够最好,并且使智慧城市的产业经济、市政管理、社会民生、资源环境和技术能够得到高度智慧管理。

第二，要在开展物联网、云计算等新一代信息技术基础上，来推进工业化和信息化的深度融合，实现工业社会向知识社会的转型过渡，实现创新型国家的目标。

第三，要强调优化配置，构建两型型社会，就是资源节约型社会和环境友好型社会，努力统一实现人、物、环境的协同共享、优化配置，以此来发展我们城市的产业经济、市政管理、社会民生。

第四，以人为本，科学化管理，从而以更加精细和动态的方式来提升政府的行政服务效能和管理模式，增强城市的综合竞争力和品牌影响力，实现创新社会管理。

第五，整合和共享提升城市基础支撑的建设，以最大限度地开发整合和利用城市各类信息资源为核心，推进实体技术设施和信息设施的整合共享，从而提升城市各个领域智慧环境的充分应用。

二、西藏"智慧城市"的发展现状

智慧城市的形成主要由两种驱动力的推动：一是知识社会环境下逐步孕育的开放的城市创新生态；二是以移动互联网、云计算、物联网为代表的新一代信息技术。前者是社会创新层面的社会经济因素，后者是技术创新层面的技术因素。清华大学公共管理学院书记、副院长孟庆国教授认为，新一代的创新2.0和信息技术是智慧城市的两大基因，缺一不可。伴随着智慧城市出现的频率不断上升，从各大会议到社会讨论，"智慧城市"酝酿已蓄势待发。西藏"智慧城市"的建设也逐渐展开，成为西藏全新的城市发展理念。

2013年国家住房和城乡建设部公布了本年度国家智慧城市试点名单，确定103个城市（区、县、镇）为2013年度国家智慧城市试点，西藏林芝地区位列2013年国家智慧城市试点名单之中。在此之前，拉萨市已在国家智慧城市榜单之上。在"西藏拉萨、智慧拉萨"建设设想中，中国电子科技集团公司以"平安拉萨"为主旨，设计了应急联动指挥系统、"平安城市"的平安社区管理系统、城市市政设施管理系统、环境监测、智慧旅游、物流信息服务、视频监控系统、区域公共卫生医疗管理系统、网格化社会管理服务系统等一系列信息化系统。[①]

---

① 中国数字城市向智慧城市升级九个城市列入试点[EB/OL].中国新闻网,http://money.163.com/13/0813/23/966NED2H00254TI5.html,2013.

另外,智慧拉萨将建成覆盖全市的服务中心及其所包含的主体内容、关键项目或系统;建成覆盖全市的三个基础设施支撑平台及其所包含的主体内容、关键项目或系统;建成覆盖全市的七大行业领域的业务应用及其所包含的主体内容、项目建设或系统。力争到2015年,拉萨的"智慧城市"建设的信息基础设施日趋完善,从而能够有效地支撑城市基础设施的使用。① 另外,2013年智慧城市试点——林芝承诺城市光网建设年内实现该地区城区光纤宽带网络覆盖80%,光纤到户率达到35%以上;并在地委、行署鼓励支持下重点建设无线城市、覆盖网络、平安林芝、智慧政务、智慧旅游、智慧传媒、智慧交通、智慧社区、智慧教育等。②

虽然,城市信息化的不断发展成为拉动西藏经济增长的火车头,关于西藏智慧城市的建设也提到日程,但是,在推进西藏智慧城市建设的同时,西藏地区面临着城市化进程带来的一系列挑战。截至2012年底,西藏城镇人口已突破69.98万人,城镇化率近23%,然而西藏目前只有1个地级市,一个县级市和140多个建制镇。在城镇人口快速增长的背景下,城市中的交通问题、安全问题、食品安全、环境污染、医疗资源、就业问题、公共卫生事件、就业压力、教育资源等诸多城市问题逐渐凸显。因此,加快城市信息化建设刻不容缓,尤其是为了加快智慧城市的建设,必须通过有效的城镇化以及信息化措施提高西藏地区城市信息化水平,解决越来越多城市信息化建设中面临的问题。

三、构建西藏"智慧城市"的政策建议

工业和信息化部副部长杨学山认为,当前中国"智慧城市"建设面临四大挑战:一是信息技术挑战;二是能力亟待提升的挑战;三是认识、习惯、制度需要适应智慧城市的应用;四是法律环境需要调整。

根据前面西藏城镇化、信息化发展中存在的问题,以及"智慧城市"建设的阶段、具体内容及框架,结合目前中国关于"智慧城市"建设所面临的四大挑战,本文提出以下关于西藏"智慧城市"的发展策略。

第一,整合和完善智慧城市的各项功能,促进西藏地区人们的教育、医疗、卫生、生活等实现智能化发展。首先,积极推进西藏智慧教育文化体系的网络建设,建设完善西藏教育城域网和校园网工程,重点建设教育综合信息网、网

---

① 拉萨市政府与中国电子科技集团开展"西藏拉萨智慧城市"建设研讨[EB/OL].拉萨市政府网站,http://www.lasa.gov.cn/Item/29337.aspx,2011.
② 通讯信息报,http://news.10jqka.com.cn/20131018/c560820624.shtml,2013.

络学校、教学资源库、数字化课件、教学综合管理系统、虚拟图书馆、远程教育系统等共享应用平台及资源共享数据库系统,推动西藏智慧教育事业发展。其次,推进西藏的社会保障卡(市民卡)工程建设,整合通用就诊卡、农保卡、医保卡、公交卡、健康档案等功能,逐步实现多领域跨行业的"一卡通"智慧便民服务,使人们从思想以及实践中意识到其便利性,从而进一步促进智慧城市的发展。再次,建立西藏的卫生服务网络和城市社区卫生服务体系,构建区域化卫生信息管理为核心的信息平台,推进电子收费、远程挂号、图文体检诊断系统、数字远程医疗服务等智慧医疗系统建设,提升医疗和健康服务水平,促进西藏各医疗卫生单位信息系统之间的沟通和交互以及网络医疗的发展。同时,积极开展西藏智慧社区安居的调研试点工作,充分考虑公共区、居住区、商务区的不同需求,融合应用互联网、物联网、移动通信等各种信息技术,发展社区智慧应用系统,使居民生活"智能化发展"。最后,建设西藏"数字交通"工程,完善智能化城市交通综合管理和服务系统,逐渐提升西藏交通监控力度和智能化管理水平,确保交通运输快捷、高效、安全。

第二,提高西藏的信息化建设以及信息技术的应用水平。首先,提高信息综合管理平台的建设,提升管理信息化的综合水平,加强信息资源整合,完善西藏地区新闻出版、电子娱乐、广播影视等公共文化信息服务体系。其次,积极推动智慧服务的应用水平,组织实施部分智慧服务业试点项目。通过示范性带动,推进传统服务企业管理、经营和服务模式创新,并加快向现代智慧服务产业转型,推进智慧物流、智慧贸易、智慧服务业示范基地的推广建设。再次,完善西藏公共安全应急处置机制,实现多个部门协同应对的综合指挥调度,提高对灾害、各类事故、案件和突发事件、疫情的防范和应急处理能力;建立基层社会治安综合治理管理信息平台,从而积极推进西藏地区突发公共事件预警信息发布系统、应急指挥系统、安全生产重点领域防控体系、自然灾害和防汛指挥系统等智慧安防系统建设。

第三,加快推进面向西藏企业及面向西藏新农村建设的网络公共服务平台建设,提升网络服务能力。一方面,通过深化企业服务平台建设,加快实施劳动保障业务网上申报办理,逐步推进城市公共服务事项网上办理。另一方面,全面构建面向西藏新农村建设的公共服务信息平台。通过推进西藏"数字乡村"的建设,建立涉及政策咨询、农保服务、农业咨询等面向新农村的公共信息服务平台,协助农民、农村以及农业的共同发展。同时,以农村综合信息服务站为载体,积极整合现有的各类信息资源,形成多层次、多方位的农村信息发布、收集、分析、传递体系,为农村劳动人口提供技术咨询、劳动就业、社会保障、远程教育、医疗卫生等综合的信息服务。更为主要的是通过对西藏自治区政府门户网站群、信息公开、网上审批等公共服务平台建设的完善,推进"网上一站式"行政审批及其他公共行政服务,增强西藏自治区政府信息公开以及网上服务的能力。

第四,增强西藏智慧社会管理,完善呼叫服务中心以及城市管理系统。建设市民呼叫服务中心,实现自动传真、语音、人工服务和电子邮件等多种咨询服务方式,拓展服务形式和覆盖面,逐步开展生产、生活、政策和法律法规等多方面咨询服务,着力构建覆盖及时、有效、全面的群众满意的服务载体。构建智慧公共服务和城市管理系统,通过提升城市建设和管理的规范化、精准化和智能化水平,有效促进城市公共资源在全市范围共享,加强城镇的就业、医疗、文化、安居等专业性应用系统建设,在提升城市运行效率和公共服务水平的同时,推动城市发展转型升级,从而促进西藏智慧城市的快速发展。

随着国家的智慧城市试点工作的推进和指标体系的逐步完善,也将规范和推动西藏智慧城市的健康发展。西藏智慧城市引领的新型城市化是对传统城市发展的扬弃,它是低碳、智慧、幸福及可持续发展的城市化,是以人为本、质量提升和智慧发展的城市化。西藏智慧城市建设不可偏废或仅仅是强调技术应用而忽视社会经济层面的创新。智慧城市的试点也必将规范和推动智慧城市的健康发展,构筑创新时代的城市新形态,引领西藏的新型城市信息化。

第六章

西藏文化产业发展研究

第一节 西藏文化产业分析

一、概述

(一)有关概念

1. 文化内涵

"文化"一词在英文写为 culture,其本来含义包括种植、耕作、修养等,在西文的演化中基本上得到了保留。在中文词源中,文化是古老的词汇,最初是把"文"和"化"分开使用的,到了西汉以后,"文"与"化"才以一个整合词的形式出现。① 文化在我国古代有"教化"之义。②

藏文"文化"一词,在古代常被理解为"五明之学"或"十明之学",有"文明"之义,它至少可以分为物质文化、制度文化和精神文化三类。③

2. 文化产业内涵

2000年10月,中共中央十五届五中全会通过的《中共中央关于制定国民经济和社会发展第十个五年计划的建议》,第一次在中央正式文件中使用了"文化产业"一词。2004年3月,国家统计局发出《关于印发〈文化及相关产业分类〉的通知》,指出文化产业是指"为社会公众提供文化、娱乐产品和服务

---

① 许广智.西藏传统文化与社会可持续发展的关系[J].西藏研究,2004(04).
② 丹珠昂奔.藏族文化发展史(上)[M].兰州:甘肃教育出版社,2001:1-2.
③ 丹珠昂奔.藏族文化发展史(上)[M].兰州:甘肃教育出版社,2001:1-4.

的活动,以及与这些活动有关联的活动的集合"[①]。

(二)文化产业分类

国家统计局印发的《文化及相关产业分类》把文化产业分为"文化服务"和"相关文化服务"两大部分,细分成 9 个行业大类、24 个行业中类,具体见表 6-1。

表 6-1 中国"文化及相关产业分类"(种类划分)

类 别 名 称	类 别 名 称
第一部分　文化服务	13. 互联网信息服务
1. 新闻服务(新闻业)	14. 旅游文化服务
2. 书、报、刊出版发行	15. 娱乐文化服务
3. 音像及电子出版物出版发行	16. 文化艺术商务代理服务
4. 版权服务	17. 文化产品出租与拍卖服务
5. 广播、电视服务	18. 广告和会展文化服务
6. 广播、电视传输	第二部分　相关文化服务
7. 电影服务	19. 文化用品生产
8. 文艺创作、表演及演出场所	20. 文化设备生产
9. 文化保护和文化设施服务	21. 相关文化产品生产
10. 群众文化服务	22. 文化用品销售
11. 文化研究与文化社团服务	23. 文化设备销售
12. 其他文化艺术服务	24. 相关文化产品销售

(三)发展概况

1. 文化起源

西藏有丰富灿烂和独具特色的民族文化,是中华民族文化宝库中一颗璀璨的明珠,在世界上也有很大的影响,最早发端于西藏先民,其标志是象雄、吐蕃、苏毗三大部落联盟的形成。在隋末唐初(公元 6 世纪初)时期,全区文化有了一定发展,《隋书·女国传》、《新唐书》、《旧唐书》中有关于"吐蕃"的记载,《宋史》、《元史·释老传》、《明实录》、《清实录》等大量典籍也证实了全区文化发展的历史渊源。

2. 发展阶段

大致可以分为四个阶段:

第一阶段:孕育奠基期(公元前 600 年到公元 6 世纪中叶)。在吐蕃王朝

---

① 李悦. 产业经济学(研究生教学用书,第三版)[M]. 北京:中国人民大学出版社,2008:302-303.

之前,以口头说唱、神话传说为形式,逐步形成对天文、医学、畜牧、农耕、建筑、宗教等门类科学的初步认识,即为全区文化的孕育奠基期。这个时期虽然没有留下引人注目的、系统的文字成果,但是由于它紧紧伴随着藏族先人的生产和生活,对西藏社会的发展起着重要的奠基作用。

第二阶段:全面成长期(公元6世纪至公元13世纪中叶)。从吐蕃王朝兴起到萨迦王朝时期,西藏地方政权统一,社会相对稳定,对外交往频繁,西藏文化在不少领域取得了至今令人瞩目的成就。其特征是:第一,在天文学、藏医药学、建筑学、绘画、艺术、语言文字等领域,成就卓著。公元7世纪初,松赞干布指派吞弥·桑布扎创立了藏文,公元8世纪完成的《四部医典》是藏医药学发展史上影响最为深远的经典著作。第二,对外交流十分广泛,对藏学和西藏文化发展起到重要作用。据《西藏王统计》记载,吐蕃朗日松赞时期,从"内地传来了医药和历算",文成公主进藏时,带来了大量汉文书籍,其中有医学、占卜历算、地理等著作数百部;随金城公主一起进藏的医师与西藏的医师一起,撰写了15卷的《续晶镜》,70卷的《诊宝》,7卷的《阴宝》。第三,佛教自天竺和中国内地传入西藏,逐步与西藏文化相融合,形成了藏传佛教。第四,多领域的藏学成果和广泛深入的文化交流,为中华民族大家庭的形成发挥了巨大的促进作用。在元代,进一步在藏地实现了在元王朝统领下的"地同郡"、"官同印"的中央与地方关系格局,藏传佛教传入蒙古。

第三阶段:曲折发展期(14世纪末到20世纪50年代初期)。从萨迦王朝崩溃到全区和平解放前夕。在这段时期内,一方面吐蕃王朝、萨迦王朝的各方面发展为西藏文化奠定了丰厚的基础;另一方面,由于"政教合一"的政权统治和长期的封建农奴制度的束缚,特别是19世纪末以来半个多世纪的帝国主义入侵,全区文化的发展呈现出缓慢发展、复杂曲折的状况。其主要特征是:第一,伴随着全区地方"政教合一"的封建农奴制度的建立和强化,全区经济、文化、教育权力逐步集中到寺庙僧侣和贵族领主手中,全区文化趋于专业化;第二,在此期间,全区作为中华民族的重要组成部分,与内地政治、经济、文化等诸多方面的交流继续加强;第三,随着帝国主义染指西藏,西方学者陆续进藏探险、考察,一批从不同角度观察西藏、介绍西藏的著作相继出现。

第四阶段:繁荣发展期(20世纪50年代至今)。20世纪50年代初,全区和平解放,驱逐了帝国主义势力,开辟了全区历史的新纪元,全区文化也进入蓬勃发展的春天。其特征是:第一,劳动人民成了全区文化的主人;第二,有组织、有规模的全区文化研究机构众多,学科全面,涉及广泛,成果丰厚;第三,全区文化交流空前活跃、日益广泛。现在国家每年都要组织召开专题会议,研全区社会经济和文化发展的问题,对全区文化发展给予了巨大关怀和支持;第四,文化发展的主题鲜明,目的明确。全区文化的发展,促进了全区社会进步和民族团结。

3. 发展现状

(1)民族文化保护力度加大。国家对全区艺术遗产、民族民间文化进行了大规模的普查、整理和出版工作。各级政府成立了专门的民族文化遗产抢救、整理和研究机构,先后收集各种音乐、歌曲、曲艺1万多首,文字资料3 000多万字,录制了大量音像资料,拍摄图片近万幅,发表有关藏民族传统文化学术论文1 000多篇,出版了《中国戏曲志·西藏卷》、《中国民族民间舞蹈集成·西藏卷》等十大文艺集成志书,民族文艺研究专著30多部,使诸多濒临灭绝的民族民间文化得到全面抢救和有效保护。非物质文化遗产的保护工作在更深的层次和更大的范围上展开,全区已有60余项非物质文化遗产被列入国家级非物质文化遗产保护名录,31位民间艺人入选第一、第二批国家级非物质文化遗产项目代表性继承人名录。抢救、出版、整理藏文古籍达261部。《德吴宗教源流》、《雪域文库》、《布达拉宫典籍目录》等文献典籍得到出版,1990年后藏文《藏汉对照西藏大藏经总目录》、《中华大藏经·丹珠尔》(对勘本)等陆续整理出版。

(2)文化产业基础地位增强。中国共产党十六大、十七大提出要兴起社会主义文化建设新高潮,推动文化大发展、大繁荣,对文化建设提出了新的更高的要求,把文化建设摆到了空前重要的位置。为适应这种新形势,区党委、政府先后制定和出台了一系列加快发展文化产业的政策和文件,既为开展文化工作指明了方向,提出了要求,也体现了全区上下对文化工作的高度重视。

(3)艺术事业发展形式多样。各地、市、县定期、不定期地举办群众文艺汇演,带动和促进基层群众文化活动。改革开放以来广大城乡成立了很多业余文艺演出队和藏戏队,以群众喜闻乐见的文艺形式,自编自演了众多反映翻身解放后新生活的节目。区政府已命名昌都地区芒康县、山南地区扎囊县等19个"西藏自治区民间艺术之乡",拉萨市尼木县塔荣镇、昌都地区昌都县嘎玛乡2个"西藏自治区特色艺术之乡"。同时,山南地区洛扎县(藏戏、歌舞)、贡嘎县昌果乡(民间舞蹈),那曲比如县香曲乡(丁嘎热巴),日喀则昂仁县窘唔乡(藏戏),江孜(藏毯编织)等已先后被国家文化部命名为"中国民间艺术之乡和特色艺术之乡"。雪顿节、雅砻艺术节、康巴艺术节、赛马会、珠峰艺术节等已成为全区民族传统文化节日。

(4)社会文化活动日益活跃。1993年以来,全区实施了"少儿文化蒲公英计划"、"万里边疆文化长廊建设"、"创建文化先进县"三大文化工程[①];实施了知识工程、文化信息资源共享工程和非物质文化遗产保护工程等一批国家级重点文化建设工程,有力地推动了社会文化事业的发展。全区村镇文化、社区文化、企业文化、校园文化、军营文化、旅游文化均有较大发展,丰富了群众文化生活,文化产业焕发了勃勃生机。全区有许多业余文艺演出队和藏戏队,他们常年活跃在农牧区基层,深受群众喜爱。

(5)文物保护面貌显著改观。全区积极贯彻国家确定的"保护为主,抢救第一"的文物工作方针和"有效保护,合理利用,加强管理"的原则,文物保护事业稳步发展,取得了举世公认的成绩。1990年5月,自治区人民代表大会制定颁布了《西藏自治区文物保护管理条例》;1998年11月,自治区政府公布了《西藏自治区布达拉宫保护管理办法》,下发了《关于加强文物工作的通知》,文物工作逐步走向法制化、规范化。20世纪80年代以来,先后进行了两次大规模的文物普查工作,全面掌握了现存的各类文物古迹和遗址的分布、数量与保存状况,并投资3亿多元,及时修缮和保护了大批文物,修复开放了1 400余座寺庙。2001年,中央第四次西藏工作会议决定投资3.3亿余元,实施了布达拉宫(第二期)、萨迦寺"三大重点文物保护维修工程"、罗布林卡。"十一五"期间,国家又投入5.7亿元,对全区22处文物保护单位进行全面维修保护。其中布达拉宫被列入世界文化遗产,大昭寺、罗布林卡被列入世界文化遗产布达拉宫的扩展项目。

(6)文化交流渠道不断拓宽。全区对外文化交流在深度、精度、规模、广度、频度上逐步加大。先后派出团(组)360余个,近4 000人次,访问了智利、印度、美国、奥地利、台湾等50多个国家和地区,在海外110多个城市,进行文化交流演出200多场,观众达900多万人次。有效地弘扬了西藏民族文化,有力地回击了达赖集团"西藏文化灭绝"论。同时,接待了30多个国家和地区的200余名专家学者到西藏进行演出、讲学和举办展览等。

(7)文化市场建设成效显著。全区市场管理日趋规范,经营秩序日益好转,文化市场立法得到进一步完善,为文化繁荣发展营造了良好的市场环境,呈现出健康、有序、繁荣、发展的良好局面。长期以来,全区一直高度重视文化市场管理,本着"一手抓繁荣,一手抓管理"的方针和"疏堵结合、打防并重"的原则,大力发展先进文化,支持健康有益文化,努力改造落后文化,坚决抵制腐

---

① 改革开放30年:西藏文化事业呈现大发展大繁荣局面[N].西藏日报,2008 - 12 - 31.

朽文化,积极开展"扫黄、打非"和歌舞演出、音像、网吧等各种专项整治活动,有效抵制了达赖集团和西方敌对势力的反动文化渗透,有效维护了文化市场正常经营秩序,保护了消费者合法权益和青少年身心健康,推动了全区文化市场的繁荣、有序发展。

(8)人才队伍建设不断壮大。全区文化部门通过多年的引进、培养和挖掘,造就了一批集文物保护、文化研究、文化管理、文艺表演于一体的文化专业人才队伍和管理人才队伍。已建有专业艺术表演团体10余个,业余文艺演出队和藏戏表演队500余个,县级民间艺术团18个。文化系统共有各类文化工作者2 000多人,其中藏族占88%以上,专业技术人员1 200余人(其中高级技术职称的文化工作者110名),以藏族为主的各民族紧密团结协作的文化队伍基本形成。

(9)文化基础设施得以改善。全区初步形成了以各地(市)群艺馆为龙头,以县综合文化活动中心为纽带,以乡(镇)、村文化站、室为基础的基层文化网络格局。加强了文化基础建设,文化设施得以改善。

(10)文化产业格局初步形成。全区文化产业初步形成了多门类、多体系、多层次的发展格局。一大批民间艺术团也推出大批适应文化旅游业需要的节目,涌现出了像唐古拉风演艺中心等一大批龙头文化企业和拉萨市雪巴拉姆艺术演出有限公司等文化产业先进单位。文化经营的品种、经营的项目、上缴税额逐年增加,一些商业性演出节目正陆续投放市场。

4. 存在的发展差距

(1)外延指数差距。从表6-2不难看出,西部文化产业法人单位数和经营面积占全国的比重明显低于东部。西藏全区文化产业法人单位数只有1 222个,仅占全国份额的0.51%,位居第31位;文化产业经营面积也表现出西部明显低于东中部的态势,该指标西藏为186 000平方米,占全国文化产业经营总面积的0.21%,位居全国31个省市区的末位。很显然,西藏文化企业的数量和经营面积上与全国和西部12省市区有很大的差距,这种差距很大程度上与西藏文化产业发展的基础薄弱有关。

从表6-3不难看出,西部文化产业从业人员数量和文化企业资产规模占全国的比重明显低于东部。而西藏文化产业从业人员5 052人,仅占全国份额的0.31%,位居第31位;文化产业资产规模也表现出西部明显低于东中部的态势,该指标西藏为578 152 000元,占全国文化资产总额的0.16%,位居全国各个省市区的末位。很显然,西藏文化产业从业人数和资产规模均与全国和西部12省市区有很大的差距。

表6-2 2012年各省市区文化产业法人单位和经营面积情况

省区	文化市场单位数	文化市场单位数/全国总数(%)	排序	文化经营面积(千平方米)	文化经营面积/全国总面积(%)	排序
北京	4 916	2.04	22	2 206	2.52	17
天津	1 545	0.64	28	944	1.08	26
河北	9 921	4.12	12	3 279	3.75	10
山西	5 214	2.16	20	1 788	2.04	20
内蒙古	6 184	2.57	17	1 645	1.88	21
辽宁	10 922	4.53	8	2 961	3.39	13
吉林	4 439	1.84	25	1 127	1.29	25
黑龙江	8 057	3.34	14	1 608	1.84	22
上海	4 687	1.94	22	3 661	4.19	6
江苏	17 009	7.06	1	6 584	7.53	3
浙江	11 799	4.90	6	7 110	8.13	2
安徽	10 707	4.44	10	3 534	4.04	8
福建	5 560	2.31	18	3 281	3.75	10
江西	7 681	3.19	15	2 271	2.60	16
山东	15 676	6.50	4	4 771	5.46	5
河南	10 343	4.29	11	3 355	3.84	9
湖北	11 439	4.75	7	3 621	4.14	7
湖南	12 181	5.05	5	3 009	3.44	11
广东	16 266	6.75	3	10 468	11.97	1
广西	8 888	3.69	13	2 342	2.68	14
海南	2 012	0.83	27	748	0.86	28
重庆	6 607	2.74	16	2 327	2.66	15
四川	16 555	6.87	2	5 219	5.97	4
贵州	4 959	2.06	21	1 562	1.79	23
云南	10 784	4.47	9	2 978	3.41	12
西藏	1 222	0.51	31	186	0.21	31
陕西	4 474	1.86	24	1 918	2.19	18
甘肃	2 496	1.04	26	846	0.97	27
青海	1 388	0.58	30	421	0.48	29
宁夏	1 512	0.63	29	296	0.34	30
新疆	5 548	2.30	19	1 346	1.54	24

资料来源:根据《中国文化与文物统计年鉴(2013)》及《中国统计年鉴(2013)》相关指标计算。

表6-3 2012年全国分省市区文化产业从业人员、资产情况

省区	文化市场从业人数（人）	文化市场从业人数/全国总数（%）	排序	文化资产总额（千元）	文化资产总额/全国总数（%）	排序
北京	31 775	1.98	21	10 291 655	2.80	9
天津	16 543	1.03	26	4 794 775	1.30	18
河北	54 748	3.41	13	8 484 921	2.31	12
山西	34 758	2.16	18	4 728 616	1.29	19
内蒙古	27 247	1.69	22	3 660 285	1.00	23
辽宁	46 943	2.92	15	7 807 929	2.12	15
吉林	15 406	0.96	28	2 802 891	0.76	24
黑龙江	24 524	1.53	23	2 442 249	0.66	25
上海	75 175	4.68	5	30 157 484	8.21	2
江苏	97 582	6.07	4	21 370 237	5.82	3
浙江	118 089	7.35	3	20 889 623	5.68	4
安徽	67 314	4.19	9	9 618 025	2.62	10
福建	69 621	4.33	7	11 930 326	3.25	7
江西	42 955	2.67	16	19 505 287	5.31	5
山东	71 986	4.48	6	8 913 565	2.43	11
河南	62 704	3.90	11	8 502 421	2.31	12
湖北	68 101	4.24	8	8 360 460	2.28	14
湖南	60 901	3.79	12	10 688 260	2.91	8
广东	193 909	12.06	1	116 950 851	31.83	1
广西	51 612	3.21	14	4 535 949	1.23	20
海南	15 547	0.97	27	2 317 182	0.63	26
重庆	40 414	2.51	17	6 267 055	1.71	17
四川	130 560	8.12	2	18 536 465	5.04	6
贵州	32 671	2..03	20	4 156 582	1.13	21
云南	66 720	4.15	10	7 260 762	1.98	15
西藏	5 052	0.31	31	578 152	0.16	29
陕西	33 584	2.09	19	4 767 762	1.30	17
甘肃	13 994	0.87	29	1 630 632	0.44	27
青海	12 748	0.79	30	874 782	0.24	28
宁夏	4 313	0.27	32	550 645	0.15	30
新疆	20 051	1.25	24	4 086 493	1.11	22

资料来源：根据《中国文化与文物统计年鉴（2013）》及《中国统计年鉴（2013）》相关指标计算。

(2)产出效益差距。一是资源转化上的差距,全区有为数众多的世界级、国家级的文物和文化遗产,但其文化资产、文化产值、产生的税收等均不高,可见,文化资源的转化能力低。二是经济效益较低。如表6-4和表6-5所示。

表6-4 2012年全国各省区文化产业资产年营业收入情况

省区	资产总额（千元）	营业收入（千元）	营业收入/资产总额(%)	排序
北京	10 291 655	3 039 032	0.30	30
天津	4 794 775	2 093 825	0.44	25
河北	8 484 921	3 855 483	0.45	24
山西	4 728 616	2 264 723	0.48	21
内蒙古	3 360 285	1 917 332	0.57	11
辽宁	7 807 929	2 963 186	0.38	27
吉林	2 802 891	902 986	0.32	28
黑龙江	2 442 249	1 335 704	0.55	12
上海	30 157 484	22 971 454	0.76	2
江苏	21 370 237	10 389 371	0.49	18
浙江	20 889 623	13 450 221	0.64	5
安徽	9 618 025	4 679 819	0.49	18
福建	11 930 326	8 271 155	0.69	4
江西	19 505 287	5 083 675	0.26	31
山东	8 913 565	4 333 788	0.49	18
河南	8 502 421	3 929 529	0.46	23
湖北	8 360 460	4 566 799	0.55	12
湖南	10 688 260	7 840 967	0.73	3
广东	116950851	70 207 290	0.60	8
广西	4 535 949	2 742 733	0.60	8
海南	2 317 182	1 844 278	0.80	1
重庆	6 267 055	3 298 139	0.53	14
四川	18 536 465	9 559 903	0.52	15
贵州	4 156 582	2 652 784	0.64	5
云南	7 260 762	3 413 101	0.47	22
西藏	578 152	252 091	0.44	25
陕西	476 7762	2 410 366	0.51	16
甘肃	1 630 632	995 421	0.61	7
青海	874 782	522 028	0.60	8
宁夏	550 645	276 938	0.50	14
新疆	4 086 493	1 311 647	0.32	28

资料来源:根据《中国文化与文物统计年鉴(2013)》及《中国统计年鉴(2013)》相关指标计算。

由表 6-4 可以看出,西藏文化产业的资产贡献并不低于其他省份,但由于营业收入的增加值比较低,所以就导致西藏文化产业的效益从绝对数角度看是落后的。全区 2012 年文化产业资产营业收入比在全国明显高于平均数,也在西部省区领先。

表 6-5 2012 年各地区营业收入增加值及其占 GDP 比重情况

省区	地区 GDP（亿元）	地区 GDP/全国 GDP	GDP 排序	地区营业收入增加值（千元）	营业收入增加值/各地区 GDP(‰)	排序
北京	17 081.0	2.97	14	1 366 077	0.8	7
天津	12 885.2	2.24	20	-644 545	-0.5	30
河北	26 575.0	4.62	6	1 750 963	0.7	10
山西	12 112.8	2.11	21	450 391	0.4	12
内蒙古	15 988.3	2.78	15	-510 186	-0.3	28
辽宁	24 801.3	4.31	7	440 722	0.2	16
吉林	11 937.8	2.08	22	-767 226	-0.6	31
黑龙江	13 691.6	2.38	17	-375 905	-0.3	28
上海	20 101.3	3.50	11	1 569 712	0.8	7
江苏	54 058.2	9.40	2	1 424 777	0.3	15
浙江	34 606.3	6.02	4	2 748 264	0.8	7
安徽	17 212.1	2.99	13	307 617	0.2	16
福建	19 701.8	3.43	12	1 886 620	1.0	6
江西	12 948.5	2.25	19	681 167	0.5	11
山东	50 013.2	8.70	3	268 141	0.1	21
河南	29 810.1	5.18	5	133 203	0.0	22
湖北	22 250.2	3.87	9	346 191	0.2	16
湖南	22 154.2	3.85	10	2 761 221	1.2	4
广东	57 067.9	9.92	1	26 416 061	4.6	1
广西	13 031.0	2.27	18	-256 977	-0.2	26
海南	2 855.3	0.50	28	596 818	2.1	2
重庆	11 459.0	1.99	23	467 903	0.4	12
四川	23 849.8	4.15	8	505 917	0.2	16
贵州	6 082.2	1.06	25	776 110	1.3	3
云南	10 309.8	1.79	24	253 667	0.2	16
西藏	695.6	0.12	31	25 130	0.4	12
陕西	14 451.2	2.51	16	-313 472	0.2	26
甘肃	5 650.2	0.98	27	-31 491	0.1	23
青海	1 884.5	0.33	30	208 494	1.1	5
宁夏	2 326.6	0.40	29	-341 098	-1.5	25
新疆	7 466.3	1.30	26	-94 002	-0.1	23

资料来源:根据《中国文化与文物统计年鉴(2013)》及《中国文化与文物统计年鉴(2012)》相关指标计算。

从表 6-5 可以看出,西部地区经济发展水平整体是低于全国平均水平,西部地区生产总值在全国的相对位置比较低,在全国 GDP 排位最高的西部省份是四川省,综合排位在第 8 位,最低的是西藏自治区,排第 31 位。但从文化市场的增加值占全国 GDP 总量的比重排序来看,西部省区该比重明显高于全国,也高于东部大部分地区,西藏该比例为 0.4‰,排在全国第 10 位,明显高于全国平均水平。西藏文化产业在"三产大发展"发展战略和将旅游确定全区主导产业的战略支撑下,全区文化产业的投入 90% 左右来自政府,财政投入"堆高"了文化产业占 GDP 的比重,其经济地位已经获得了巨大的提升。这个结果仍不足以说明西藏文化产业的整体实力在国内就处于前列,这是因为西藏第二产业尤其是工业很弱小,从而虚增了第三产业包括文化产业的比重。

从上述分析,全区文化产业工作人员提出了严峻的挑战,也带来了历史性机遇。不难发现,西藏文化产业与全国和西部平均水平的差距是明显的。

5. 问题归结

全区虽然有着发展文化产业所具有的得天独厚的基础和条件,也确实取得了举世瞩目的成就,但与内地文化发达省市相比还有很大的差距,表现为经营管理水平低,文化资源的开发利用不足和商品转化率低,文化产品的精神内涵和艺术精致程度低,没有形成规模化经营和规模效益,文化产品和服务产出还远不能满足市场需求,文化生产者也很难适应市场竞争。存在的问题主要是:

(1)文化资金渠道比较单一,缺乏对文化产业强有力的支持,表现为分析、预测、规划不够,主动组织、引导和开发不够,深入调研不够。

(2)文化资源开发利用上统一协调不够。文化市场中多头管理,各自为政的现象依然存在。文化产品的品种单调、作业分散、规模小,产品开发和创新能力差等问题比较突出。严重地制约和影响着文化资源优势转化为产业优势。目前仍存在文化行业、部门条块分割,机制不活,文化企业规模小等问题,文化资源没有得到最有效配置。

(3)发展文化产业的观念和意识不强。目前,许多省区纷纷将文化产业与高科技密切结合,把市场优势明显的网络游戏、影视、动漫制作等文化产业作为今后经济发展新的增长点。全区文化产业起步较晚、产业规模小、经营观念相对落后,没有形成优势产业,市场主体自觉参与文化产业发展的积极性没有得到充分发挥。相比之下,全区文化产业尚未形成具有影响力的优势产业,特别是科技含量较高的产业更为薄弱。

(4)资金投入不足,导致文化产业化程度很低。西藏的文化产业存在资金投入不足,缺乏产业化经验,不能很好地把握市场动态,文化精品不多,缺乏中介机构,没有具有影响力的文化产品品牌等问题,制约了全区文化产业的发展。

(四)发展意义

1998 年联合国召开的以"文化政策促进发展"为议题的各国政府会议,通过了《文化政策促进发展行动计划》,明确提出:世界经济发展可以最终以文化概念来定义,文化的繁荣是发展的最高目标[①]。文化产业作为知识密集型经济和低碳经济,受到了国际组织和世界各国的高度重视。美国、日本、韩国和欧盟各国,都把文化产业打造成了本国的战略产业。尤其是美国已成为世界上头号文化产业超级大国。[②] 据测算,美国、日本的文化创意产业增加值占国内生产总值的比重分别达到了 25%、20%,韩国的这一比重高于 15%,欧洲平均在 10% 到 15%。[③]

我国文化创意产业增加值占国内生产总值的比重还不足 3%,与文化发达国家的差距相当明显。20 世纪 90 年代中期以来,政府开始高度重视文化产业发展。1998 年,文化部成立了"文化产业司";"十五"计划提出要"推动有关文化产业的发展";党的十六大、十七大报告多次提到"文化产业",十七大报告更是把文化建设和经济建设、社会建设、政治建设相提并论。党的十六大以来,中央下发了一系列促进文化产业发展的重要文件。例如,2005 年,党中央下发了《关于深化文化体制改革的若干意见》;2006 年 9 月,我国第一个文化产业发展中长期规划《国家"十一五"时期文化发展规划纲要》出台;2009 年,又相继出台了《关于进一步繁荣发展少数民族文化事业的若干意见》(国发[2009]29 号)和《文化产业振兴规划》(国发[2009]30 号)。

为什么国际组织、各国政府和市场主体都对文化建设和文化产业发展表现出了极大的热情?这是社会经济发展的内在规律在起作用。有研究表明,当恩格尔系数下降到 50% 以下,人均 GDP 超过 3 000 美元时,文化消费在总消费中的份额就要超过 30% ~ 40%。不断增长的文化需求是拉动文化产业发展的根本动力。

---

① 王平. 文化产业:一场新型的"国际战争"[N]. 第一财经日报,2007-11-29.
② 邱永建. 世界文化产业发展对我国经济社会发展的启示[J]. 经济与社会发展,2005(08).
③ 四部长详解《文化产业振兴规划》[EB/OL]. http://www.sina.com.cn,2009-09-29.

1. 一般意义

国家《文化产业振兴规划》指出:"文化产业是市场经济条件下繁荣发展社会主义文化的重要载体,是满足人民群众多样化、多层次、多方面精神文化需求的重要途径,也是推动经济结构调整、转变经济发展方式的重要着力点。"

(1)有着其他产业难以比拟的特色和优势

文化产业作为新兴的朝阳产业,其特色和优势主要表现在以下六个方面[①]:

第一,文化产业市场需求强、发展潜力大。人均GDP超过3 000美元,消费结构就会出现明显变化,物质消费的比重会逐渐减少,精神文化消费的比重会不断增加。

第二,文化产业资源消耗低,环境污染小。极少会对自然环境造成不良影响。

第三,文化产业易与新技术对接,具有较强的创新应变能力。近年来,文化产业与网络技术、数字技术对接,展现出强大的生命力和创新应变能力,派生出一系列新生的文化业态。从内容上看,文化产业是最强调创新、创意的产业。

第四,文化产业进入门槛低,吸纳劳动力能力强。进入门槛可高可低,各类人群、各类企业组织形式都能够从事文化产业。文化产业既适合现代化大规模经营,也可以接纳个体化、依靠个人创作、小规模和传统技艺发展的市场主体。

第五,文化产业经济回报高,收益时间长。优秀文化产品会随着时间流逝而不断增值。文化产品一旦受到消费者的追捧,就会获得较高的经济回报。

第六,文化产业属于经济危机中的"疗伤产业",具有反经济周期功能。在多次全球性或区域性金融危机中,文化产业都能"逆势上扬",证明它具有反金融危机的重要功能。

(2)具有四大基本功能

一是文化功能。文化产业的首要功能是促进文化传承和文化繁荣。文化产业以市场运作的方式开展文化建设和文化产品生产,大规模创制、复制文化产品,在更好地保存和弘扬传统与既有文化的同时,也会催生出众多具有新的

---

① 加快文化.产业发展的机遇正在到来[N].人民日报,2009-03-13,转引自"中国文化产业网"。

价值观、新的内容、新的形式的文化产品,从而推动文化的发展和繁荣。

二是政治功能。文化产品会影响意识形态,即它所包含的信息内容,会潜移默化地影响人们的价值观、人生观和世界观,文化产业由此发挥着政治宣教功能。

三是社会功能。文化产品可以反映社会生活和人的精神世界。文化产业的发展,提高人们思想道德素质和文化素质,可以满足公众的精神生活需求,促进社会文明程度提高。

四是经济功能。一方面,文化产品和文化产业具有盈利功能。文化产业还是国民经济新的增长点,它直接带动了旅游、传媒、信息等相关产业的发展。另一方面,在经济下滑中,文化产业有逆势而上的特点,发展文化产业,可以为"保增长、惠民生"做出贡献。①

(3) 促进经济结构调整

文化产业的绝大多数行业都属于第三产业,第三产业发展正是产业结构高度化的内在要求,发展文化产业会直接促进第三产业发展。随着高新技术的推广,文化产业与信息产业、网络经济、通信产业的联系也越来越紧密,不断催生新兴产业的诞生,从而也促进了知识经济的发展。随着城镇居民生活水平的提高和亲近大自然及原生态文化的欲望日趋强烈,加之乡村和边远地区的自然与文化的原生态大多得到了良好保护,乡村旅游近年来迅速崛起,这对于优化产业结构和城乡经济结构无疑是有益的。

(4) 提高综合国力和国际竞争力

文化软实力是综合国力和国际竞争力的重要组成部分,世界各国尤其是发达国家纷纷把提高国家文化软实力作为重要发展战略,千方百计提高本国文化的整体实力和国际竞争力。随着经济全球化趋势的不断加强,文化越来越成为综合国力竞争的重要因素。我国要想在新的国际竞争中赢得主动,维护国家发展利益和文化安全,也必须切实提高国家文化软实力,加快发展文化事业和文化产业,进而不断增强我国的总体实力和国际竞争力。

(5) 为社会经济发展提供思想保证、精神动力和智力支持

文化教育可以提高全民族的科学文化素质和文明程度,必然为一国和地区的经济发展和社会进步提供思想保证、精神动力和智力支持。对于我国这样一个拥有 13 亿多人口的大国,更有必要通过发展文化事业和文化产业,提高公民的科学文化素质,把沉重的人口负担转化为巨大的人口红利,这是促进

---

① 文化产业振兴规划[EB/OL]. 中国网,china. com. cn,2009 – 09 – 27.

国民经济和社会可持续发展的根本保证。

2. 特殊意义

在全区这样一个资源环境约束强烈的地区,优先发展包括文化产业在内的第三产业,既是产业结构优化的需要,也是实现可持续发展和科学发展的需要。而且,在全区发展文化产业,弘扬社会主义先进文化,对于维护社会稳定和边疆安宁也具有战略意义。

(1)全区发展文化产业具有比较优势。文化资源和自然景观开发成本又不高,资源丰裕而独特,使得文化产业发展具备很好的资源条件。

西藏保留了众多独具地域特色的民族文化。这里是我国高原文化、民族文化的重要集萃地,蕴藏着极为丰富的民族文化资源。张云研究员在《西藏传统文化的内在魅力与独特价值》一文中将全区文化资源划分为4类:一是语言文字、历史、文学、医学、天文历算和工艺技术;二是历史文献、典籍、建筑和各种文物;三是宗教哲学、社会制度与风俗习惯;四是传统体育运动与歌舞艺术。① 这些文化资源都很有特质,它们一旦和现代文化和市场经济相结合,就显现出极高的经济价值。如寺庙的贝叶经、壁画、唐卡、佛像等,都是价值连城的珍品,即使是它们的复制品或仿制品也有很高的经济价值。藏药、手工艺品、民族音乐制品等也供不应求,是颇受游客青睐的纪念品。

(2)发展文化产业可以增强全区文化的软实力。发展文化产业同全国一样具有全局性、战略性的地位和作用。由于经济规模太小,靠经济实力很难让外界欣赏西藏、投资西藏,靠生态魅力和文化软实力却可以让西藏吸引全世界。它是全面建设小康社会和构建社会主义和谐社会的必然要求,是培育新的经济增长点的有效途径,是维护本地区文化安全的迫切需要。②

(3)发展文化产业是全区实现跨越式发展和全面建设小康社会的需要。全区产业结构和需求结构升级,导致文化需求增长很快,旅游业快速增长,这必然拉动文化产业快速发展。政府提出的两大战略更是为文化产业发展带来了新的机遇,提出了新的要求。一是全区在2003年提出了全面建设小康社会的战略目标。它是一个包括20多个指标在内的目标体系,其中有大约1/4的指标都直接或间接与文化有关。二是全区在2000年提出了跨越式发展战略,

---

① 转引自许广智. 西藏传统文化与社会可持续发展的关系[J]. 西藏研究,2007(04).

② 多托. 在学习贯彻全国文化体制改革经验交流会精神会议上的讲话. 西藏自治区人民政府办公厅《内部情况通报》(第126期),2009-11-16.

并得到了中央的肯定。实施该战略需要大力发展文化产业。

(4)发展文化产业是全区维护文化多样性和落实科学发展观的需要。当前,我国高度重视文化产业发展,对文化产业的认识不断提高。发展文化产业能够加强对外宣传的力度和丰富传播民族文化的方式,为维护国家的国际形象和国际地位做出应有的贡献。20世纪90年代以来,"以人为本"的新发展观逐渐成为全球共识。这种发展观将"文化多样性"作为重要的发展目标。1995年,联合国教科文组织发表的《我们创造的多样性》的报告认为,民族文化是一个民族赖以生存和发展的精神支撑,脱离文化的发展是一种无根的增长。"发展可以最终以文化概念来定义,文化繁荣是发展的最高目标。"[①]我国提出的科学发展观也把文化建设摆在了和经济、政治建设同等重要的位置,为文化产业发展提供了良好的制度环境。在西藏发扬光大民族优秀文化,对于维护民族文化多样性和实现科学发展具有重要的意义。维护世界民族文化多样性的最好途径就是让各国民族文化走向世界,而大力发展文化产业和文化贸易正是民族文化走向市场、走向世界的根本途径。由于文化产品和服务的出口被纳入服务贸易的范围,可以享受WTO的《服务贸易总协定》中对广大发展中国家的特殊安排和优惠待遇,故发展文化贸易的门槛较低,阻碍较少。

(5)发展文化产业是反分裂斗争和维护社会稳定的需要。文化属意识形态的范畴,西方反华势力和达赖分裂集团争夺意识形态,争夺下一代,严重威胁着我国的文化安全。在全区维护社会稳定的关键除了要坚决打击分裂活动和暴力犯罪活动外,还要切实维护民族团结,加强法制教育和思想道德教育。因此,大力发展文化产业是牢固占领意识形态,占领文化阵地,开展反分裂斗争的需要。[②] 文化是维系民族团结的精神纽带和思想保证,也是对居民进行思想道德教育的有力武器。因此,弘扬优秀的民族传统文化和社会主义先进文化,大力发展文化事业和文化产业,无疑是实现全区社会长治久安的最重要途径。

(6)发展文化产业是传承和保护民族文化的需要。每个区域、每个民族的现代化进程都离不开传统文化和先进文化的共同支撑。民族传统文化是发展特色经济的重要前提条件,外来先进文化则是发展现代产业的重要基础。只有大力弘扬优秀的民族传统文化,大力开发民族文化资源,同时能够吸收外

---

① 耿香玲,刘士岭.西藏地区发展文化产业的比较优势探析[J].西藏大学学报,2004(02).

② 马如龙.大力发展西藏文化产业的几点思考[J].西藏大学学报,2005(02).

来先进文化,才能真正促进当地经济和文化的发展。传承、发展民族传统文化首先要重视文化遗产的保护。联合国在其发表的《保护非物质文化遗产公约》(2003)中强调:非物质文化遗产面临损坏、消失和破坏的严重威胁,它又是可持续发展的保证。我国政府也已经开始对民族民间传统文化进行立法保护,2003年出台了《中华人民共和国民族民间传统文化保护法》。[①] 民族传统文化是全区发展文化产业的主要资源,发展文化产业首先要做好民族优秀传统文化的传承和发展工作。保护和开发全区文化资源需要注意两个关键问题:一个是要对民族传统文化进行"扬弃",即用社会主义先进文化来改造传统文化;二是要变单一的保护为开发中保护,使文化资源能更好地为发展当地经济和改善民生服务。

(7)发展文化产业有利于保护全区生态环境。在青藏高原的强环境资源约束条件下,发展文化产业这样的低碳经济,完全符合区情,也有利于保护全区生态环境。全区民族传统文化和生态环境是结合在一起的。这使得保护民族传统文化也就成了保护生态环境的组成部分,这种对大自然崇拜的文化价值观在客观上起到了保护当地自然环境的作用。而且,文化产业更少受到资源环境约束,发展的难度和成本更小。

(8)发展文化产业可以增强藏民族文化在国际上的知名度。西藏在国际上的形象主要是靠两个方面树立起来的:第一个是由高山、草原、江河、湖泊等组成的纯净、壮美的高原生态环境,"世界屋脊"、"江河之源"、"亚洲水塔"、"雪域净土"无疑是全区最重要的自然生态名片;第二个是带有神秘色彩的西藏各民族文化。通过大力发展文化产业,尤其是扩大文化贸易,可以让真实的、多样化的西藏文化走向世界,促进文化国际交流。藏传佛教、民间技艺、民俗民风、歌舞艺术等,共同构成了"神奇高原、圣地西藏"的文化名片。从而改善全区在国际上的文化形象,为国家和全区安全稳定服务。

二、优势

(一)特色资源优势

拥有独特的自然、人文景观和丰富多彩的民族传统文化,发展文化产业拥有资源优势。自然景观和宗教文化结合紧密,西藏高原自然风光奇谲瑰丽,赋予了大自然以神秘色彩。西藏人民繁衍生息在这块土地上,在长期历史发展进程中创造出了光辉灿烂的民族文化,形成了独特的民风民俗。例如,以雄伟

---

① 许广智.西藏传统文化与社会可持续发展的关系[J].西藏研究,2007(04).

壮丽的布达拉宫为代表的文物古迹浩若繁星，点缀在西藏的山川大地；藏民族文化以浩瀚的历史宗教文化艺术在人类文化宝库中呈现出耀眼的"亮点"而享誉世界。以藏民族文化发祥地为代表的人文、自然景观十分丰富。

西藏文化是中华文化中的一颗璀璨明珠，也是世界文化中的一份宝贵财富。西藏各民族在对自然、社会和自身的认知、适应、改造、发展的漫长历史进程中，在与汉族等中国其他民族以及南亚、西亚一些民族的文化交流、融合和借鉴过程中，创造了内容丰富、特色鲜明、形态多样的文化，主要包括语言文字、哲学宗教、藏医藏药、天文历算、音乐舞蹈、戏剧曲艺、建筑美学、雕塑绘画、工艺美术等。西藏文化是藏民族世代繁衍、生生不息的精神支柱，也是在同其他文化特别是汉文化的相互影响和不断交融中得到发展的，为文化产业发展提供了有力的资源优势和品牌基础。

（二）经济结构变化

经济结构变化对文化产业发展产生了促进作用。西藏自20世纪90年代以来，经济持续快速增长，产业结构也发生转折性变化。第一产业比重不断下降，第二、第三产业比重不断上升，从1997年以后，第三产业成为西藏的第一大产业。产业结构的升级，人民收入水平的提高和消费结构的升级，要求文化产业提供大量媒体、艺术、娱乐、设计、创意、休闲等文化产品和文化服务。第三产业的崛起给西藏文化产业的发展提供了广阔的空间和舞台，文化产业的一些行业产值已经占有相当比例。

（三）优惠政策扶持

党和政府对文化发展的政策支持。西藏和平解放以来，在中央和全国各族人民的大力支援下，在自治区各级党委和政府的政策支持下，产生了许多在国内外有影响的文化艺术成果，涌现出了一大批优秀文化人才，文化建设取得了瞩目成就。特别是在文化硬件建设方面，结束了旧西藏基本没有文化娱乐设施的历史，建成了大量功能齐全、设备先进的文化娱乐设施。据统计，到2010年，全区共有各级群众艺术馆、文化馆站247个，公共图书馆4个，博物馆2个；各类专业文艺演出团体10个，民间艺术团18支，群众性业余演出团体660个；广播电台3座，中、短波转播发射台42座，电视台5座，广播电视台3座；广播、电视人口综合覆盖率分别达90.28%和91.41%；出版报纸14 023.7万印张，各类杂志160.5万册，图书1 446万册。既满足了广大群众的文化娱乐需求，也为西藏自治区文化产业的发展提供了组织、人才基础和物质条件。

三、劣势

(一)产业基础薄弱

全区文化产业与全国平均水平存在着较大差距,与中西部地区其他省区市也有一定的差距,整个产业尚处在起步阶段,文化资源优势远未得到充分发挥。突出表现为文化资源丰厚而开发利用不足,文化产业发展明显滞后于公益性文化事业发展,文化产业的行业门类还不健全,文化产品与服务品种还不丰富,尤其是现代文化产品比较缺乏。虽然区内中心城市文化产业已经有了较大的发展,初步形成了较完整的文化产业和行业门类,但是,由于农牧区的文化产品和服务还相当缺乏,文化产业起步较晚、规模偏小,现代文化行业弱小,整个文化事业和文化产业还远远不能满足市场经济发展和人民生活的需要。

(二)主导地位不够突出

近年来政府有关部门出台的文化发展规划和基层文化建设规划,缺乏把它作为一个战略产业或主导产业加以优先发展的战略思维和长期规划,文化产业的区域布局、战略定位尚不明确,政策保障还不够有力。长期以来,文化产品和服务被视为居民免费消费的公共品,市场主体不愿意介入这一行业,文化产品提供者大多属于事业单位,而不是自负盈亏的企业单位。政府工作仍然把工作重心放在文化建设与公益性文化事业发展方面,缺乏市场经营观念,产业目标定位不准;政府和文化生产者都对公益文化产品比较重视,对文化商品的推广重视不够,经济效益偏低,对外宣传不够,营销策划意识淡薄。

(三)发展定位不明确

缺乏在区域协调发展中的科学定位。在外部,西藏文化产业缺乏在国内乃至国际上的差异化发展战略,尚未形成有西藏特点的文化品牌优势。在内部,缺少对自身资源的充分整理和开发,急需确定文化产业中的战略产业、支柱产业,以便采取不同的扶持政策和推进措施。

(四)布局思路不协调

目前文化产业发展没有良好的布局和产业链效应。外围层和相关层的比例不合理,现代文化产业所占比例很小。在文化产业的内部结构方面,新闻出版、广播影视、文化艺术服务等核心层的比例过小;文化产业的创造活力不够旺盛,缺乏文化产业链前端的内容原创、科技开发和产业链后端的营销与服务,缺乏可持续发展的战略优势和资源储备。在文化产业空间分布方面,集约化程度较差,尚未形成科学布局,各地文化产业的发展也不平衡。在文化产业的形态方面,尚未形成上下游联动的产业链,产业效益有待进一步提高。

（五）体系支撑不完备

主要是缺乏公共文化服务体系的支撑。公共文化劳动力比较贫乏，亟待形成文化人才的引进、培养、激励、考核机制。公共文化设施建设虽有长足发展，但很不平衡，表现为博物馆、县、乡级图书馆、文化馆等设施的功能缺失，或渐显陈旧。公共文化服务主要依靠政府投入，总量有限，渠道单一。区内文化资源整合不力，引入市场投资机制不足。目前，没有打造出具有全区特色的文化产业集团和文化品牌。主要表现在政府投入占全部投资的90%左右，民间投资额很小；没有打破行业界限和条块分割，文化资源整合不够，难以形成具有全区特色的文化品牌和龙头企业。文化产业自我发展能力差，面临人才缺乏，资金投入不足，经营观念和体制落后，开发成本较高等困难。

四、机遇

（一）中央明确国家文化发展战略

党的十六大提出了要完善文化产业政策，增强我国文化产业的整体实力和竞争力，支持文化产业发展；十六届五中全会把文化建设列为国家总体发展战略的重要组成部分；全国"十二五"文化发展规划工作研讨会和胡锦涛在中央政治局第二十二次集体学习会议上的讲话中明确指示：一定要从战略高度深刻认识文化的重要地位和作用，进一步指出了文化产业发展的战略方向与思路，为全区加快推进文化体制改革与文化发展提供了强大的动力和十分有利的机遇。

（二）自治区党委、政府高度重视文化建设

自治区党委、政府把加强文化建设列入经济、社会总体发展规划的重要内容，以做强做大全区特色产业为目标，围绕大力发展社会主义先进文化，促进各项社会事业全面协调发展和人的全面发展，明确提出推进高科技和文化创意等产业发展要求，进一步促进全区文化市场的繁荣发展。

五、挑战

（一）要应对国际文化产品的冲击

随着开放程度的不断深入，国际文化产业具有经济总量、科技、资金、项目选择与判断、营销、人才和推广等优势。在一个开放的国际文化环境中，越是弱势的文化产业，越容易受到外来的强大冲击和挑战，甚至威胁到自身的生存；越是强势的文化产业，越能够扩大市场占有率。这对全区文化产业的发展构成了现实威胁和重大挑战。

（二）要应对国内文化市场的竞争

当前，越来越多省市通过制定文化发展战略规划和扶持政策推动了文化的快速发展，并制定了明确的文化产业发展规划，为文化的发展奠定了良好的基础，创造了良好的发展环境，吸引了大量的文化资本和企业，形成了文化发展集聚效应，形成了相对的规模优势、技术优势、资本优势和人才优势，使西藏文化产业的发展处于强力的竞争之中。

第二节 西藏文化产业发展战略目标

一、指导思想

高举中国特色社会主义伟大旗帜，以邓小平理论和"三个代表"重要思想为指导，深入贯彻落实科学发展观，坚持走有"中国特色、西藏特点"的发展路子，全面贯彻落实党的十七届五中全会、中央第五次西藏工作座谈会、区党委七届七次会议精神。以科学发展、跨越式发展和长治久安为主题，以实施"一产上水平、二产抓重点、三产大发展"的经济发展战略，按照社会主义精神文明建设的特点和规律，牢牢把握先进文化的前进方向，适应社会主义市场经济发展的要求，全面贯彻落实党中央关于加快文化事业与文化产业发展、深化文化体制改革的战略部署。以改革为动力，以文化设施建设为平台，以提高人的素质为核心，以整合文化资源为手段，以满足和提升全区人民群众精神文化发展为目的，通过市场导向、项目带动、政府规划、部门联动、企业运作、社会参与，推动文化事业和文化产业更快更好地发展。积极推进文化体制改革，不断丰富和满足全区人民群众日益增长的精神文化需求，促进物质文明、政治文明、精神文明协调发展，不断提高文化事业和文化产业对经济社会发展的贡献率。确保各族人民物质文化生活水平不断提高，努力建设团结、民主、富裕、文明、和谐的社会主义新西藏。

二、基本原则

（一）体现先进

大力发展先进文化，改造落后文化，支持健康有益文化的发展，抵制腐朽文化。一切精神文化产品、思想文化阵地，都要坚持社会主义的正确导向，塑造美好心灵，宣传科学真理，弘扬社会正气。要贴近实际，贴近群众，贴近生活，面向市场，面向群众，提供更多的文化产品和文化服务，丰富广大人民群众的文化生活，开展形式多样的文化活动，满足人们多方面、不同层次的精神文化需要。

（二）突出发展

以维护好、实现好、发展好广大人民群众的根本利益为一切工作的根本出发点和归宿，牢牢树立社会主义初级阶段必须坚持发展为第一要务的观念。把发展作为解决一切问题的关键，把提高人民群众综合素质、促进人的全面发展作为文化建设和发展的根本目的，始终把文化发展的着力点放在保障和实现全区群众的基本文化权益和满足人民群众多层次、多方面、多样性的精神文化需求上，并以此作为衡量文化建设工作和评价文化工作的根本尺度。

（三）突出重点

坚持以经济建设为中心，正确处理经济、政治和文化的发展关系，提高文化对社会发展、经济的贡献率；坚持宏观控制与微观搞活的结合，做到既放得开又管得住，确保文化事业与文化产业相互促进、协调发展；坚持把社会效益放在首位，统筹考虑文化发展的社会效益、经济效益和环境效益。

（四）市场运作

加强政府在规划引导、市场监管、政策调节、提供公共文化产品和服务等方面的职能。改进和完善重大文化活动和项目的组织、评价和承办机制，逐步推向市场化运作，对政府主办的重大文化项目和活动引进竞争机制，吸引社会资金投入，鼓励社会力量办文化。

（五）改革创新

创新是文化发展的动力，继承是文化发展的源泉。既要创造性地吸收世界上一切优秀文化成果，又要坚持文化的传统和特色。坚持在继承中突出创新，在创新中继承传统。

（六）发挥优势

面向群众，面向基层，面向市场，研究市民群众的文化需求，着力提高大众文化产品和服务的质量。在发展大众文化的同时，有重点、有选择、有步骤地发展西藏民族特色文化，为文化发展开拓更加广阔的空间，把弘扬民族特色文化与发展大众文化有机结合起来。

（七）规范管理

要健全文化法律法规和政策体系，加强文化立法，鼓励和调动全社会的力量兴办文化事业,发展文化产业制定切合西藏实际的经济文化政策,营造文化繁荣发展的格局。同时,整顿文化市场秩序,依法加强文化管理,把握全区文化发展的正确方向,确保文化安全和有序发展。

(八)对外开放

通过文化体制创新、观念创新、机制创新和管理创新,大力开拓新型文化产品,逐步提高现代文化产业的比重,发展新型文化产业,全面提升全区文化事业的服务功能和文化产业的市场竞争力。加强与区外文化交流与合作,积极开拓国内、国外两个文化市场,促进西藏文化产业与国际先进文化产业发展接轨,稳步扩大文化产业领域对外开放和合作,充分利用民族文化和世界文化两种资源。

三、发展目标

(一)总体目标

建立"一个新机制"、健全"两个新体系",形成"三个新格局"的文化产业发展战略。

"一个新机制":建立与市场经济相适应的文化产品生产经营新机制。

"两个新体系":健全"结构合理、发展均衡、网络健全"的公共文化服务体系和"机构健全、队伍充实、结构合理"的文化队伍建设体系。

"三个新格局":以公有制为主体,其他多种所有制共同发展的文化产业新格局;以西藏民族文化为主体,外来文化为补充的文化市场新格局;多层次、全方位、宽领域的对外文化交流新格局。从全区近期召开的有关文化体制改革和文化产业发展的会议精神看,自治区人民政府已决心把文化产业培育成全区新的特色支柱产业和新的经济增长点。[①]

(二)具体目标

文化产业发展主要指标为:健全五级网络、提高四种能力、保护两类遗产、营造三个环境、加强七支队伍。

1. 健全五级网络。即建立健全自治区、地(市)、县、乡镇、行政村五级公共文化设施网络。

2. 提高四种能力。进一步提高文化作品创作、生产、供给和文化服务等四种能力,切实为人民群众提供丰富的文化产品,完善的文化服务,最大限度地

---

① 多托.在学习贯彻全国文化体制改革经验交流会精神会议上的讲话.自治区政府办公厅《内部情况通报》,2009-11-16.

满足人民群众日益增长的精神文化生活需求。

3. 保护两类遗产。加强物质文化和非物质文化两类遗产的保护工作,加强文物和非物质文化遗产普查、抢救、保护、宣传、研究和合理利用工作;充分发挥文化遗产在凝聚人心、传承文明、打造品牌、推动经济、丰富活动中的重要作用。

4. 营造三个环境。积极营造健康有序、繁荣发展的文化市场环境,文化产业发展环境和有力有效的文化交流环境。

5. 加强七支队伍。全面加强文化党政人才、文化经营管理人才、文化艺术专业人才、公共文化服务人才、高技能文化人才、文化科技人才、文化外交人才等七支文化队伍建设。

文化产业发展状况主要通过部分文化产业生产总值反映,依据西藏自治区文化发展的形势和全国文化产业发展趋势、西藏自治区"十二五"文化产业发展规划、西藏自治区经济发展形势,到 2020 年,全区部分文化产业总产值(不含民营和个体文化产业)达到 25 亿元。

(三)战略定位

1. 优先发展旅游文化业。一般而言,旅游业要以文化、生态资源为依托。全区拥有丰厚、独特的人文资源,有和传统文化结合紧密的自然景观,发展文化旅游业有极佳的资源条件。全区应该充分发挥比较优势,充分挖掘有本地特色的人文生态资源,努力打造一批在国内外有影响的高原民族文化旅游品牌,推动旅游产业和文化产业发展。在发展路径上,要坚持"以文促旅、以旅兴文、共同发展"的原则,强化文化部门与旅游部门的相互合作、优势互补;要充分发挥雪顿节、雅砻艺术节、珠峰文化节、那曲赛马艺术节等民族传统节日文化对于推动文化旅游业的作用;要加强与陕西、甘肃、青海、四川、云南的文化旅游合作,共同打造西北、西南文化旅游带;要打造一批在国内外有影响的文化品牌,使全区成为全国重点文化旅游省区之一。

2. 着力培育演艺文化业。要在总体繁荣的基础上,实施精品战略和特色战略。应大力发展有全区特色的文化演艺业,如藏歌、藏戏、藏舞等;要大力发展节日文艺,充分展示独具全区特色的文化艺术和民族风情;要注意建立我区的演出经纪人制度,努力培育民间演出团队,挖掘农牧区乡土艺术人才和民族风情资源;要努力推进演艺市场建设,规范市场行为[①];要加强艺术培训,逐步建立艺术培训体系。

---

① 藏政发〔2002〕48 号,西藏自治区人民政府关于加快发展我区文化产业的若干意见.

3. 重点建设广播影视业。主要是发展有民族、区域特色的广播影视产品的制作、译制、传播业。要重视基础设施建设,要继续推进西新工程、广电"村村通"工程建设,建立和完善全区广播影视公共服务体系,重视做好广播影视节目制作和传输的数字化和网络化工作;要创新发展理念,把发展公益性广电事业和发展经营性广播影视产业结合起来,把广告业和广播影视业结合起来,增强其自我发展能力。

4. 大力发展传媒文化业。包括新闻、音像发行等,它们是提供文化产品和文化服务的主要载体,应该优先发展。在全区发展传媒出版业特别要注意坚持正确的政治方向,突出全区特色;要坚持艺术精品和大众通俗作品相结合;要注重产业化经营,打造大型传媒集团,力争在实现社会效益为主的前提下,实现经济效益上的根本性突破。

5. 择优扶持工艺美术业。融入了民族传统文化与传统技艺的工艺美术业,是全区文化产业中很有经济价值的行业。在全区发展工艺美术业,需要特别注意培育和规范工艺品市场,发展工艺品经营和拍卖中介机构;要加强工艺品的知识产权保护;挖掘、培养、引进工艺美术人才。

6. 规范完善广告会展业。广告业和会展业也是文化产业中和工商业联系最紧密的行业之一,有必要优先发展。全区广告业发展要注意纳入当地民族文化元素和高原元素,办出自己的特色。发展会展业要注意利用区内的各种民族传统文化艺术节日和现代庆典纪念日,举办各种特色文化产品展销会;要积极参与广交会、世博会、园博会等交易平台,到发达地区展示自己。还可以考虑与青海、甘肃、四川、云南等省份合作,共同举办青藏高原或全国藏区的投资、贸易贸洽会,通过自己创造的展示平台开展特色文化艺术品的展销活动。

7. 丰富健全休闲娱乐业。全区居民长期生活在高寒缺氧、相对封闭的环境中,他们比内地居民更需要休闲文化服务业。全区有不少传统的休闲文化如节日文化、演艺文化、宗教文化、酒文化等,应当很好地传承和发展。还可以大力发展登山、赛马、射箭、棋牌等休闲体育,大力发展度假村、农家乐、牧家乐、藏家乐等休闲城郊游和乡村游,大力发展足疗、食疗、水疗等休闲保健。政府需要加大图书馆、文化馆、博物馆、公园、林卡、湿地等文化生态基础设施建设,鼓励区外投资者和民间投资者投资经营休闲文化服务业。

8. 开发创新动漫游戏业。应支持本地大学和研究机构开发、生产融入藏文化元素的动漫游戏产品;应建立财政专项扶持基金,扶持本地区的职能部门、大学和科研机构联合开发和提升具有高科技化与民族特色化融为一体的动漫游戏作品。

9. 全面推进网络信息业。社会已经进入信息时代,不管是先发展地区还是后发展地区,都有必要也有可能发展互联网信息服务业。它作为新兴的高技术产业和"低碳"产业,受到了发达地区的特别青睐。全区虽然是一个典型的后发展地区,但是互联网也进入了大多数城镇居民和部分农村居民的家庭。发展融入少数民族语言元素的互联网信息服务业是很有市场前景的,建立"中国西藏信息港",建设藏、汉、英三种语言的广播电视音视频网站等。

四、发展重点

(一)构建文化市场

积极培育和发展各类文化市场,加大结构调整力度,加快文化产业发展的市场化、社会化进程,主动参与跨区域的市场竞争,在竞争中提升全区文化综合实力。

(二)培育文化实体

鼓励外资和社会资本进入国家政策许可的各类文化经营领域。通过改革创新,做大做强文化产业集团,扶持、培育龙头民营文化企业,初步形成各类文化企业公平竞争、有序竞争、相互促进、共同发展的格局,力争形成若干个国内、国际同行业中具有一定影响的知名文化企业和企业集团。

(三)建设公共文化服务体系

创新文化管理理念,鼓励和引导社会资金以多种方式投入文化公益事业,加快公共文化服务体系建设。对公共文化服务机制、服务机构、服务设施、队伍建设,以及公益性文化单位在数量、布局和种类上进行统筹规划和系统建设,构建结构合理、网络健全、发展平衡、服务优质、运营高效的覆盖全区城乡的公共文化服务体系。

(四)培植文化消费力

打造文化精品,提高市民的消费档次和精神境界。引导市民提高文化消费品位,通过生产丰富多彩的文化产品,扩大文化消费范围,改善文化消费结构,不断满足广大市民的精神文化需求。

(五)创新特色文化

加强西藏各地区文化合作,充分挖掘全区文化资源,尤其是富有西藏地域风情和西藏文化内涵的特色文化资源。加快推动西藏各地区文化资源整合,加强影视制作人才、音乐创作人才、营销人才的培养和引进,打造有西藏特点的视听产品品牌,建设具有西藏特点的视听产品创作和生产基地。提高创新能力,加快开发具有自主知识产权的文化产品,打造具有特色的文化产业,扩大西藏的文化知名度与影响力,形成具有西藏独特魅力的文化品牌。

(六)文化人才支撑

积极培养和引进文化创作、经营、管理等优秀人才,建立和完善适合文化人才特点的引进机制,营造良好的文化人才生态环境、发展环境和创业环境,形成并保持西藏的特色优势和对文化人才的持续吸引力;造就一支文化名人队伍,增强文化发展的原动力和竞争力。

五、产业布局

(一)产业结构布局

文化产业内部结构的演进,一般遵循着由资源型文化产业向制造型文化产业再到创意型文化产业的发展路径。从内部结构上看,制造型文化产业和创意型文化产业为辅,全区文化产业主要以资源型文化产业为主,其优势板块是民俗文化和旅游文化。通过对全区文化产业产值进行调查和推算,2010年全区文化产业总产值为10.5亿元。其中,文化产业核心层(即新闻服务、出版发行和版权服务、广播电视电影服务及文化艺术服务)产值为5.84亿元,占55.6%;文化产业外围层以及文化产业相关层(即文化用品、设备及相关文化产品的生产、销售)的产值为4.66亿元,占44.4%。在文化产业总产值中占份额较大的门类依次是旅游文化、民俗文化、演艺演出、工艺美术品、新闻、出版和版权服务以及广播电影电视,而创意型文化产业门类所占比重较小。

(二)区域布局

全区不同类型的自然地理环境形成了不同的区域文化。主要有三大类区域布局[①]:

1.高原游牧文化带。在气候寒冷干旱、辽阔的藏北高原,是全区主要的牧区。人们世代逐水草而居,创造了具有鲜明地域特色的高原游牧文化。牧民的吃穿住用都离不开畜产品,牧民的生产劳动、生活休闲和节日文化,也处处展现出游牧文化的风姿。

2.谷底农耕文化带。在"一江三河"中部流域河谷湖盆地带和藏南谷地,平均海拔在2 700~3 700米之间,适宜农耕。这里的历代居民创造并传承了全区的农业文明。在雅鲁藏布江中游河谷平原,有着全区远古文明的重要发祥地之说,全区第一块农田、第一座房屋、第一个赞普、第一个宫殿,无不与她相联系。至今,雅鲁藏布江中游地区仍是全区最主要和最富庶的农业区。这

---

① 西藏民俗文化论,www.qygxt.com. 2007.11.

里的人们食以糌粑,聚族居于平顶的楼屋。在藏东三江流域,属于高山峡谷区,这里的人们多以农耕为主,从事半农半牧或半农半林的经济活动,依山势建房聚族而居。

3."喜马拉雅"山地文化带。喜马拉雅山地是一个幅员辽阔的文化地域,大致可以划分东、西和南段等三个山区地段,在各地分别居住着不同的民族和群体,他们创造了各自的民族和小群体文化。在喜马拉雅东段山区,包括有中国与不丹国接壤的地域,其绝大部分置于我国传统边界以内,约合数十万平方公里。这里世代居住着的主要是门巴族、珞巴族、山地藏族和不丹国人。在西段山区,骑跨了中国与印度交界的广大地域,中国与尼泊尔,其北侧的我国境内主要居住着藏族、夏尔巴人,信仰以原始宗教、苯教和佛教为主。而在南段山区,动植物资源丰富,气候温暖湿润,决定了人们的经济活动方式长期以采集和狩猎为主。他们的衣食住行文化特性鲜明:衣,属帛裙裾衣饰文化;食,属稻谷瓜果蔬菜文化;住,属木(竹)构吊脚阁楼文化;行,属步背文化等。这里保留了膜拜性、原创性、混融性和多元性等特征的山地民族文化,呈现亚热带山林狩猎——刀耕文化特征。

在西藏高原内部不同的地理单元地区里,又带有一定的地域色彩,它们共同构成了多姿多彩的西藏民俗文化。除此而外,西藏文化区域分布还很广,异彩纷呈,各有特色,诸如象雄文化、珠峰文化、雅砻文化、藏北羌塘文化等。

第三节 西藏文化产业发展模式与建议

一、发展模式

(一)服务提升模式

主要是通过加强文化基础建设,来健全西藏的公共文化服务网络,改善公共文化服务功能,提高公益性文化设施使用效率,为构建社会主义和谐社会服务,更好地满足广大人民群众的基本文化需求。

(二)文化创新模式

包括文化思想观念、体制和机制、内容和形式、方法和方式的创新。要借鉴东部发达地区坚持科技创新的做法,特别要重视用信息技术推动文化产业的发展。

（三）文化走出去模式

支持文化企业开拓国内、国际市场，促进全区文化资源优势与内地的生产要素优势结合。大力推进对外文化交流与对外文化贸易，开拓壮大区外市场，充分发挥文化在对外交流中的重要作用。通过强强联合，打造西藏文化特色品牌。

（四）快速发展模式

充分发挥市场对资源配置的基础性作用。通过强化政府对文化产业的政策引导和宏观调控，健全文化产业和文化经营管理体系，调整文化产业结构。积极培育市场主体，突出民族特色，促进西藏文化产业快速发展，打造特色文化品牌，使文化产业成为西藏新的经济增长点。

（五）人才兴文模式

要把人才资源作为文化发展的第一资源，是发展文化产业的根本保证，把人才建设作为繁荣西藏文化事业，努力造就一支政治强、素质高、业务精、结构合理的文化艺术人才队伍。

（六）差异化发展模式

坚持文化产品、文化街道和社区、文化企业、文化城市的差异化特征，针对不同市场制定不同的营销策略，开发多层次、多区域的文化市场，构建良好的产品体系。这样才能发挥各区域的比较优势。

（七）做精做强模式

采取跨系统、跨行业、跨地区组合和与区外文化产业龙头企业联合的办法，组建培育西藏的文化产业大集团。在组合过程中要坚持优势互补的原则、强强联合，以确保实现优势扩张。这种组合既要有利于组建龙头大企业，也要有利于形成文化产业园区和文化产业带。

二、对策建议

（一）科学定位

全区文化体制改革还处在起步阶段，制约文化发展的体制性、根本性问题还没有解决，定位尚不明确。因此，必须坚定不移地推进改革、加快发展。进一步理顺政府与文化企事业单位的关系，要按照"管办分开"的原则，按照"产权清晰、权责明确、政企分开、管理科学"的原则，企事业单位依法运营的文化管理体制，逐步建立与社会主义市场经济体制相适应，促进文化事业和文化产业共同繁荣。鼓励非国有资本以参投、控股、合作经营的方式投资兴办文化企业。实行文化投资主体多元化、社会化，使文化产业的所有制结构得到优化。

（二）整合资源

网络文化、休闲体育娱乐、文化旅游、创意产业、广告及会展等，是文化产业中的新兴行业，以及最具发展潜力的行业，是未来文化产业发展的方向和趋势。

1. 发挥资源优势，大力发展特色品牌文化。全区文化资源十分丰富，但所实现的商业价值与之不匹配，在文化资源的利用方面还很有潜力。因此，应着力研究文化资源转化问题，开发富有全区特色的文化资源，把文化资源优势转化为经济产业优势，打造具有国际吸引力的特色品牌文化。

2. 拓宽领域空间，大力发展支柱文化。充分利用全区特有的自然资源禀赋等优势，拓宽领域空间，大力发展以登山、赛马、射箭、高尔夫、自驾车等为主的健康体育休闲产业和旅游文化支柱产业，积极举办重大的文化体育和民俗赛事活动，使全区成为国内重要的体育赛场和文化旅游中心。

3. 优化产业结构，大力发展创意文化。要调整优化文化产业结构，大力发展创意设计、演艺表演、数字影视、电影制作、动漫设计等创意文化产业，形成创意文化产业园区，集聚、壮大全区新兴的创意文化产业。

（三）营造环境

文化产业的内部结构和区域布局的调整对人才结构和素质的要求在不断提高。文化产业的高科技性是当前文化产业的发展趋势。发展文化产业特别需要瞄准新兴文化产业的需求，大力培养旅游管理、影视制作、数字技术、网络动漫及多媒体文化服务等专业人才。要充分利用全国对全区进行大力援助和扶持的有利政策，多渠道培养和吸引复合型文化产业人才。要结合文化产业的特点，积极推进文化领域用人机制的改革，营造人尽其才的竞争环境。

（四）提升实力

要着力推进一批公共文化重点工程建设，实施项目带动战略。加快建设一批标志性文化重点工程建设，增强文化产品的生产、制造和营造力，改善文化设施条件，提高文化品位，并重点抓好历史文物的保护管理和开发利用工作。要加快群众性文体活动广场建设，特别是在广大农牧区，要加快建设文化书屋等文化活动场所，不断提升广大农牧民的文化素质。

（五）全面保障

1. 组织保障。一要加强各级政府对文化建设和文化工作的统筹领导和协调指导，为全区物质和非物质文化遗产的保护和传承以及民俗文化产业的健康发展提供领导保障；二要建立健全促进全区文化产业发展的相关组织机构，建议成立"西藏自治区文化产业振兴委员会"，下属全区文化产业政策研究室等职能部门。

2. 资金保障。要增加各级财政对文化事业的投入力度,确保对文化发展的财政投入增长速度不低于财政收入增长速度;并设立民族文化专项建设基金,以保障人均文化事业费高于全国水平,建立稳定的公共文化投入保障机制。

3. 人才保障。加强专业人才培养,积极引进文化艺术高精尖人才;建立健全人才竞争激励机制,打破事业单位行政领导职务和专业技术职务终身制,制定文化艺术表演人员退休转业政策,实现文艺人才"能进能出";深化分配制度改革,探索建立以知识产权、无形资产、技术要素等参与收益分配的新体制,以鼓励更多优秀人才不断涌现。

4. 工作保障。要按照既定的工作目标和任务,全面推进文化事业的发展,重点推进全区文化网络体系建设。建立健全县、乡、村三级基层文化基础设施,推进文化事业的产业化发展。建立文化产业考评体系与竞争机制。通过规范文化产业制度管理,建立健全一系列考评考核体系,形成科学合理的创新竞争机制,培育有潜力的文化市场环境,开创全区有特色的文化产业格局。

5. 措施保障。在中央给予全区发展文化产业与繁荣等特殊政策和优惠措施的基础上,结合中央第五次西藏工作会议精神,以体现人才援藏、资金援藏、技术援藏和干部援藏等工作内容。进一步制定更为具体的有利于各地文化产业发展的各项优惠政策与措施,加快出台文化产业效益化的各项管理制度和办法,以加强对民族优秀文化事业的开发、保护与弘扬。具体包括人事调配、注册登记、工商管理和项目扶持等保障措施。

三、发展展望

西藏文化产业发展最终体现"3个核心带"与"6项战略工程"。即创建西藏民族文化产业创意园区,"一江两河"文化创意产业走廊,青藏铁路西藏段沿线文物保护带和沿线文化产业带;完成西藏文化数字工程、设施建设工程、环境改善工程、品牌塑造工程、人才培养工程和文化遗产保护工程等,使文化产业成为全区第三产业大发展中的第二战略支撑产业,主导地位突出,战略优势明显,成为带动全区经济社会发展的又一大增长极。

第七章

西藏旅游业发展研究

第一节 西藏旅游产业发展研究综述

作为第三产业的重要组成部分,旅游产业被誉为具有蓬勃活力和巨大潜力的新兴产业,以其所创造的巨大的经济效益和社会效益越来越受到人们的重视。当前各个国家都在积极开发旅游资源,旅游产业已经成为许多国家和地区的支柱产业。我国旅游产业的发展也十分迅速,2012 年我国全年国内出游人数 29.6 亿人次,国内旅游收入 2.27 亿元,入境旅游人数 13 241 万人次,国际旅游外汇收入 500 亿美元,旅游产业总收入 2.57 万亿元。① 随着旅游业产业地位的确立和巩固,学者们对旅游产业的研究也随之全面和深入。

一、区域旅游产业发展现状研究

学者认为,旅游产业的发展和区域旅游业结构有着密切的关系,旅游产业发展较成熟的地区和民族地区、欠发达的农村地区应该确立不同的发展目标。旅游产业发展较成熟的地区应加快高端化、国际化旅游产品的开发,拓展其他合作区域,加强品牌建设,拓展国内外的知名度。② 旅游产业欠发达的地区要实现产业跨越式发展,优化旅游产业结构,解放思想进行旅游产品设计创新与

---

① 数据来源:中新网,http://chinanews.com,2013-02-22.
② 祝雅辉,马英.论上升到国家战略层的昆明旅游二次创业[J].经济问题探索,2010(09):187-190.

开发,进行政府主导与宣传促销。[1]

从现有的研究看,许多学者通过对西藏旅游产业发展现状进行研究分析,指出西藏旅游产业的发展相对落后。例如从旅游资源角度来看,西藏和云南、四川有着很大的共性,但是旅游人数和旅游外汇收入和其他两省有着很大差距,反映出西藏丰富的旅游资源未被全面开发利用,地区旅游产业的发展仍然处于欠发达水平,应该从基础设施、产业结构、战略规划等角度进行完善。

二、旅游产业结构转型研究

许多学者指出,西藏地区旅游结构失衡,全区旅游企业主要以星级饭店和旅行社为主,旅游消费中交通和住宿两项所占比例较高,旅游交通还存在众多不便利,购物和娱乐比重小,旅游产品也未达到一定的优化组合等。

谭镜明等(2007)指出西藏地区旅游结构存在众多不合理的情况,应从完善旅游业配置、消费结构多元化、科学利用资源合理开发旅游产品等角度优化产业结构。[2] 刘妍等(2009)通过对西藏旅游产业发展现状的分析指出,西藏旅游产业发展仍然处于一个较低的水平,旅游发展相对落后,应从优化旅游产业结构、积极吸引各种资金、树立危机意识等角度加快旅游业发展。[3] 钟高峥等(2012)通过研究旅游产业发展和经济增长的相关性,提出西藏应针对当地旅游产业和相关产业的协同发展进行科学规划,拓展当地旅游产业链、价值链,催生旅游产业相关产业集群,解决好旅游产业发展对西藏经济发展短期作用不强的问题,更好地发挥旅游业对西藏经济发展的促进作用。[4]

三、旅游产业发展战略研究

王颖(2008)认为,基于西藏当地脆弱的自然生态环境,人们应对原有旅游发展战略进行反思和调整,新的战略应以环境保护为导向,建立在区域旅游合作基础上的发展模式,努力提升旅游产品内涵,塑造精品旅游,不断延伸

---

[1] 舒小林.欠发达地区旅游政策演变及趋势展望——以贵州省为例[J].技术经济与管理研究,2011(02):100-105.

[2] 谭镜明,图登克珠,陆辉.西藏旅游产业结构优化研究[J].甘肃省经济管理干部学院报,2007(03):25-28.

[3] 刘妍,陈世江,胡大凯.西藏旅游产业发展现状研究[J].西藏大学学报(社会科学版),2009(07)22-27.

[4] 钟高峥,耿娇阳,麻学锋.西藏旅游产业发展与经济增长的相关性研究[J].经济地理,2012(11):166-170.

产业价值链,打造旅游产业集群,从而推动区域经济良性发展。[①] 孟永辉等(2007)运用SWOT分析法对西藏旅游产业的优势、劣势以及所面临的机遇与挑战进行分析,找出西藏旅游业发展面临的问题,并提出了相应的解决对策。[②] 郑乐平(2013)通过对西藏旅游现状的分析指出,西藏旅游应从长远开发的战略角度,合理利用特有资源,满足境内外旅游者多元化的需要,形成"发掘独特资源、建立低碳模式、保护与开发并重、满足不同需求"的战略规划,最终完善西藏旅游的"软""硬"件环境,实现西藏旅游的飞跃式发展。[③]

四、旅游产业竞争力研究

徐淑梅(2006)测算出全国31个省市的旅游产业竞争力排名,西藏旅游业排名第29位,评价为"较弱",其主要原因为基础设施配套不到位。[④] 文艳等(2013)基于锡尔系数对西部12省区旅游竞争力差异进行研究,得出西藏地区在2008年和2009年排名分别为第12位和第11位,其发展的制约因素主要是旅游企业数少和旅游业人才缺乏。[⑤] 孟来果等(2010)在研究西藏地区现有社会经济条件及资源禀赋的基础上,从六要素角度论述了西藏旅游产业发展现状,运用产业市场竞争力理论对西藏地区旅游产业竞争力进行了综合评价,最后提出从多元投资、规划引导、联动整合、要素协调方面促进西藏地区旅游产业整体竞争力提升。[⑥]

---

① 王颖.西藏旅游发展战略探析[J].地域研究与开发[J].2008(02):81-85.

② 孟永辉,黄德金.西藏旅游产业的SWOT分析及战略研究[J].西藏大学学报(汉文版),2007(04):116-120.

③ 郑乐平.西藏入境旅游研究[J].西南民族大学学报(人文社会科学版),2012(10):153-156.

④ 徐淑梅.区域旅游竞争力基本理论与评价体系研究[D].东北师范大学,2006.

⑤ 文艳,郑向敏,李勇权.基于锡尔系数的西部12省旅游竞争力差异研究[J].重庆师范大学学报(自然科学版),2013(02):128-134.

⑥ 孟来果,秦国华.基于六要素的西藏旅游产业市场竞争力研究[J].西藏民族学院学报(哲学社会科学版),2010(11):74-78.

第二节 西藏旅游产业发展的现实意义及背景分析

一、西藏旅游产业发展的现实意义

任何区域,其社会经济发展都必须有相应的优势、重点产业作支撑。在当今世界,旅游业作为一项强势经济产业,已经成为国民经济的重要组成部分,在国民经济中占有重要的战略地位,在增加外汇收入、加快回笼货币、提供就业机会、积累建设资金、带动相关产业经济发展的同时,对帮助贫困地区居民脱贫致富也具有重要的推动作用。加快发展西藏旅游业,是西藏经济对外开放的需要,更是实现西藏经济跨越式发展和全面建设小康社会的需要。

(一)西藏旅游产业的发展对地区产业结构的转型具有重要意义

旅游产业相关性强,覆盖面广。由于数据的欠缺,虽然在此我们无法对西藏旅游产业进行关于投入—产出方面的深入分析,但是可从旅游业产值占第三产业产值比重(见图7-1)的情况中总结出旅游产业对第三产业的贡献率,换言之,旅游产业对西藏目前"三二一"产业结构的形成有着直接的影响。

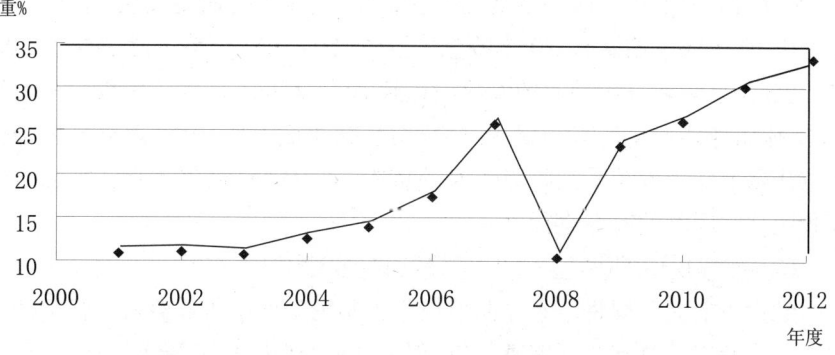

图7-1 2001—2011西藏旅游产业产值占第三产业产值比重增长图
资料来源:《西藏统计年鉴(2013)》

在西藏,第三产业所有行业和部门都处于低程度、浅层次发育阶段,旅游业由于其自身的行业特点,会直接影响到西藏第三产业结构的转变,尤其是第三产业内部结构的调整和转变。

(二)西藏旅游业的发展有利于促进西藏经济、文化、社会的全面发展

作为一项综合性的产业,旅游业所依托的食、住、行、游、购、娱六大要素部门,要相互协调配套才能发挥其整体综合作用,所以旅游业的发展可以促进当地经济、文化、社会的全面发展。

(三)大力发展旅游业有利于农牧民的增收与就业

随着社会主义市场经济体制的不断完善和全面建设小康社会步伐的加快,农牧民贫困问题的解决已迫在眉睫。作为一个劳动密集型产业群,旅游业能在更多的行业范围内为社会提供大量的就业机会,而且旅游业的从业门槛并不高。据测算,旅游业能带动的就业人口比例是其自身就业人数的5倍。

近年来,随着西藏基础设施建设的不断改善,特别是2006年青藏铁路的建成通车和林芝、阿里昆莎机场的通航,国内外旅游者的剧增为西藏旅游业带来了丰厚的收入,同时也极大地促进了服务业的发展,优化了旅游产业的行业结构,为广大农牧民提供了更多的就业机会,增加了农牧民的收入。广大农牧民以农家乐、牧家乐、家庭宾馆、景区运输、旅游纪念品的销售等形式直接参与到旅游业的发展当中,从旅游业的快速发展中尝到了甜头,得到了实惠,将自身从贫困当中逐渐地解脱了出来。截至2010年,农牧民旅游接待服务收入2.94亿元,人均收入6 118元。据西藏自治区统计局统计,2011年,西藏共有1.3万户、5.3万名农牧民参与旅游服务,户均增收2.4万元。"十二五"期间,西藏将大力推进实施旅游富民工程,大力促进乡村旅游发展,争取到2015年推出10个特色旅游县、20个特色旅游乡(镇)、100个特色旅游村、1 000家星级家庭旅馆,参与旅游业的农牧民达到10万人左右。在国家投入不大的情况下,旅游业能提供较多的就业机会,而且就业成本低,经济效益显著,所以,旅游扶贫效应越来越受到各级政府的重视,大力发展旅游产业已经成为解决农牧区贫困问题的有效途径之一。

(四)大力发展旅游业有利于西藏的生态文明

党的十七大明确将生态文明建设作为实现全面小康社会奋斗目标的要求之一。旅游产业具有关联度高、带动面大、资源利用率高、资源消耗少、环境污染小、产业链长等特点,是标准的资源节约型、环境友好型产业,长期以来旅游产业"绿色产业"、"无烟产业"的形象已经深入人心,并获得大众的认可和支持。

西藏特有的环境,决定了在西藏发展经济,必须将生态效益和社会效益放在首位。旅游业赖以存在的根本是优越的旅游资源,旅游资源禀赋程度和质量的高低决定着旅游业的发育程度和发展速度。首先,西藏的自然旅游资源

素以原生态性而见长,在发展旅游业的过程中,必须千方百计保护好这种特性,才能使旅游业的发展不失去它赖以生存的根本。其次,针对西藏旅游业的具体情况,来自经济较发达地区的游客将发达地区的信息、价值观念等带到较为落后的旅游目的地,不间断地冲击着当地居民的价值观念和生活理念;而对于生态文明的重要性,发达地区的人们也会认识得更为充分、更为深刻,这种思想上的冲击会使当地人民也越来越深刻地认识到生态文明的重要性。再次,西藏旅游业要取得长足、稳定的发展,必须走生态旅游的道路,以实现旅游业发展与生态文明建设的良性互动。

二、西藏旅游产业发展的发展现状

1. 旅游人次和旅游收入呈快速上升趋势

经过30多年的发展,西藏旅游业取得了可喜的成绩,旅游人次和旅游收入呈快速上升趋势。如果以10年为一个成长期,那么从表7-1可以看出,2001—2012年西藏接待旅游者人数年均增长速度是1981—1991年年均增长速度的近3倍;2001—2012年旅游业总收入的年均增长速度是1981—1990年年均增长速度的近3.3倍。

表7-1　1981—2012年西藏接待旅游者人数和旅游总收入增长速度比较

时　间　段	1981—1990	1991—2001	2001—2012
接待旅游者人数年均增长速度(%)	12.02	16.43	35.33
旅游总收入年均增长速度(%)	11.44	22.29	37.56

资料来源:根据《西藏统计年鉴(2013)》的相关数据计算得出

2. 旅游资源得到不断开发利用

在稳步发展徒步旅游、登山探险旅游、科考探险旅游的基础上,进一步规范发展以高山冰川、森林峡谷、湖泊湿地、高原生物、高原农牧业等为内容的一般生态旅游,同时也推广了历史探源旅游、民俗采风旅游、现代西藏旅游、宗教体验旅游、红色旅游和爱国主义教育基地旅游为内容的西藏雪域风情体验型文化旅游。在旅游类型增加的同时,旅游资源也得到了不断开发利用。布达拉宫和珠穆朗玛峰在国内外旅游市场中的顶级品牌形象已经基本确立,同时,西藏也正在努力将雅鲁藏布江大峡谷、阿里神山圣湖、茶马古道等打造成世界知名旅游品牌。现在已经形成了拉萨历史文化中心旅游区、山南雅砻文化观光旅游区、日喀则珠穆朗玛高山生态旅游区、阿里神山圣湖旅游区、昌都香格里拉旅游区、林芝森林生态旅游区、那曲(藏北)草原生态旅游区七个旅游区。

经过多年的努力,拉萨—林芝—泽当—拉萨、拉萨—羊湖—江孜—日喀则—拉萨、拉萨—墨竹工卡—桑日—泽当—拉萨、拉萨—羊八井—当雄—林周—拉萨四条旅游精品线路也在日益完善。

3. 旅游交通设施不断完善

和平解放以来的 50 多年间,西藏的公路交通得到很大程度的改善,青藏铁路全线建成通车(2006 年 7 月)揭开了西藏交通史上新的篇章,降低了游客在西藏旅游的交通成本,为西藏旅游业进入"井喷式"发展阶段做出了重要的贡献。截至 2013 年 5 月底,青藏铁路累计运送进出西藏藏的旅客 6 299 万人次,运送货物 29 762.4 万吨,客、货的运送量年增长率分别为 8.9%、17.5%。"十二五"期间,青藏铁路延伸线和支线兰新第二双线、拉萨至日喀则铁路、格尔木至敦煌铁路、格尔木至库尔勒铁路以及西宁客站枢纽改造工程都将全面完工,逐步完善的铁路网络将为西藏旅游产业的发展带来前所未有的机遇。航空方面[①],林芝机场、阿里昆莎机场的相继开通营运,使西藏民航运营能力迈上了新台阶,截至目前飞往西藏航线的航空公司有国航、川航、南航、东航、海航、深航、西藏航空和厦航 8 家,航线近 30 条,从贡嘎机场可直接飞往北京、成都、上海、广州、重庆、昆明、西安、加德满都等 10 多个国内国际城市,过去航线单一、航班少、服务差、准点率低、票价高等状况都得到了一定程度的缓解。随着青藏铁路通车和区内民航机场的建设和开通,大大缓解了进出西藏的交通压力。2005 年 10 月 4 日,西藏第一条水上旅游航线开通,该航线以林芝境内的尼洋河娘姆码头为起点,经尼洋河和雅江交汇处,到米林境内的雅鲁藏布江大峡谷,南迦巴瓦峰脚下的派镇,全长 55 千米。水上旅游航线的开通,为西藏旅游业又增添了一项新的魅力。至此,一个以公路为主,铁路、航空、水运为辅的立体式的旅游交通网络已经形成。

目前西藏正进一步加强省道、区内环线、景区旅游公路、铁路支线等方面的建设。对外,西藏可与周边省市建立旅游大通道;对内,各地区之间也可联手共建精品旅游线路。在不久的将来,四通八达、安全通畅、经济高效的综合旅游交通体系就会形成。

4. 旅游产业规模不断扩大

2012 年,全区旅游企业近 1 400 家,2012 年西藏旅游接待人数突破千万大关,发展势头强劲,旅游接待能力也随之显著提升,因此,随着来藏旅游人数的不断增加,必将进一步促进西藏旅游业及相关行业的快速发展。

---

① 新华网,http://news.xinhuanet.com,2013 - 07 - 04.

三、西藏旅游产业发展的资源条件及比较优势分析

(一)资源条件

1. 自然旅游资源

(1)地文景观

西藏地区作为世界上面积最大、海拔最高而又最年轻的高原,珠穆朗玛峰是世界第一高峰,也是著名的神山;格拉丹东、冈仁波齐、南迦巴瓦等山峰虽然不如珠穆朗玛高,但作为神山却是远近闻名。除了这些著名的山峰外,西藏还有著名的卡钦冰川、阿扎冰川和拉古冰川,卡钦冰川是我国最大的海洋型冰川,海洋型冰川和大陆型冰川的兼而有之成为西藏一种独特的地貌旅游资源,与云南的石林相比,冰川上发育的独特的冰塔林更是一道壮观而独特的风景线。鲜为人知的位于纳木错南岸扎西半岛的熔岩地貌和阿里地区独特神秘的扎达土林与西藏独特的自然风光和人文景观相结合,对于游客来讲更是充满了神奇的魅力。

(2)水域风光

西藏地区拥有丰富的水体资源并获得了"亚洲水塔"的美誉,其境内众多的河流、湖泊填补了我国水域风光旅游资源的诸多空白。雅鲁藏布江是世界上海拔最高的大河,在林芝段向南急拐,在500公里之内江水突降3 000米形成举世罕见的雅鲁藏布江大峡谷景观。西藏也是我国最大的湖泊密集区之一,占全国湖泊总面积的57%,也是世界上湖面最高、数量最多的高原湖区之一。在星罗棋布的湖泊中,"天湖"纳木错是我国第二大咸水湖,也是世界上海拔最高的大湖,湖滨平原牧草繁茂,湖四周原野活跃着各种野生动物。除湖泊外,以羊八井为代表的地热景观也是西藏优势旅游资源的特色之一,地热资源蕴藏量居全国首位,已知的地热显示点有630多处,是目前我国最大的高温湿蒸汽地热田,建有中国最大的地热发电站。地热除了用于发电外,地热温泉成了西藏很有特色的旅游资源。郁郁草原、皑皑雪峰与热气腾腾的泉水相映成趣,成为西藏又一独特的水域景观。

(3)生物景观

西藏地域辽阔,气候变化多样,自然条件复杂,拥有从热带到寒带丰富的植被类型和野生动物资源,已经成为全球最大的高原生物基因库。据统计资料显示,西藏现拥有高等植物6 800多种,其中39种被列为国家重点保护的珍稀野生植物,全区拥有野生脊椎动物近800种,其中135种被列为国家重点保护野生动物,占全国的1/3强。

截至 2011 年年底,西藏已建立各类自然保护区 47 个,其中国家级自然保护区 9 个,保护区面积达到 41.26 万平方公里,占全自治区土地面积的 34.8%[①],自然保护区面积居全国首位。这些自然保护区拥有不可替代的生物资源和自然环境,拥有特殊的地质地貌、完整的生态系统和优美的自然风光。以昌都地区的然乌、拉萨市林周县的热振为代表的国家森林公园,以玛旁雍错为代表的国际重要湿地为西藏生态环境的保护和气候调节做出重要贡献的同时,对崇尚生态旅游的现代游客来说也是极其宝贵的、充满魅力的旅游资源。

2. 人文旅游资源

人文旅游资源是指古今人类活动的艺术结晶和文化成就,具有强烈的地方特色、民族风格和明显的历史性、地域性特点。西藏有着悠久的历史和灿烂辉煌的民族文化,在文化形态上有着许多独特之处,主要表现在其整个文化资源系统中,由于地理环境因素使西藏地区的行为文化和艺术文化表现出相当的完整性,以宗教观念、价值观念、民族意识和社会风尚为主要特点的思想文化表现出古朴性、稳定性和神秘性,这些独特的文化传统和行为方式对国内外旅游客源市场具有较强的吸引力。藏族独特的风土人情、节日庆典、服饰装饰、民间艺术和工艺特产等具有浓郁的民族特色,这种种特色鲜明的人文旅游资源为西藏旅游业的发展创造了优越的条件。

(1) 建筑与设施

人文旅游资源在西藏主要表现为宗教旅游资源。公元 7 世纪,佛教开始传入西藏,经过与西藏本土宗教——苯教的相互斗争与融合,形成了具有浓烈地域特色的藏传佛教。至今已有 1 300 多年历史的布达拉宫是西藏的标志性古建筑,西藏历史上的第一座宫殿——雍布拉康,也闻名中外。除此之外,作为西藏古建筑的主体,目前西藏有大小寺院 2 700 多座。

(2) 遗址遗迹

古格王朝遗址位于阿里地区札达县境内,建于公元 10 世纪前后,面积约 18 万平方米,遗址由 300 余座房屋、300 余孔窟洞和 3 座佛塔、6 座寺庙组成,庙内有大量丰富多彩、栩栩如生的壁画,周围还有古格王朝时期战争所用的盔甲、盾牌等遗物。古格王朝遗址是一座规模宏伟、面积浩大的高原古城,为研究西藏历史和我国古代建筑史提供了重要的实物资料,对游客也具有非常高

---

① 中华人民共和国环境保护部网站,http://sts.mep.gov.cn,2012-08-24.

的观赏价值。①

(3)人文活动

西藏自治区是以藏族为主体的少数民族聚集区,门巴族、珞巴族、僜人、夏尔巴人等同藏族人民一起在这片高天厚土之上世世代代繁衍生息,造就了独具特色的民族文化和多姿多彩的民族风情。

藏族节日众多,除节日庆典外,带有浓厚地方特色和民族文化内涵的西藏手工艺品、高原特色的民居、广为流传的文学艺术、独特的民俗和信仰礼仪等也都是西藏特旅游资源的重要组成部分。西藏旅游资源潜在的经济价值是挖掘不尽的。

(二)西藏旅游产业在西部旅游业发展中的比较优势分析

西部是中国各少数民族聚居、杂居的地区,各地方有独特的人文旅游资源和神秘的自然旅游资源,加之旅游业的外向型、产业关联度大等产业特征,西部各省、直辖市先后都将旅游业作为各地区的优势产业、特色产业、支柱产业等来发展。作为西藏的六大特色产业之一,旅游产业也被逐渐培育成为促进西藏经济快速发展的重要支柱产业。西藏旅游产业在西部旅游业发展中的比较优势将是其取得长足稳定发展的重要影响因素。

首先,旅游产业对西藏国民经济快速发展的贡献相对于西部其他省市具有比较优势。西藏地处青藏高原腹地,面积约占青藏高原的一半,平均海拔在4 000米以上,脆弱的生态环境一旦遭到破坏将难以恢复;这里是我国乃至亚洲最重要的江河源头,又是亚洲气候的重要调节区,在这块高山净土上搞经济建设,必须将生态效益和社会效益放在第一,旅游业以其特有的产业优势成为西藏经济跨越式发展目标实现的重要产业。在国家优惠政策的指引和自治区政府的精心培育下,旅游业已经成为西藏经济快速发展中的重要产业,以2011年为例,在西部12个省市当中,西藏旅游业对地区生产总值的贡献率仅次于贵州,位居第二,如表7-2所示,可以看出旅游产业在西藏地区经济发展中的重要的战略地位已经凸显。

其次,独特的民族宗教信仰使西藏的人文旅游资源优势鲜明。正如国家旅游局局长邵琪伟所说:"文化和旅游是密不可分的,旅游是文化最好的载体,文化是旅游的灵魂。没有文化,景区的生命力是不可能长久的。"在西藏,寺庙、宫殿、神山、圣湖都深深地刻着藏传佛教的文化内涵,如果说游客在云南、四川藏区可以看到与西藏相同的雪山、圣湖,那么,那种带有浓郁的地方特

---

① 胡海燕,陈波.西藏50年·旅游卷[M].北京:民族出版社,2001:101-110.

色的藏传佛教文化与旅游资源的紧密结合只有在西藏才可以更集中、深刻地体会到。除此之外,"一山有四季、十里不同天"是西藏自然旅游资源的最真实写照。随着人们生活水平的提高和物质文化生活的改善,越来越多的人崇尚自驾游、探险游,相对于西部其他省市,幅员辽阔的西藏各地区间差异性极大的旅游资源,为这一类游客提供了挑战自我的机会。

表7-2 2011年西部各地区的旅游业对GDP的贡献率

省市区	地区生产总值(亿元)	旅游业总收入(亿元)	贡献率(%)
贵州	5 701.80	1 429.48	25.07
西藏	605.80	97.06	16.02
云南	8 751.00	1 300.30	14.86
四川	21 026.70	2 449.15	11.65
重庆	10 011.10	1 268.62	12.67
陕西	12 391.30	1 325.00	10.69
广西	11 714.40	1 277.81	10.91
内蒙古	14 246.10	889.55	6.24
青海	1 634.70	92.30	5.65
新疆	6 474.50	442.00	6.83
甘肃	5 000.50	330.00	6.60
宁夏	2 060.80	84.21	4.09

资料来源:中华人民共和国统计局网站,根据以上各省市区2011年国民经济和社会发展统计公报相关数据整理得出。

再次,西藏特殊的政治环境和生态环境决定了国家给予西藏经济社会发展的各方面的援助将是不间断的。优越的援藏政策保证了西藏旅游业发展的人流、物流、资金流和信息流,这些都必将在很大程度上改善西藏旅游业的基础设施建设。

四、西藏旅游产业发展的特殊性分析

(一)政治环境的特殊性

江泽民同志在第四次西藏工作座谈会上指出:"西藏的稳定,涉及国家的稳定;西藏的发展,涉及国家的发展;西藏的安全,涉及国家的安全。"2010年召开的第五次西藏工作座谈会与前四次座谈会一样,把以经济建设为中心,紧紧抓住发展和稳定两件大事写入了当前和今后一个时期西藏工作的指导思想中。自公元 13 世纪中叶,元朝中央政权统一全中国起,西藏就是中国不可分割的相当于行省的一个地方建制,历代中央政府都以各种形式对西藏进行了有效的治理。直至 17 世纪中叶清朝中央政府正式授权达赖处理西藏地方日常政教事务,西藏开始了长达数百年之久的政教合一的政治体制,这对日后西藏特殊、复杂的政治环境的形成起到了决定性的作用。

19 世纪末 20 世纪初,为了达到各自的目的,英美帝国主义以军事侵略、在西藏权势官员中豢养亲英分子等方式策划妄图把西藏从中国分裂出去,掀起一股"西藏独立"的逆流。1951 年西藏和平解放,藏独势力并没有停止分裂祖国的活动,1959 年 3 月,达赖集团发动全面武装叛乱招致失败,叛逃国外建立"流亡政府",此后长期开展谋求西藏独立、分裂祖国的活动。特别是 20 世纪 80 年代末以来,达赖集团疯狂地向中国西藏境内渗透,制造一系列骚乱事件,2008 年在拉萨制造了"3·14"打砸抢烧的严重暴力犯罪事件,苟延残喘地幻想着能达到他们的政治目的。而且,达赖集团和台独、疆独、"民运"、"法轮功"等组织一起都沦落为国际敌对势力的反华工具。

西藏政治环境的特殊性不是短期的问题,一个国家或地区的旅游业的发展与其对外开放程度是正相关的关系,而政治环境的稳定性又决定着一个国家或地区的对外开放程度,所以西藏旅游业的快速稳定发展必须考虑西藏政治环境的特殊性。

(二)地理区位的特殊性

西藏位于中国的西南边陲,青藏高原西南部,地域辽阔,地理环境特殊。就其所处的国内环境而言,西藏自治区北临新疆、青海,东接四川、云南,旅游资源与青海、甘肃、四川、云南的藏区有一定的共性,同时,因为境内各地区较大的海拔高差又造成了其旅游资源的独特性、差异性和垄断性。共性与特性相结合,为西藏大旅游的发展提供了区位优势。很多学者提出的"青藏高原区域经济联合发展战略"、"香格里拉经济圈建设"等理论都是基于川、滇、甘、青、藏旅游业联合发展而提出的。

(三)生态环境的特殊性

地处世界上海拔最高、面积最大、最年轻的青藏高原,西藏的平均海拔在 4 000 米以上,空气相对稀薄,日照充足,又是我国大山、高原、冻土、冰川以及永久性积雪的主要分布区。地理条件决定了西藏生态环境的特殊性和脆弱性,并且自然生态环境一旦遭到破坏,很难短时间恢复,因此西藏是中国西部自然灾害最严重、发生频率最高的地区之一。这种脆弱的生态环境也限制了大多数产业在西藏的生存发展。

(四)民族文化的特殊性

作为一个以藏族为主体的多民族聚居区,特殊的地理位置、长期的封建农奴制统治和独特的宗教信仰,使西藏人民形成了自己独特的民族文化,作为博大精深的中华文化当中的一颗璀璨明珠,这种民族文化的特殊性主要表现在它的原生性、宗教性及兼容性几个方面。

首先,原生性。由于地理环境的因素,直至20世纪80年代末期,西藏很少受到来自外界工业发达社会文明的大面积冲击,西藏传统文化中"人与自然和谐统一"的文化理念使他们表现出对山和水的敬畏、对动物和植物的保护,这就使藏民族发自本能地将原始古朴的自然生态环境得以保留。其次,地域性。地域环境是一个民族生存、生活的空间条件,世界第一的海拔使西藏文化深深打上了高原雪域文化的烙印,生活在这里的以藏族为主体的各族人民用自己的信念和方式与大自然作斗争,创造出了璀璨的民族文化,可口的酥油茶、粗犷的藏族歌舞、奇特的婚葬习俗等无不带着深深的民族印记,这些都为西藏旅游业的发展提供了独特的旅游资源优势。[①]

第三节 西藏旅游产业发展的总体思路与战略目标

一、西藏旅游产业发展的整体思路

(一)指导思想

中共西藏自治区党委和西藏自治区政府根据2009年《国务院关于加快发展旅游业的意见》,在十八大精神的指引下,立足西藏自治区区情,按照"解放思想,改革开放,凝聚力量,攻坚克难"的总体要求,牢固树立旅游体制市场化、旅游资源集约化、城乡旅游发展一体化、旅游环境人文化的理念,扎实推进旅游业增长方式从粗放型向集约型转变,旅游城市从经济增长向经济、社会和环境全面发展转变,旅游相关部门政府职能从管理型向服务型转换,按照"中国特色、西藏特点"的思路,率先实现西藏旅游产业的跨越式发展,加快生态西藏、文化西藏、富裕西藏、和谐西藏的建设。

---

① 张晓娟.西藏文化旅游开发中的问题与对策分析[J].求实,2006(03):203-204.

（二）基本原则

1. 长治久安、稳定第一的原则

长期的历史实践证明,稳定的社会环境,是西藏经济、社会全面发展的根本保证。西藏旅游业要获得长足、持续发展,特别需要长期的、稳定的国际、国内环境,任何破坏民族团结、影响稳定大局的因素,都将对西藏的经济发展,尤其是脆弱的旅游业发展带来毁灭性的影响,对广大人民群众的切身利益带来巨大的破坏。因此,要不断提高思想认识水平,确保国家安全和稳定的大局,才能使西藏各族人民受益于旅游,不断提高生活水平。

2. 地球第三极、独一无二、西藏特色的原则

特色是旅游业发展的生命,是一个旅游目的地具有排他性吸引力的根本原因。依托高原雪山为特征的自然生态环境和藏族文化为特征的社会人文环境,极力彰显高原特色和民族特色,突出打造高档次、高品质、高附加值的旅游特品、极品、精品,将是西藏旅游业高规格定位并立足于世界旅游市场、发展制胜的一大法宝。

3. 保护第一,同时避免"泛生态化"倾向的原则

针对西藏特殊的生态环境、基础设施及文化资源,必须坚持对旅游资源、生态环境和旅游地文化的严格保护、合理适度开发和永续利用相结合的原则,实现旅游业的可持续发展。保护与开发的关系是相辅相成、有机联系的矛盾统一体,二者不能割裂开来。做好保护工作,各项旅游要素才具有开发价值,而开发利用又能推动和促进保护工作的有力开展。在开发和保护相矛盾的条件下,应该本着"保护第一"的原则,通过保护实现旅游业长期永续的发展。同时,在对旅游资源、文化及环境的保护中也要避免"泛生态化"倾向,就是避免对一切与旅游资源、环境和文化有关的因素不加甄别地进行"全面保护",以防止其阻滞旅游业的正常健康发展及"旅游富民"目标的逐步实现。

4. 大力加强科教兴旅,超前化、国际化发展原则

"世界第三极"的高原风光,独一无二的游牧民族文化习俗,使西藏成为享誉世界的旅游资源富集区。与此同时,恶劣的自然条件、区位劣势,第一产业发展水平低、第二产业基本空白、第三产业刚刚起步,使得西藏又被列入全国最欠发达地区之一。[①] 在这样一个旅游资源丰富、生态环境脆弱、人力资本相对缺乏的地区,要想实现经济的跨越式发展,必须采取突出以旅游产业为龙

---

① 满宏卫.科教兴旅战略的实施是西藏旅游业跨越式发展的保证[J].旅游学刊,2004(02):7-8.

头的第三产业跨越式发展的战略。而实现旅游经济的跨越式发展,科教兴旅战略则是必要的保证。科教兴旅包括利用科学规律,实现科学决策和科学管理;通过科学手段,挖掘旅游产品内涵,提高旅游产品的附加价值;有效利用信息技术和现代科技,实现在旅游客源地、旅游目的地互动营销;吸收先进的管理理念,在旅游运营和服务管理方面与国际接轨;超前发展旅游科学教育,培养大量优质国际化人才等。

二、西藏旅游产业发展的战略目标分析

跨越式发展是西藏历史和现状的必然选择,即实现从旅游资源优势向旅游产品优势的跨越,把旅游业做好做大做强,把西藏建设成为国际知名的旅游目的地。根据这些跨越式发展的思路,我们对西藏旅游发展的战略目标进行了如下设计:

(一)战略总目标

充分挖掘、合理利用西藏的自然与文化资源,以"世界屋脊、神奇西藏"为西藏旅游的主题形象,细分市场,大力开发多样化的旅游产品,将西藏自治区建设成为中国与南亚地区国际旅游的结合带,成为融合青藏高原自然生态与西藏传统文化的精品旅游目的地;同时,以全新的观念来谋划,努力形成"大旅游、大联合、大发展"的局面,使旅游业成为西藏自治区最重要的支柱产业、主导产业,通过旅游产业的跨越式发展实现西藏社会经济的跨越式发展。

(二)经济目标

重点发展国内旅游市场,在现有以环渤海、长三角、珠三角、川渝地区为客源市场主体的基础上不断拓展,形成国内旅游市场的主体地位;大力拓展入境旅游市场,确保北美、西欧等传统市场回稳增长,港澳台及东南亚市场加快增长;通过"西藏人游西藏"等计划,积极培育区内旅游市场,通过多途径客源、多类型需求来促进投资,拉动消费,并逐步实现主体客源市场的多元化。

(三)社会目标

通过旅游人才本地化政策扩大就业,提高城乡居民的生活水平和生活质量;通过城乡一体化,重点发展乡村旅游、休闲农业等措施改善区域及城乡发展的不平衡,促进社会公平,巩固民族团结;通过加大投入与消费拉动相结合的措施促进城乡基础设施、服务设施的建设与完善,使得旅游业成为改善民生、促进"三农"发展的富民产业,推进西藏城镇化发展的动力产业。

(四)文化目标

发挥旅游与民族文化相互之间的积极作用,弘扬和发展藏族优秀传统文

化,促进各类文化遗产的积极保护和有效利用,形成高品质、高效率的文化产业化发展。同时,促进西藏与区外、国外的文化交流,增进了解,推动西藏走向世界。

(五)生态环境建设目标

切实发挥政府主导作用,认真、细致、扎实地做好环保教育、宣传及监督工作,增强旅游者和居民环保意识,促进循环经济发展和环境保护。同时,依据高科技,建立资源与环境监测预警体系,把旅游业建成资源节约型、环境友好型产业和促进生态大区建设的绿色产业。

第四节 西藏旅游产业发展路径选择

根据中央第五次西藏工作会议精神以及《关于进一步加快发展旅游产业的决定》,全面落实科学发展观,立足自治区区情,牢固树立旅游体制市场化、旅游资源集约化、城乡发展一体化、旅游环境人文化的发展理念,扎实推进旅游产业增长方式从粗放型向集约型转变,旅游城市从经济增长向经济、社会和环境全面发展转变,旅游相关部门政府职能从管理型向服务型转换。笔者分析认为,西藏旅游产业的发展可选择的路径有以下几种:

一、环境为先导的西藏旅游产业发展路径

西藏的环境有自己的特殊性,西藏旅游环境可分为社会政治环境和生态环境。

西藏旅游产业需要有稳定的社会政治环境作保障才能培育成为一种开放型、外向型产业。

针对西藏特殊的生态环境,必须坚持对旅游资源、生态环境和旅游地文化严格保护、合理开发和永续利用相结合的原则,实现旅游产业可持续发展。在开发和保护相矛盾的条件下,应该本着"保护第一"的原则,通过保护实现西藏旅游产业长期永续发展。高度重视西藏生态环境保护,正确处理好西藏旅游产业发展与环境保护之间的关系,寻找旅游产业的可持续发展战略的措施,达到既能推动经济发展,又能改善和恢复自然生态系统的目的,使社会经济发展、生态系统走上良性循环的轨道。在西藏旅游产业发展过程中,强调自然环境和资源的有价性,强调对旅游产业的法制管理,重视旅游资源开发的综合管

理决策,重视和加强对人的教育工作,消除外部因素对旅游区环境与资源的污染和破坏,从而保障旅游产业与环境的协调发展。

二、建设产业集群的西藏旅游产业发展路径

世界贸易组织(WTO)的服务贸易委员会(Council for Trade in Services)1999 部长会议预备会日内瓦部长宣言《对于 the General Agreement on Trade in Services(GATS)的建议》认为:旅游产业是分散的服务部门组成的旅游产业群(Tourism Cluster),通过这些部门的从业人员直接或间接地提供给旅游消费者,依赖运输和旅行集散体系把旅游目的地和旅游服务传递给消费者;旅游产业群包括专为旅游服务及与旅游相关的服务部门(WTO,1999)。

长期以来西藏旅游企业普遍存在着"小、散、弱、差"现象,成为制约本地区旅游产业现代化、国际化发展的主要瓶颈。由此带来长期成本过高,阻碍了产业经济效率的提升。立足"食、住、行、游、购、娱"六大要素,西藏可着重发展与旅游产业价值链相关的金融服务、信息服务、文化教育等现代服务业,延伸旅游产业价值链,打造旅游产业集群。采取行业管理和政策引导相结合的办法,淘汰业绩差、违规多的企业,允许国内外有实力的旅游企业进入,通过资产重组、联合、兼并、收购等办法,改进旅游企业粗放型的经营方式,盘活存量,提升旅游产业的能级,使西藏自治区旅游企业尽快融入国际、国内市场,适应世界旅游产业发展的趋势。在西藏旅游产业发展中,不断壮大西藏旅游企业实力,走集团化、规模化、多元化经营之路,能够形成集聚优势与竞争力,从而促进旅游产业不断发展。

三、与周边区域合作的西藏旅游产业发展路径

西藏自治区具有世界独一无二的自然、人文旅游资源,对国内外旅游者具有无可比拟、不可替代的吸引力,是世界级的旅游目的地。然而,由于海拔高、可进入性仍不理想、不完善的旅游市场机制及滞后的旅游企业机制,造成了旅游产品类型较为单一,体验类旅游产品总量不够,绝大多数旅游线路没有形成闭合环线,旅游基础设施落后,旅游服务质量欠佳等一系列问题,使得西藏自治区的旅游产业发展与其所拥有的资源禀赋极不一致。同时,客观上造成西藏自治区的旅游产品在地区之间相似程度过高,和其他周围藏区、邻省相比特色不明显,在和相邻旅游大省(如云南省、四川省甚至青海省)在旅游客源市场竞争时,缺乏比较优势。因此,在新时期,要加快发展西藏旅游产业,就要不断完善旅游市场机制,通过灵活的市场机制,以市场为导向进行旅游产品的生

产,不断适应游客的多种需求,才能在区内、国内乃至国际旅游市场上保持并不断加强比较优势。

开展与毗邻地区的区域性合作和国际合作,可以降低成本,提高区域整体经济实力,从而与西藏形成优势互补、利益共享、全方位联合、共同发展的多方共赢的局面。

四、由政府主导型的西藏旅游产业发展路径

西藏旅游产业发展必须加强政府主导。第一,需要一个安定的环境。西藏旅游产业发展的基础还很薄弱,加之西藏旅游产业还面临着与国内其他旅游目的地的激烈竞争,而西方分裂势力对于西藏社会稳定的破坏隐患依然存在,因此立足于西藏的政治团结和社会稳定,才能够保障全区旅游发展和现代化建设的顺利进行。第二,基础设施落后。基础设施是旅游产业赖以生存和发展的基本条件,基础设施建设往往又具有投资规模大、回收周期长、风险大、跨区域、涉及多方利益等特征,这是除了政府之外的其他投资主体所无法完成的。西藏自治区处于青藏高原腹地,自然条件和社会经济条件均非常薄弱,因此,建立政府主导型的发展模式有利于西藏旅游产业快速、高效、健康地发展。第三,市场机制不完善。西藏旅游产业尚处于起步阶段,不可避免地也存在政企不分、责权不明、无序竞争等市场机制不完善的情况。建立政府主导的合理的发展机制,有利于及时理顺关系,协调各方利益,规范和优化市场竞争环境,为旅游产业的健康发展提供政策支撑和体制保障。第四,可持续发展的要求。旅游产业的发展既要使投资主体获得经济效益,又要注意保护旅游目的地的文物、非物质文化遗产及生态环境,同时还要惠及旅游目的地的居民,改善他们的生存环境;既要重视短期利益,又要具有长远眼光。这些都是市场机制所无法解决的,因此,加强政府主导可以促进旅游产业发展中各方利益的兼顾,也可以协调短期利益和长期利益的关系,确保旅游产业在市场机制下良性运转的同时,还能不断促进人、自然和社会的和谐发展。另外,旅游形象宣传、旅游公共设施的建设、旅游公共服务这些都离不开政府公共资源与政策支持。第五,西藏旅游产业市场化程度较低,旅游企业建立现代企业制度、进行改制的步伐缓慢,导致了公有制旅游企业所有权和经营权未能合理分离,非公有制旅游企业规模偏小,普遍存在"小散弱差"等问题,使得旅游市场主体规模偏小,产业自我发展能力较差,在这种状况下,通过集团化建设,可能整合企业实力,促进市场机制的不断成熟和完善,充分活跃旅游经济。

由政府主导型的西藏旅游产业发展路径具体实现过程有:

1. 完善法制，创新管理。在旅游产业不断大发展的背景下，不断完善政策法规体系，提高执法能力，是西藏旅游产业长久发展的根本保证。一方面，从完善法制的角度看，相关行业与部门应加强旅游市场秩序的规范管理，使其走上科学化、法制化的良性发展道路。另一方面，又要把以人为本、人性化管理的思想融合到旅游行业和部门的管理中，做到管理的高效与和谐。如对旅行社既要积极开展旅游诚信建设，又要加强对其市场经营行为的监管，严格执行《旅行社管理条例》，从双向规范其经营行为；同时，创新管理中还要加强旅游执法人员依法行政能力的培养，努力提高其执法效率和执法水平，改革执法机制体制，改善旅游执法条件，使旅游执法与旅游产业发展相适应。

2. 建立合理的发展机制。建立符合市场经济规律与西藏区情特殊性的旅游产业发展机制，是西藏旅游产业发展的必由之路。其中，科学制定西藏旅游产业发展的产业政策，有效吸收国内外专家及当地各利益方的意见及建议，组织人员科学确立西藏旅游产业发展指导思想、发展目标和产业政策，是政府主导并建立合理的发展机制，引导、促进旅游产业加快发展的前提和基础。这些政策从宏观管理上包括：旅游产业在西藏国民经济发展中地位的确定，投入资源的分配，城乡均衡协调以及中长期旅游发展规划的编制等。从微观管理上包括：政府如何有效管理和引导旅游基础设施和旅游服务设施建设；如何促进旅游产品生产、旅游市场促销和旅游形象塑造；如何加强旅游市场秩序整顿与规范管理；如何加强旅游人才队伍建设与旅游安全建设等多项目标与具体措施。

3. 加强公共事业管理。西藏自治区现行的旅游管理模式是从传统的计划经济体制下专项发展而来的，具有单一性特点。其中包括：管理主体单一，主要为旅游行政管理部门；管理客体单一，主要是对旅游行业的管理，而忽视了旅游现象管理；管理目的单一，以追求经济目的为主；管理方式单一，主要为刚性管理，缺乏人性化管理以及柔性管理。新时期西藏旅游产业的快速发展，要求政府必须转换观念，运用公共事业管理的视角。强调发挥第三部门的积极性，实现多元互动管理方式，对西藏旅游产业发展进行管理。把握公共管理视角也包括把"旅游行政型"管理部门转化为"旅游服务型"管理部门及"透明型旅游管理部门"等，不断加强公共理念，这已经成为势不可挡的潮流。

4. 彰显地域特色和营销管理。首先，应做好开发区域主体旅游功能和范围的科学界定，在不同区域采取差异发展方式，彰显地域特色，从而达到总体效益最大，避免重复建设和无序竞争。其次，科学规划景区建设，使得景区与旅游地宗教文化风俗习惯相协调，与社会经济长期发展计划相协调。最后，要做好旅游产业与配套产业互动发展的规划,提升相关产业档次,通过旅游产业带动整个西藏经济发展。旅游行政管理部门要围绕国家方针,立足西藏做好促销,具体包括:在机场、火车站出站口等地发放公益性旅游资料宣传品、印刷品以及义务咨询,向旅游者提供最新最实用的旅游信息;在平面媒体及电视、广播、网络等媒体上加强对西藏旅游咨询及旅游形象的宣传;以会议、论坛、考察等形式邀请相关人员到西藏,通过研讨形式来打造西藏旅游形象;积极组织各地市和区内旅游企业,赴内地和国外参加相关展览及巡回促销活动宣传西藏。

第五节 促进西藏旅游产业发展的保障措施

一、建设内涵丰富的精品旅游发展路线

1. 建设多元化优品。多元化的产品更加注重产品功能的多样性、产品功能针对的特定区域与特定消费群体。多元产品的主要消费对象为个性需求游客,这类消费的特点是:可进入性差,专业性强,路途遥远,单次参加人数少,交通费用及旅游总费用均比较高。且较之核心产品,这类开发要更加注重专项产品的科学化、主题化、个性化深度开发。

2. 建设核心旅游精品。核心旅游产品是西藏自治区旅游产品的基础,是扩大客源市场、壮大产业规模的主要产品依托。核心产品的主要消费对象是国际游客和中、高端消费的国内游客,这类消费的特点是:旅长游短,交通费用占整个行程费用比例较大,花费高。该类旅游产品多为大众旅游产品,在环境能够承载的范围之内,适合较大规模、产业化开发。主要包括以下几种。中轴线产品:以拉萨为核心,以 318 和 317 国道、中尼公路为轴线的观光、体验、度假旅游产品;东环线产品:拉萨—林芝—泽当—拉萨;西环线产品:拉萨—羊湖—江孜—日喀则——拉萨;南环线产品:拉萨—墨竹工卡—桑日—泽当—拉萨;北环线产品:拉萨-林周—当雄—羊八井—拉萨。同时,应配合四条核心精品线路的打造,优先发展四大环线的城镇、村镇的旅游基础、公共服务设施、旅游景区点、旅游购物点等旅游产业要素建设,打造主体精品旅游网络。

3. 建设精品综合旅游产品体系。在统筹规划的基础上,积极开发高品质、高附加值的特种、专项旅游产品,实现冬季旅游市场新突破,进而形成"精品+

多元"的综合旅游产品体系,以满足大众市场和非大众市场的多样性旅游需求。

二、做好西藏旅游产业的宣传和促销工作

以整合现有资源为基础,在构筑客源指向明确旅游功能的基础上,倾力打造"世界屋脊、大美西藏"的鲜明旅游主题形象。同时,积极开展关于以资源保护为主的国际合作,在维护主权的前提下,主动与各种国际组织对话,积极争取"世界遗产"、"绿色环球"、"人与生物圈"、"世界地质公园"以及"国际旅游城市"等世界品牌的建设,在西藏品牌建设与国际接轨的同时,也向国际展示西藏保护自然与文化传统的"负责任"旅游目的地形象。

三、培育西藏旅游人才队伍

旅游产业是大产业,发展关键是人才。由于区位、历史等多种原因,目前西藏旅游产业面临严重的专业人才短缺现象。为了推动区域经济的良性发展,政府应该鼓励并参与到知识的生产、扩散以及人力资本的积累中来,即政府要积极挖掘现有区内外旅游类专业院校的资源优势。同时,政府应该完善社会保障体系,解除大学毕业生到旅游企业就业的后顾之忧,改变大多数大学毕业生首选政府机关就业的现象,缓解旅游产业人才缺乏的困难。

1. 深化人才援藏。在保持并不断加强现有"导游援藏"的基础上,加大区内外优质教育资源对西藏旅游的援助,推动援助模式稳定化。

2. 建立多层次培训体系。通过就业政策引导、企校联办等方式,促使西藏民族学院、西藏大学、西藏职业技术学院等院校办好旅游专业,不断推动旅游职业教育和培训向"实用化、规模化、产业化"发展。利用旅游专业院校优质资源成立旅游行业培训中心,采用多种培训形式,对旅游行业各级管理者、员工进行定期或不定期的培训,提高旅游从业者素质。

3. 发挥行会监督协调职能。行业协会要充分发挥服务、协调、监管功能,广泛参与旅游教育及研究活动,开展培训及资格认证工作。通过行业协会规范并协调市场行为:一方面要规范旅行社市场,加强对旅行社的监管;另一方面要对旅游纪念品市场进行开发与规范,如对当地特产如天然药品,可以用商标品牌、原产地保护等方式加以保护,对手工艺品可以注册商标,销售可以通过品牌店、连锁店的方式,对拉萨市场上的旅游纪念品销售点,可以由旅游管理部门审查挂牌。

四、注重统一规划、综合决策、协调管理

在西藏各区域竞相发展旅游业的热潮中,政府应当充分发挥组织、领导、协调、推动作用,综合统筹各地人口、社会、经济、环境和资源的发展现状和趋势,统一规划,努力加强协调管理,使西藏各区域在旅游发展上能互相借力、联合开发、高效管理,实现竞争力最优、利益最大化与共同发展。具体要做到四方面的协调:城乡发展的协调统一、区域发展的协调统一、经济发展和社会及人的全面发展的协调统一、内部发展和国际化的协调统一,而这些主要靠经济手段、行政手段与法律手段相结合才能保障其实现。

五、坚持以人为本,走全面协调发展的西藏旅游经济

人的全面发展是社会发展的最终目标,以人为本,全面发展西藏旅游经济、旅游文化和旅游环境,才能获得发展中的最大效益。最大的经济效益不等于整体利益最大,超过了旅游资源及旅游环境的承载力,就会使旅游资源生态系统功能下降,旅游环境遭到破坏,最终以丧失后代子孙的长远利益为代价。因此,在西藏旅游业的发展中,要遵循兼顾经济效益、环境效益和社会效益的原则,既要追求经济效益,又要保护生态环境,同时还要促使西藏旅游在增进社会居民之间的了解、沟通和文化交流的作用,最终实现社会和谐进步和人的全面发展。

第八章

西藏现代服务业发展研究

现代服务业发展水平是衡量一个国家和地区现代化程度的重要标志,其发展程度已经成为体现一个国家或地区经济实力的重要指标。第二次世界大战以来,随着科学技术水平的迅速发展,世界很多国家特别是发达国家的经济结构逐渐从原来的"工业经济"向"服务经济"转变。服务业,特别是依托先进科技发展的现代服务业在各国经济中具有重要的支撑和影响。

西藏自治区作为我国西南边陲的一个重要区域,经济发展长期落后于其他省份。把推动现代服务业发展作为西藏产业结构优化升级的战略重点,坚持科学发展观,进一步加快现代服务业的扶持和发展,对提高西藏地区的经济发展水平具有十分重要的作用。

第一节 西藏现代服务业发展研究背景

一、历史背景

20世纪60年代以来,世界一些主要发达国家的经济重心开始向服务业转移,经济结构的突出特点就是服务业在产业结构中的地位明显上升。目前,全球服务业增加值占GDP比重已经超过60%,部分发达国家的服务业增加值占比更是达到70%左右,甚至有个别国家占比接近80%;与此同时,服务业吸纳就业的能力也极其可观,一些经济发达国家的就业人口中大约有3/4左右从事服务行业,而大部分发展中国家的服务业就业比重也超过半数以上。由此可见,世界经济实际上已经进入了服务业占据国民经济主导地位的"服务经济"时代。

根据国家统计局统计数据显示,1978年至2013年,我国实际国内生产总值年均增长速度为9.8%,其中第三产业平均增长速度超过10个百分点,超过GDP增速1.1%;从GDP中第三产业所占的比重看,1978年时第三产业增加值占比仅为23.9%,历经三十多年的发展,2012年第三产业增加值为231 934.48亿元,在GDP中所占比重达到44.6%。截至2012年年底,第三产业从业人员占全部从业人数的36.1%。

随着我国改革开放步伐的不断深入,现代服务业在国民经济中的主导地位日益凸显,党和政府越来越重视现代服务业的发展规划。1997年9月,党的十五大报告中首次提出要"加快发展现代服务业";2000年10月,党的十五届五中全会又明确提出"要发展现代服务业,改组和改造传统服务业";2002年11月,党的十六大报告中进一步强调指出,"加快发展现代服务业,提高第三产业在国民经济中的比重"。国务院在2007年3月正式下发的《关于加快发展服务业的若干意见》中,明确提出重点发展现代服务业;国家教育部等六部委也于2007年9月联合发文,提出优先培养国家重点领域紧缺人才,其中就包括优先培养现代服务业人才。

二、文献综述

回顾国内关于现代服务业的研究成果有助于我们更加全面、科学的对其进行研究分析。

(一)关于我国现代服务业发展现状和趋势的研究

此类研究中,主要针对我国现代服务业整体的发展现状、存在的问题和影响因素进行分析,从不同角度提出各自的对策建议。夏杰长(2012)在研究中提出了我国现代服务业发展的主要目标是走"高端化、集群化、差异化、外向化"道路,实现服务业的"社会化、市场化、产业化、国际化",建设"功能完善、业态丰富、结构优化、布局合理、辐射较强"的现代服务业体系;并指出我国服务业改革相对滞后,具体表现为体制机制僵化、市场化程度不高、社会分工程度较低、政府规制不到位;最后提出推动我国现代服务业发展的应是结合制度和技术创新发展、与其他产业融合发展以及集群发展等战略相结合的发展思路。曹媛媛(2013)从产业链和系统动力理论角度出发,着重分析了资金、技术和人才三大模块对现代服务业产业链的形成和演进的重要作用。

(二)关于现代服务业与其他产业的相关性研究

此类研究中,主要针对其他产业对现代服务业发展的影响进行研究,如:高密密、王淑梅(2013)通过对现代服务业与制造业的融合、产业互动进行分析,通过微笑曲线进行分析得出结论;魏君英、张明如(2012)从微观和宏观两个角度分析了信息化对现代服务业发展的影响,分析了我国现代服务业信息化的现状和存在的问题,并提出相应的对策建议;刘静(2012)通过对科技创新与现代服务业之间的相关关系进行分析,认为科技创新是加快服务业发展重要的切入点和着力点,科技的应用可以引领新的服务需求,成为现代服务业发展的"发动机";谢印成(2013)运用实证研究的方法对现代服务业与新兴产业的互动发展分析,指出现代服务业与新兴产业之间存在互为支持、互为配套的协作关系,地方政府发展现代服务业和新兴产业要坚持规划引领,注意产业政策的配套和产业均衡发展;等等。

(三)关于我国不同地区现代服务业发展的研究

此类研究又可细分成对经济发达的东部地区和欠发达的中西部地区两个方面的研究。

1. 东部发达地区

张卿、戴燕艳(2013)通过多元线性回归模型对广东现代服务业发展的主要影响因素进行实证检验,结果表明城镇居民可支配收入、城市化率、人力资本投入和信息化水平的正向影响较为显著,市场化水平、第二产业发展规模的正向影响相对较弱,而对对外开放度则呈负向影响;黄健青等(2010)选择了金融业、信息服务业、文化创意产业为主要对象进行重点调研,通过对比研究、调查研究和评估实证等方法,对北京现代服务业的重点行业发展进行了评估,预测了发展趋势,并提出了相关的政策建议;宋成一、赵永乐(2012)通过SWOT分析法对深圳前海建设国家级现代服务业合作区的人才战略进行分析并提出前海特区人才发展的综合战略;徐剑光、陈斌(2012)以温州地区为研究对象提出了城市现代服务业的选择方法框架,结合定量分析和定性判断的方法确定了包括市场需求、比较优势、发展阶段、区位比较、产业关联等五个主要基准,为政府的产业选择提供了科学依据;茅媛媛(2010)通过实证分析得出有利于江苏省现代服务业发展的各项因素;刘婷等(2010)用回归分析的方法对影响湖南省现代服务业发展的主要因素进行了分析,总结出对其影响比较明显的若干因素。此外,一些学者还对温州、深圳、广东、上海等省市地区的现代服务业发展进行了相应分析和研究。

2. 欠发达地区

张东阳(2013)运用因子分析法构建了现代服务业发展水平综合评价模型,进而运用该模型对云南省想打服务业发展水平进行客观评价,并以此提出了有参考性的建议;王晓东(2012)以贵州省为例通过历史数据的比较分析对欠发达地区的现代服务业发展能力进行分析,根据现实条件提出发展思路;杨波(2012)运用SWOT分析方法对甘肃省现代服务业发展中存在的优劣势以及机会和威胁进行分析,并就此提出适合该省现状的发展对策;张涛(2012)通过研究分析总结出新疆现代服务业发展中的主要制约因素是观念落后、基础薄弱,并以此提出相应对策。此外,景跃军等也通过比较分析、实证分析等方法对长春市、山西省、陕西省、新疆等地区的现代服务业发展现状、问题及趋势进行了多方面的分析研究。

从以上分析可知,众多学者在对各地区现代服务业进行分析评价时选择了不同的角度和方法,虽然得出的结论各不相同,但是这些研究成果对现阶段西藏地区现代服务业的发展状况有很好的借鉴意义,因而对本研究有着重要的参考价值,但也存在着一些值得商榷之处,即针对地区现代服务业进行定性探讨的文章较多,但进行定量分析的研究较少。

（四）关于现代服务业发展的国际比较研究

此类研究主要通过参照其他国家现代服务业的发展轨迹和经验,对比我国发展现状,为本国现代服务业的发展规划提供参考依据和思路。

国际上对现代服务业的提法并不多见,欧洲学者更倾向于使用"知识密集型服务业",美国学者则更多地使用"知识服务业",而"现代服务业"是我国自己特有的提法,早期的国外相关文献主要围绕第三产业的整体研究展开。克拉克(1960)从产业结构的变动规律角度入手,得到结论：需求结构的变化对第三产业发展有显著影响,其中人居可支配收入的提高是主要影响因素;辛格曼(Singelmann,1978)认为较为完善的城市基础交通设施等为服务业市场的广阔发展提供根本性支撑,城市化是服务业增长的动因;格尔舒尼(Gershuny,1978)对克拉克、贝尔等人的理论观点进行了重新思考,进而强调工业化发展对生产性服务需求影响是服务业发展的主要原因。

李江帆(1994)研究认为,人口密度、城市化水平、服务产品输出状况以及人均国内生产总值等是影响服务需求的重要指标;江小涓等(2004)通过实证分析的方法,使用中国200多个城市的数据,分析指出了与服务业发展正相关的若干指标因素;李娟(2010)的实证分析显示,我国现代服务业增长中的主要影响因素是信息化和城镇化水平,市场化和人均FDI水平影响程度的地区差异明显,其与工业化水平存在负向影响;王厚双、宋子南(2012)以日本服务业发展为例研究其发展经验,为中国现代服务业的发展探寻可行之路;杜永红(2012)以美国为例分析了其他国家现代服务业的发展轨迹,论述了国民经济和社会发展中现代服务业的重要影响;王德禄(2012)通过分析全球现代服务业的发展趋势,重点研究美国、欧盟、日本三大地区为代表的国际现代服务业核心区域的发展,并以此为我国发展现代服务业提供经验借鉴。

通过以上研究成果发现:既有关于现代服务业的发展趋势研究,也有关于现代服务业发展过程中存在的问题研究;既有国内外现代服务业发展现状的比较研究,也有针对各区域、各省市的实证研究。已有的研究要么从理论角度分析现代服务业的内涵、分类及影响因素等问题,要么从实践角度研究适合北京、广州、上海等一线城市发达地区或者陕西、河南、新疆、云南等中西部欠发达地区的发展模式和相应政策,但是,专门针对西藏地区现代服务业发展的研究却几乎没有。

西藏地处西南边陲,由于特殊的历史和地理因素的影响,西藏地区凭借着自身独特的人文宗教传统和自然资源推动了传统服务业的部分发展,但也由于特殊的自然环境和落后的经济基础,制约了西藏现代服务业的转型和发展。虽然在国家相关政策的引导和支持下,当地政府也在促进西藏地区产业结构升级方面做了很多努力,但目前西藏现代服务业的发展水平不仅与中东部发达省份相比存在巨大的差距,而且与同属于西部欠发达地区的其他省份相比也属于相对落后的水平。因此,想要更好更快地促进西藏经济水平的发展,提高西藏经济的综合竞争力,就必须积极推进西藏地区现代服务业的全面迅速可持续发展,这对加快实现西藏地区发展方式的转变,实现经济的跨越式发展具有重要的实践意义。为此,了解西藏服务业发展现状,探讨西藏现代服务业发展的优势、劣势、机会和挑战,理清西藏现代服务业发展的思路,是历史赋予我们的责任,通过分析研究,希望能为西藏相关职能部门提供决策依据,为加快推进西藏现代服务业的发展做贡献。

第二节　相关概念界定及理论基础

一、现代服务业的相关概念界定

(一)第三产业的概念

英国经济学家费希尔(Allen Fisher,1935)第一个提出"第三产业"的概念,他根据社会生产活动历史发展的顺序和资金流向,将一二产业以外的、提供服务的所有产业部门一律划入"第三产业"。他认为,三次产业的划分顺序与人类需求的迫切程度有密切联系:第一产业能够满足人类生存最基本的食物需求,是人类最迫切的需求;第二产业能够满足人类衣、住、行等方面的需求,其迫切度仅次于第一产业;而第三产业却能够满足人类食、衣、住、行等物质需要以外的更高层次的需求,如文化娱乐等精神上的需求,人类对这些需求的迫切性相对较低。

英国的另一位经济学家克拉克(Colin Clark,1957)则明确地把国民经济划分为三大部门,认为应该用"服务业"的概念直接代替"第三产业"的概念。

20世纪50年代后期开始,西方国家普遍接受了用三次产业对国民经济部门进行分类的观点,此后,这种划分方法逐渐发展成为国际通用的国民经济部门的分类方法,但各国对三大产业内具体部门的划分却不尽一致。

(二)服务业的概念

目前,学术界对于"服务业"的概念尚无统一界定,但概括起来,服务业的定义大致分为两种:第一种是通过明确服务业的内涵来界定服务业,只要是生产经营符合"服务"内涵的行业都属于服务业;第二种是排他式定义(或者说是统计定义),就是把不能划入第一、第二产业的其他所有产业都归入服务业(夏杰长等,2008)。

第一种定义的优点是在理论上能够涵盖有关服务业的所有部门;缺点是由于对"服务"内涵的界定争议较大,导致这种服务业定义在实践中比较模糊,不利于明确界定服务业的确切外延。第二种定义的优点是不拘泥于服务业在理论上的内涵界定,具有很强的操作性,因此在实际统计工作和经济研究中被广泛应用;缺点是这种定义在理论研究中使服务业难以纳入统一的经济学分析。

为研究方便,我们采取第二种定义,并对"服务业"和"第三产业"两个概念不作具体区分,两者基本可以替代。

(三)服务业的分类

有关服务业的分类方法很多,下面只介绍几种常见分类。

1.按服务的功能和性质不同分为:消费者服务、生产者服务、分配性服务和社会公共服务

美国经济学家辛格曼(1978)根据联合国《国际标准产业分类》(ISIC)提出了服务业的四分法,目前比较通用的服务业分类方法就是以此方法为基础,将服务业分为四类:一是消费者服务业,是消费者在市场上购买的服务,例如餐饮、旅游、私人服务、娱乐与消遣服务、杂项服务等;二是生产者服务业,是为生产者提供的、被生产者用作生产投入品的中间服务,例如企业管理、金

融与保险、房地产等服务;三是分配性服务业,是为了实现商品从生产者到消费者的转移而必须购买的服务,例如运输与仓储、邮电、批发与零售等;四是社会公共服务,是政府或其他组织为社会公众提供的服务,例如国防、行政、司法、教育、医疗保健等服务。

2. 按服务对象不同分为:生产性服务业和生活性服务业

生产性服务业:是指从企业内部生产服务部门分离和独立发展起来的、主要为生产经营主体而非直接向消费者提供的服务,其本质上是一种中间投入(上海市统计局,2013)。它包括分配性服务和生产者服务,例如流通、信息、金融、科技服务等。

生活性服务业:是指直接向居民提供物质和精神生活的消费产品及服务,其产品、服务用于满足购买者生活中(非生产中)的各种需求。它包括社会公共服务和个人服务,例如沐浴业、人像摄影业、教育培训业、医疗健身业等。

3. 按经济发展阶段不同分为:传统服务业和现代服务业

传统服务业是指运用传统的生产方式经营、在工业化以前就已存在的服务业,例如交通运输、商贸流通、餐饮、饭店、医疗卫生服务、修理业等。

现代服务业则是工业化的产物,以现代信息技术和现代管理理念为依托,以新模式、新方式、新理念为基础的服务业,它既包括随着技术发展而产生的新兴服务业,也包括改造提升的传统服务业。

二、现代服务业的相关概念界定

(一)现代服务业的内涵

"现代服务业"是一个中国特有的提法,它从1997年开始多次在党和政府的工作报告、规划纲要等官方文件中出现,由此,国内不少专家学者也对现代服务业的内涵进行了很多研究。

综合国内学者的观点,我们对现代服务业有以下基本认识:(1)现代服务业是一个与"传统服务业"相对应的概念,它是现代技术和管理理念应用于服务业的结果,是对服务业的升级改造。它外延上既包括新兴服务业,如电子银行业,也包括对传统服务业的升级改造,如电信、金融等行业,后者本质上是实现传统服务业的现代化。(2)对"现代"的理解应该是相对的。首先,现代服务业的内涵将是不断发展变化的,它的外延也会随着经济、科技的发展和社会需求的变化而不断更新。其次,现代服务业的外延具有明显的区域特色,在不同地区被界定为现代服务业的具体服务部门不同。由于目前中国各省市区工业化程度和服务业水平的巨大差距,其对现代服务业的具体部门界定也应有所差别,应当真实反映各省市区经济、服务业发展的现状特征。(3)按照服务对象不同,现代服务业可分为现代生产性服务业和现代消费性服务业,这两者各自又可分为新兴服务业和改造提升的传统服务业两部分。

基于以上认识,我们认为,现代服务业是一个相对的、动态的概念,它是指在产业现代化过程中主要依托现代技术和现代管理理发展起来的信息、技术、人力资本密集型的服务业。现代服务业包括新兴服务业和改造提升的传统服务业,其中新兴服务业是新出现的、原来没有的服务行业,例如以互联网为基础的网络服务、移动通信服务、信息服务、现代物流等;改造提升的传统服务业,例如电信服务、金融服务、中介服务等,被赋予较多现代品质,如引入新技术、新投入,采用新管理、新形式,产生新效果、发挥新作用的服务。

(二)现代服务业的统计归类

对现代服务业如何进行统计归类,它具体包括哪些部门,目前尚无统一观点,国家统计局也没有给出统一、完整的统计口径,仅有少量的部门或地方相关标准可供参考。

1. 国家标准

目前,与现代服务业有关的国家标准主要有:国家统计局的《三次产业划分规定》、《高技术产业(服务业)分类(2013)(试行)》、《健康服务业分类(试行)(2014)》、《文化及相关产业分类(2012)》等。

(1)国家统计局《三次产业划分规定》。国家统计局根据《国民经济行业分类》(GB/T 4754—2011)修订了该规定,它将我国的服务业(即第三产业)作了两级分类,涉及18个门类共49大类,具体内容参见表8-1。

(2)国家统计局《高技术产业(服务业)分类(2013)(试行)》。高技术服务业是采用高技术手段为消费者提供服务性产品的集合体,根据前文定义,它属于现代服务业。国家统计局划分的高技术服务业涉及9大类、25中类、63小类(个别小类跨产业),具体内容参加表8-2。

(3)国家统计局《健康服务业分类(试行)(2014)》。健康服务业是维护和促进人类身心健康的各种服务活动的集合,其分类范围包括与改善人类健康状况、预防疾病发生等紧密相关的服务业。国家统计局划分的健康服务业涉及4大类、15中类、43小类,其中前三大类是健康服务业的核心内容,分别是医疗卫生服务(包括医院服务、基层医疗卫生服务、专业公共卫生服务3

类)、健康管理与促进服务(包括政府与社会组织健康服务、健康科学研究和技术服务、健康教育服务、健康出版服务、社会健康服务、体育健身服务、健康咨询服务)、健康保险与保障服务;第四大类是"其他与健康相关的服务",它是与健康服务相关的产业,包括相关产品的批发、零售和租赁服务。

表8-1 国家统计局《三次产业划分规定》中的服务业部门

《国民经济行业分类》(GB/T 4754—2011)			
门类	大类	名称	
第三产业（服务业）	A	05	农、林、牧、渔服务业
	B	11	开采辅助活动
	C	43	金属制品、机械和设备修理业
	F	51、52	批发和零售业
	G	53~60	交通运输、仓储和邮政业
	H	61、62	住宿和餐饮业
	I	63~65	信息传输、软件和信息技术服务业
	J	66~69	金融业
	K	70	房地产业
	L	71、72	租赁和商务服务业
	M	73~75	科学研究和技术服务业
	N	76~78	水利、环境和公共设施管理业
	O	79~81	居民服务、修理和其他服务业
	P	82	教育
	Q	83、84	卫生和社会工作
	R	85~89	文化、体育和娱乐业
	S	90~95	公共管理、社会保障和社会组织
	T	96	国际组织

资料来源:国家统计局《三次产业划分规定》,2013。

表 8-2 高技术服务业分类表

大 类	中 类	涉及的大类代码
一、信息服务	(一)信息传输服务	63
	(二)信息技术服务	64、65
	(三)数字内容及相关服务	65、64、85、86、87
二、电子商务服务	(一)电子商务平台服务	65
	(二)电子商务支付服务	69
	(三)电子商务信用服务	72
三、检验检测服务	(一)质量检验服务	74
四、专业技术服务业的高技术服务	(一)气象服务	74
	(二)地震服务	74
	(三)海洋服务	74
	(四)测绘服务	74
	(五)地质服务	74
	(六)工程技术	74
五、研发与设计服务	(一)自然科学研究和试验发展	73
	(二)工程和技术研究和试验发展	73
	(三)生物技术研发	73
	(四)医学研究与试验发展	73
	(五)设计服务	74
六、科技成果转化服务	(一)技术推广服务	75
	(二)科技中介服务	75
	(三)其他科技推广和应用服务业	75
七、知识产权及相关法律服务	(一)知识产权服务	72
	(二)知识产权相关法律服务	72
八、环境监测及治理服务	(一)环境与生态监测	74
	(二)环境治理业	77
九、其他高技术服务		

资料来源:国家统计局《高技术产业(服务业)分类(2013)(试行)》。

说明:第一大类信息服务的第三中类涉及部分跨门类行业。

(4)国家统计局《文化及相关产业分类(2012)》。文化及相关产业是指"为社会公众提供文化产品及相关产品的生产活动的集合",它包括的产业范围涉及二产、三产两大产业,《文化及相关产业分类(2012)》将其分为"文化产品的生产"和"文化相关产品的生产"两部分,共 10 大类、50 个中类、120 个小类(跨产业)。其中第一部分"文化产品的生产"包括"新闻出版发行服务、广播电视电影服务、文化艺术服务、文化信息传输服务、文化创意和设计服务、文化休闲娱乐服务、工艺美术品的生产"等7大类,除第七大类外其余六大类属于现代服务业的范畴;第二部分"文化相关产品的生产"包括"文化产品生产的辅助生产、文化用品的生产、文化专业设备的生产"等三大类,它们包括的小类既涉及工业生产部门,又涉及服务业生产部门。

2. 地方标准

2012年北京市统计局调整了北京市《现代服务业统计分类》,现代服务业的统计范围涉及10个门类、22个大类,包括:信息传输、计算机服务和软件业,金融,房地产,商务服务,科研技术服务,环境管理,教育,卫生,文化、体育和娱乐业,社会保障等。

与此同时,北京市统计局还公布了生产性服务业的统计分类,包括流通、信息、金融、商务、科技等5个门类,涉及22个大类。

上海市统计局2013年公布了《生产性服务业分类(试行)》,把生产性服务业划分为12个部分,涉及32个大类、104个中类、199个小类。与北京市相比,上海市的分类增加了"农业服务、制造维修服务、建筑工程服务、环保服务、教育服务等"五个部分。

3. 有关学者的分类

徐国祥等(2004)认为,现代服务业涉及8个行业门类,包括:物流与速递业,信息传输、计算机服务和软件业,电子商务,金融保险业,房地产业,租赁和商务服务业,科学研究、技术服务业,远程教育。

王志明等(2009)结合上海服务业的发展特点,设计的现代服务业的统计分类标准框架把现代服务业分为两大类:改造提升的传统服务业和新兴的知识密集型服务业。改造提升的传统服务业包括现代金融业、现代商业服务业、房地产业、现代物流与运输业、现代社会服务业等5个门类;新兴的知识密集型服务业包括信息传输、计算机服务和软件业,租赁和商务服务业,科学研究、技术服务业等3个门类。

总之,对现代服务业进行统计归类应该是一项动态、长期的工作,具体归类应该以国家统计局等政府主管部门的产业分类标准为依据,但具体范围各地区可以根据自身特点进行调整,因地区而异。因此,在制订西藏现代服务业的统计归类标准时,应该结合西藏的生产、消费特点,反映西藏产业特色,并充分考虑西藏不同服务行业发展的优势地位、资源丰富程度、市场开放程度和市场需求潜力等方面的因素。

第三节 西藏现代服务业发展现状分析

西藏的服务业发展始于20世纪50年代初,在仅仅半个多世纪的发展历程中,在原本极端落后的封建农奴制社会的基础上,初步建立了体系较为完整、功能基本健全、蓬勃向上的现代服务业体系。

虽然西藏的服务业发展起步较晚,但由于得到了中央政府的特别关注和全国各兄弟省市的大力援助,呈现出了较快的发展势头,特别是自改革开放30多年来,其发展速度迅猛,在西藏地区经济总产值中所占比重越来越大。具体情况见表8-3。

表8-3 西藏服务业生产总值

年份	地区总产值(亿元)	服务业总值(亿元)	百分比(%)
1978	6.65	1.44	21.6
1985	17.76	5.81	32.7
1990	27.70	10.03	36.2
1995	56.11	13.39	34.6
2000	117.80	54.34	46.2
2005	248.80	137.24	55.2
2010	507.46	274.82	54.2
2011	605.83	322.57	53.2
2012	701.03	377.80	53.9

资料来源:《西藏统计年鉴(2013)》。

"十一五"期间,西藏地区服务业年均增长13%,高出全国平均增速11%;自2001年以来,服务业增加值占全区GDP比重连续13年保持50%以上,成为拉动地区经济增长的重要力量。

截至2012年,西藏自治区就业人口总数202万人,其中服务业从业人数81.36万人,占就业总人数的40.3%(单位从业人数224 861人,个体从业人数588 761人);服务业法人单位数15 553个,占全区法人单位总量的93%。由此说明,西藏地区服务业已经成为地区经济的重要支撑和拉动就业增长的主要手段。下面将主要行业的基本情况进行简单介绍。

一、交通运输和邮电业

(一)交通运输

1954年举世闻名的川藏公路、青藏公路同时通车,1957年新藏公路、滇藏公路的相继通车正式拉开西藏高原交通运输业的新篇章;至1999年年底,西藏已拥有公路干线15条,支线公路315条,除墨脱县外所有县市及80%以上的乡实现通路。2006年,青藏铁路的全线贯通正式结束了西藏地区没有铁路的历史,是连通西藏与内地地区的重要通道,为西藏经济发展提供了更广阔的空间,西藏逐渐形成了公路、铁路、航空的立体化交通运输网络。如表8-4所示。

表8-4 2002—2012年西藏交通运输量

年份	客运量（万人）	货运量（万吨）	公路通车里程（万公里）	公路营运汽车拥有量（万辆）	民用汽车拥有量（万辆）
2002	128	201	3.98	2.19	5.87
2003	125	266	4.13	2.91	6.06
2004	256	246	4.22	3.00	8.24
2005	385	356	4.37	2.61	7.07
2006	483	348	4.48	2.92	9.82
2007	549	372	4.86	2.62	11.61
2008	6 856	737	5.13	2.06	12.86
2009	7 844	943	5.38	2.24	14.85
2010	8 165	982	6.08	2.29	16.62
2011	3 769	1028	6.31	2.83	19.92
2012	4 053	1144	6.52	3.36	22.72

资料来源:中国国家统计局网站、《西藏统计年鉴(2013)》。

截至2012年年底,全区共有交通运输、仓储和邮政业企业法人单位188个,固定资本投资总共136.63亿元,行业从业人员57 921人。全区铁路营运里程500公里,公路营运里程6.52万公里,其中等级公路里程4.18万公里;城市道路长度0.04万公里,道路面积793万平方米,人均14.22平方米;城市公共交通运营车辆396辆,运营线路总长度834公里。

2012年全年完成货运量1 144万吨,其中:公路运输完成1 042万吨,增长6.4%;铁路运输完成84.6万吨,增长74%;航空运输完成1.65万吨,增长

36.4%;管道运输完成15.74万吨,增长5.6%。2012年全年客运总量4 053万人次,增长2.9%,其中:公路运输完成3 739万人次,增长2.2%;铁路运输完成92.03万人次;航空运输完成221.7万人次,增长21.1%。年末公路通车总里程6.52万公里,比上年增加2 090公里。

(二)邮政电信

1953年12月,西藏邮电管理局正式成立;1998年,拉萨首次与全国通信光缆接通;2004年西藏全面实现县县通光缆、乡乡通电话。近几年,西藏邮电业务更是呈现快速发展的趋势,邮路继续向农牧区延伸,邮政服务内容更加丰富,通信网络不断完善,电信增值服务快速发展,为西藏各项建设事业的发展创造者日益良好的条件。

2012年全年邮电业务总量达到34.86亿元,比2011年上涨51.31%,其中邮政业务1.85亿元,增长12.12%,营业网点247处,邮路总长2.9万公里,函件数287万件,包裹数23万件。2012年电信业务总量33.01亿元,其中固定电话用户40.5万户(城市电话用户39.10万户,乡村电话用户1.40万户),新增移动电话交换机117万门,总容量达342万门新增移动电话用户39.09万户,移动电话用户总数达到235.5万户(其中3G移动通信用户数41.8万户),移动电话普及率77.7部/百人,互联网普及率33.33%,上网人数101万人。此外,2012年快递业务收入12 989.23万元,快递量320.11万件,快递营业网点总计247处。如表8-5所示。

表8-5 2002—2012年西藏邮电业务量

年份	邮电业务总量 (亿元)	邮政业务总量 (亿元)	电信业务总量 (亿元)	长途光缆线路 长度(万公里)
2002	7.40	0.82	6.59	0.65
2003	9.81	0.93	8.88	0.69
2004	13.34	1.00	12.34	0.73
2005	16.34	1.05	15.29	0.96
2006	21.52	1.13	20.39	1.88
2007	30.88	1.34	29.54	1.97
2008	40.86	1.50	39.37	1.77
2009	53.00	1.71	51.28	2.04
2010	64.34	1.88	62.46	2.25
2011	25.51	1.65	23.86	2.48
2012	34.86	1.85	33.01	3.01

资料来源:中国国家统计局网站。

二、商业

(一)国内贸易

西藏自民主改革以来,在中央政府的全力帮助和西藏各级党政机关的努力支持下,商贸流通迅速发展,商贸活动日益活跃,县级农贸市场、边贸市场等建设工程进展顺利,加盟店、专门店、展示销售、前店后厂等新模式健康发展,以物流配送、连锁经营等为代表的现代流通方式和专卖店等新兴业态发展迅速,现已拥有连锁店、超市 2 500 余家,累计改造和新建农家店 1 859 家,流通体系进一步健全,商业组织化程度有了较大提高。

2012 年,西藏地区社会消费品零售总额达到 254.6 亿元,比上年增长 16.27%,分行业看,批发和零售业零售额 212.2 亿元,增长 14.7%;住宿和餐饮业零售额 42.36 亿元,增长 24.7%;分地域看,城镇消费品零售额 211.79 亿元,增长 18.3%;乡村消费品零售额 42.85 亿元,增长 7.2%;在限额以上批发和零售额中,增长较快的有:石油及制品类增长 18.9%,中西药类增长 45.2%,化妆品类增长 85.2%,服装、鞋帽、针纺织品类增长 27.4%。

2012 年,西藏地区限额以上批发零售业法人企业共 81 个,年末从业人员总数 7 505 人,其中批发业限额以上企业 16 个,资产总额 30.58 亿元,主营收入 44.52 亿元,零售企业 65 个,资产总额 20.03 亿元,主营收入 88.05 亿元;限额以上住宿餐饮业企业 69 个,年末从业人员 6 227 人,资产总额 28.1 亿元,主营收入 7.01 亿元。具体消费品零售总额情况见图 8-1 所示。

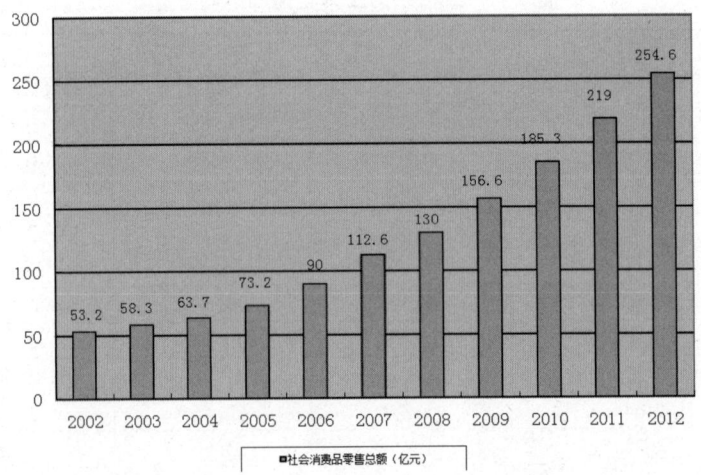

图 8-1　2002—2012 年西藏社会消费品零售总额变化趋势

资料来源:中国国家统计局网站。

(二)边境贸易

西藏地处祖国西南边陲,与南亚的缅甸、印度、尼泊尔、不丹、克什米尔等5个国家和地区接壤,边境地区总面积24.35万平方千米,实际控制线3 800多千米,边境线上有对外通道312条,其中常年性通道44条,季节性通道268条;分布在中尼边境184条,中印边境85条,中不边境18条,中印边境锡金段8条,中缅边境5条,与克什米尔地区边境12条。西藏共有边境县21个,边境乡104个,共有传统性和习惯性的边境贸易市场27个,共开设了樟木口岸、普兰口岸、吉隆口岸、日屋口岸和亚东口岸等5个国家口岸。

西藏边境贸易历史悠久,20世纪50年代,亚东成为进出口货物的主要通道和集散地,其主要进口商品是大米、面粉、椰子油、手工艺品、日用百货等,主要出口产品是绵羊毛、麝香等土畜产品。1962年后,边境贸易主要以与尼泊尔贸易为主。20世纪70年代后期,西藏边民互市贸易开始,主要交换产品是绵羊毛、皮张、活畜、轻工产品、民族用品等。进入20世纪90年代以后,西藏商品主要有畜产品、中药材、粮油食品和轻工品等,进口商品主要有汽车、摩托车、钢材、农药、建材等。2000年以来,西藏边境贸易进出口商品种类已达到上千种,主要包括羊毛、羊绒、日用针织、摩托家电、农机建材等。

表8-6 2002—2012年西藏边境贸易额

单位:万元

年份	对外贸易额			边境贸易额			边境贸易占比(%)
	进出口总额	出口额	进口额	进出口总额	出口额	进口额	
2002	107 775	67 070	40 705	50 786	46 792	3 994	47.12
2003	133 271	100 613	32 658	64 150	59 883	4 267	48.14
2004	184 876	107 584	77 292	74 860	70 816	4 044	40.49
2005	166 366	133 909	32 457	98 982	93 806	5176	59.49
2006	256 152	173 332	82 820	137 420	133 832	3 588	53.65
2007	287 422	238 408	49 014	181 827	179 584	2 243	63.26
2008	531 798	491 348	40 450	166 391	164 487	1 904	31.29
2009	274 507	256 296	18 211	169 872	167 468	2 404	61.88
2010	565 890	521 942	43 948	338 847	336 884	1 963	59.89
2011	856 047	745 460	110 587	586 192	582 329	3 863	68.48
2012	2 167 236	2 123 587	43 649	1 067 474	1 061 721	5 754	49.26

资料来源:《西藏统计年鉴(2013)》。

据统计数据显示,近十年间,西藏地区边境贸易总额呈现稳定快速增长的趋势,而边境贸易额占地区对外贸易总额的比重也保持在50%左右。特别是2010年以来,得益于国家发展边贸的优惠政策,西藏边贸增长速度更是惊人,2010年、2011年、2012年西藏边境进出口额增速分别是99.5%、73.0%、82.1%。如表8-6所示,2012年西藏边境贸易额占地区对外贸易总额的49.26%,边境净出口总额达到105.60亿元,比上年增长100.7%;2013年西藏全年边民互市贸易额为7.24亿人民币,增幅达到10.8%;边境小额贸易出口增幅分别15.3%,边境小额贸易出口占总出口比重56.5%,同比增幅9.7%。不仅如此,自1994年起,西藏边境贸易连续18年保持贸易顺差,创造了大量外汇盈余。可见,边境贸易已经成为西藏地区对外开放的一个重要组成部分,在西藏国民经济发展中具有重要作用。

三、金融保险业

(一)金融业

西藏现代金融业发展始于1951年,在西藏社会主义建设的经济繁荣发展和社会进步都发挥了重要作用,特别是党的"十一届三中全会"以来,西藏金融业快速发展,新兴金融机构不断涌现,新型金融业务不断开拓。

2012年,西藏地区全部金融机构各项存款额合计2 050.58亿元,比2011年1 661.24亿元增长了23.7%,其中:个人储蓄存款额403.91亿元,较上一年增长26.7%;全部金融机构本外币各项贷款余额663.76亿元,比上年增长62.4%。详见表8-7所示。

表8-7 2002—2012年西藏存贷款规模　　　　　　　　　　单位:亿元

年份	存款合计	个人储蓄存款	财政性存款	贷款合计
2002	282.96	70.38	6.28	121.13
2003	320.87	91.90	4.76	144.44
2004	361.72	107.49	9.78	167.90
2005	455.11	123.10	15.87	178.85
2006	544.55	139.81	45.47	203.71
2007	642.44	159.56	46.85	223.47
2008	827.85	184.89	73.42	218.98
2009	1 027.24	226.37	105.22	248.01
2010	1 295.54	267.13	136.14	301.49
2011	1 661.24	318.83	169.86	408.75
2012	2 050.58	403.91	164.02	663.76

资料来源:《西藏统计年鉴(2013)》。

（二）保险业

2012年西藏地区全年保险公司保费收入9.54亿元,较2011年的7.6亿元增加了25.5%,其中:(1)人身险保费收入3.02亿元,比上年增长61.6%,其中健康险保费收入0.78亿元,比上年增长18%;寿险保费收入0.98亿元,比上年增长25.4%;意外险保费收入1.27亿元,比上年增长195%。(2)财产险保费收入6.52亿元,较2011年增加了13.7%,其中机动车辆险保费收入4.26亿元,增长17.7%。

2012年西藏地区全年保险公司支付各类赔款总金额为4.05亿元,比上年增长21.2%。详见图8-2所示。

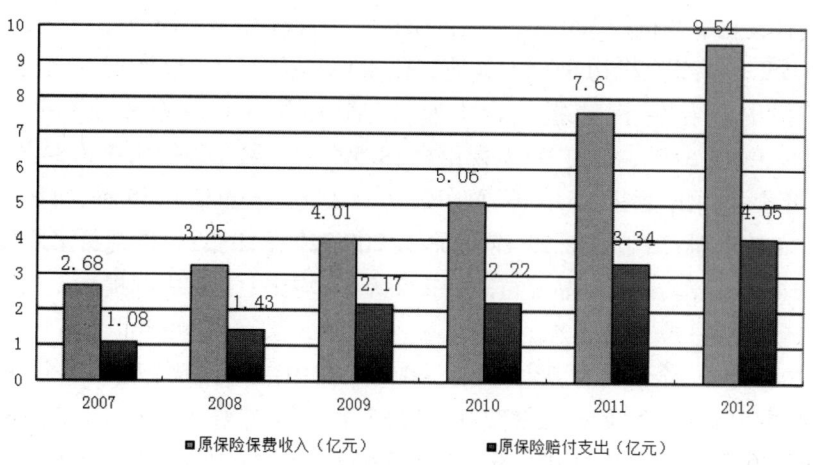

图8-2　2007—2012年西藏保险业收入支出变化
资料来源:中国国家统计局网站。

四、教育、科技、文化、卫生

（一）教育

截至2012年年末,全区拥有普通高等教育院校6所,招生共10 605人,其中招录研究生473人,本专科10 132人;高等院校在校生人数34 531人,其中研究生1 079人,本专科33 452人;毕业生共8 808人,其中研究生228人,本专科8 580人;共有教师2 369人,其中博士170人,硕士989人,师生比1∶14.12。中等职业学校6所,共有教师632人,师生比1∶28.94;中学122所,其中高级中学22所,完全中学8所,初级中学92所,共有教师12 640人,师生比1∶14.09;小学857所,共有教师18 853人,师生比1∶15.49,全区小学学龄儿童入学率达99.4%,比上年提高0.05%。

(二)科技

近年来,自治区积极实施"科教兴藏"战略,积极推进技术创新,广泛普及科学知识,依靠科技发展特色经济并取得显著成效。截至2012年,全区共有各类专业技术人员62 269人,科研机构全年的科技统筹经费27 830万元,其中研究与试验发展(R&D)支出7 992万元。规模以上企业R&D经费5 312万元,比上年提高225%,R&D项目数24项,比上年提高50%;全年申请专利共18件,拥有发明专利申请71件,比上年提高22.41%。

(三)文化

2012年年末,全区共有各类文化事业机构408个,其中艺术事业机构82个,群众文化事业机构320个,公共图书馆4个,群众艺术馆8个,出版发行机构56个,文物事业机构81个,其他文化事业机构2个。全区拥有电视台2座,广播电视台6座,广播电台1座;广播、电视人口综合覆盖率分别达93.38%和94.51%,有线广播电视用户18.59万户,数字电视用户6.84万户。2012年全年共出版图书546种,总印数0.14亿册;出版期刊35种,每期平均印数15.7万册;出版报纸23种,总印数205 720千印张;录像制品出版发行总量14.95万盒,录音制品发行总量2.2万盒,均比上年有大幅提高。

(四)卫生

2012年末,全区共有卫生机构1 403个,其中:医院、卫生院777个,疾病预防控制中心82个,妇幼保健院、所、站57个,卫生监督所2个。全区共有病床床位10 134张,其中:医院、卫生院有9 666张;全区卫生从业人员共13 896人,其中卫生技术人员11 313人,包括执业医师和助理医师4818人。

第四节 西藏现代服务业发展的SWOT分析

以下利用SWOT分析法对目前西藏现代服务业发展中存在的优势、劣势和机会、威胁进行系统分析,从而为制定西藏现代服务业的发展战略及对策提供依据。

一、自身优势(S)分析

(一)"世界屋脊,神奇西藏"的特色品牌优势

品牌优势是地区竞争力的重要来源。西藏拥有"世界屋脊"的独特自然

风情和"神奇西藏"的特色人文景观,独具特色的"西藏"品牌优势深入人心。西藏不仅是藏传佛教信徒心目中的圣地,也是众多游客心中神往的旅游目的地,这是西藏发展特色文化旅游、文化创意等现代服务产业的重要文化背景。中央第五次西藏工作座谈会把西藏定为重要的中华民族特色文化保护地,西藏独特的地域、文化品牌优势将被充分利用,并成为西藏现代服务业发展的持久助力,有利于进一步提升"神奇西藏"的品牌形象。

独特的地域优势孕育了特色的服务产业。西藏凭借独特的地理地貌拥有了开展登山及相关产业的优势。据西藏自治区登山协会统计,2005年至2010年间,西藏共接待来自世界五大洲40多个国家和地区的600多支登山团队、近3万名登山爱好者,为山峰所在地创收4 800余万元。登山产业的发展同时带动了交通、餐饮、商贸、培训等相关产业的发展,促进了当地居民收入水平的提高,提高了当地经济的开放水平。

(二)独特的自然资源和生态优势

西藏是青藏高原的主体部分,独特的地势结构、气候特征造就了西藏独特的自然资源优势和特色山水生态优势,并依此成为我国重要的战略资源储备基地、重要的高原特色农产品基地和重要的世界旅游目的地。

1. 特色自然资源优势

西藏具有丰富且别具特色的土地资源、水资源、动植物资源、矿产资源等,这是西藏发展特色产业的资源基础。特色自然资源的开发利用会促进现代服务业的发展:一是直接带动交通运输、金融、商贸、旅游等传统服务业的改造提升;二是间接促进信息传输、商务服务等新兴服务业的发展;三是由于资源开发而促进一二产业发展的同时,推动信息技术、技术研发、中介服务等现代生产性服务业的发展;四是资源开发利用增加了居民收入,提高了消费能力,促进娱乐、体育等现代生活性服务业的发展。

2. 特色山水生态优势

相对我国其他地区,西藏的环境状况更好,具有突出的自然山水生态优势,这是西藏发展现代服务业的基础。首先,良好的自然山水生态环境是西藏旅游的重要特色,它有利于促进西藏生态旅游业和商贸、餐饮、交通、运输、信息等服务业的发展。其次,良好的生态环境条件使得西藏成为绿色食品理想的开发地,高寒特色农牧产品具有差异性的独特优势。西藏特色农牧业的发展为服务业的发展提供食品、劳动力、土地等资源,并且增加了对生产性服务的需求,从而拉动西藏现代服务业的发展。

(三)产业基础优势

西藏服务业发展迅速,具有第一支柱产业的优势地位,已有的产业发展基础为西藏现代服务业的发展提供了重要的经济物质条件。

近年来,西藏服务业不仅保持了较快的发展速度,而且在产业结构中居于第一的支柱地位,这足够使我们继续保持对西藏服务业发展的高度重视,坚定"做强三产"的决心和信心。

从增长速度来看,2007—2012年各年西藏服务业的增长速度均高于或约等于全国服务业平均增长速度(表8-8),说明西藏服务业的发展在国内居于领先地位。

表8-8 2007—2012年西藏与全国服务业增长速度比较

年份	GDP(亿元)		服务业总值(亿元)					
			全国			西藏		
	全国	西藏	绝对数	占GDP比重(%)	年增长率(%)	绝对数	占GDP比重(%)	年增长率(%)
2007	26 5810.3	341.43	111 351.95	41.9	16.0	159.76	55.1	16.0
2008	314 045.4	394.85	131 339.99	41.8	10.4	188.06	55.4	12.4
2009	340 902.8	441.36	148 038.04	43.4	9.6	218.67	54.6	10.4
2010	401 512.8	507.46	173 595.98	43.2	9.8	240.85	54.2	13.7
2011	473 104.0	605.83	205 205.02	43.4	9.4	274.82	53.2	11.6
2012	519 470.1	701.03	231 934.48	44.6	8.1	377.80	53.9	12.0

资料来源:《中国统计年鉴(2013)》、《西藏统计年鉴(2013)》。

从产业结构来看,1981年西藏服务业以2.42亿元的产值首次超过二产1.68亿元的产值;1997年以31.13亿元产值又超过第一产业29.23亿元;2001年首次超过50%;从2002年开始,服务业的产值更是超过了一、二产产值的总和。2012年,西藏服务业产值在总产值中的比重为53.7%,不仅高于全国平均水平的41.9%,而且排名仅次于经济发达的北京、上海,居于全国第三位(表8-9)。

表 8-9　2012 年 31 个省市区服务业比重排名

单位:%

排序	省市区	服务业比重	排序	省市区	服务业比重	排序	省市区	服务业比重
1	北京	76.4	12	甘肃	40.2	23	广西	34.7
2	上海	60.0	13	山东	40.0	24	陕西	34.6
3	西藏	53.7	14	湖南	39.0	25	新疆	34.6
4	贵州	47.9	15	福建	38.8	26	内蒙古	34.5
5	天津	47.0	16	重庆	37.9	27	江西	34.5
6	海南	46.9	17	辽宁	37.5	28	四川	33.4
7	广东	46.2	18	黑龙江	37.4	29	安徽	32.7
8	浙江	45.1	19	湖北	36.9	30	青海	32.7
9	江苏	43.5	20	山西	36.4	31	河南	30.3
10	宁夏	41.6	21	河北	35.3			
11	云南	41.1	22	吉林	34.8		全国	41.9

资料来源:《西藏统计年鉴(2013)》、《中国统计年鉴(2013)》。

(四)民生保障优势

西藏日益提高的居民收入和不断增加的社会性事业的公共财政支出为西藏现代服务业发展提供了重要的购买力基础和民生保障。

1.城乡居民收入持续增加

表 8-10　2006—2012 年西藏城乡居民家庭人均收入情况统计

年份	农牧民人均纯收入				城镇居民人均可支配收入			
	绝对数(元)		增长速度(%)		绝对数(元)		增长速度(%)	
	西藏	全国	西藏	全国	西藏	全国	西藏	全国
2006	2 435	3 587.0	17.2	10.2	8 941	11 759.5	6.3	12.1
2007	2 788	4 140.4	14.5	15.4	11 131	13 785.8	24.5	17.2
2008	3 176	4 760.6	13.9	15.0	12 482	15 780.8	12.1	14.5
2009	3 532	5 153.2	11.2	8.2	13 544	17 174.7	8.5	8.8
2010	4 139	5 919.0	17.2	14.9	14 980	19 109.4	10.6	11.3
2011	4 904	6 977.3	18.5	17.9	16 196	21 809.8	8.1	14.1
2012	5 719	7 916.6	16.6	13.5	18 028	24 564.7	1.3	12.6

资料来源:《西藏统计年鉴(2013)》、《中国统计年鉴(2013)》。

2006—2012 年,西藏城乡居民收入持续增加,农牧民人均纯收入年增长率均在 11% 以上,除了 2007、2008 年两年,其他年份增速均高于全国平均水平;城镇居民人均可支配收入虽然每年增幅差别较大,但整体上增长速度较快(表 8-10)。尤其是 2013 年,西藏农牧民人均纯收入 6 578 元,增长 15.0%,增速排全国第二位;城镇居民人均可支配收入 20 023 元,比上年增长 11.1%,

比全国平均增速高1.4个百分点,增速首次排全国第一位。西藏城乡居民收入水平的提高,意味着对服务产品有了更强的支付能力和消费能力,为西藏现代服务业的发展提供了良好的购买力基础。

2. 主要社会性事业支出稳步增长

表8-11 2007—2012年西藏主要社会事业支出统计表

单位:亿元,%

年份 项目	2007 数额	2008 数额	2008 增速	2009 数额	2009 增速	2010 数额	2010 增速	2011 数额	2011 增速	2012 数额	2012 增速
教育	33.57	47.08	40.2	61.04	29.7	60.80	-0.4	77.81	28.0	94.48	21.4
科学技术	1.93	2.90	50.3	2.69	-7.2	2.71	0.7	3.38	24.7	5.09	50.6
文化体育与传媒	7.23	9.21	27.4	13.36	45.1	12.48	-6.6	18.91	51.5	24.18	27.9
社会保障和就业	17.30	27.90	61.3	33.35	19.5	31.91	-4.3	57.68	80.8	65.54	13.6
医疗卫生	17.16	16.35	-4.7	22.09	35.1	32.04	45.0	35.30	10.2	36.12	2.3
环境保护	4.77	5.71	19.7	9.75	70.8	11.77	20.7	16.05	36.4	23.67	47.5
城乡社区事务	6.92	26.00	275.7	19.12	-26.5	20.51	7.3	21.66	5.6	31.55	45.7

资料来源:《西藏统计年鉴(2013)》,中国国家统计局网站。

西藏公共财政支出在教育、文化、科技、医疗卫生、环境保护等各项社会事业的经费投入大体上逐年增长(表8-11),社会保障事业稳步发展,城乡社会保障体系全面推进,全面惠及城乡的社保体系逐步形成,学有所教、病有所医、老有所养的社会服务体系逐步建立,为现代服务业的发展提供了公共安全保障。在居民开支中占据比重较大的教育、医疗卫生、社会保障等方面加大投入,解决了消费者的后顾之忧,有利于改善西藏内需不足和储蓄延期等消费的问题,扩大服务产品市场规模,促进西藏现代服务业的迅速发展。

(五)南亚贸易陆路大通道的地缘优势和发展边贸的优惠政策

1. 南亚贸易陆路大通道

南亚贸易大通道是指自古以来西藏连接我国其他地区与尼泊尔、印度等南亚国家之间的公路、铁路贸易交通网络路线。西藏南亚贸易陆路大通道战略日益清晰,在已有的青藏铁路和国道318(上海—樟木,又称中尼公路)、省道204(仁布—亚东)等线路的基础上,将建立以"一线、两基地、三出口"(即青藏铁路和拉日铁路为干线,那曲物流中心和拉萨经济技术开发区两基地,樟木、吉隆和亚东三大口岸)为主要内容的南亚贸易陆路大通道(杨富,2013)。

按照"以建立南亚陆路贸易大通道为总体目标,重点建设吉隆口岸,稳步提升樟木口岸,积极恢复亚东口岸,逐步发展普兰口岸和日屋口岸"的口岸发展建设原则,加强口岸基础设施建设,西藏政府编制了《西藏自治区口岸总体规划》、《吉隆口岸规划》、《西藏亚东口岸中长期发展规划》等口岸规划(表8-12);加大了边贸市场的建设力度,据报道,"十一五"以来,西藏共投入3798万元对边贸市场进行建设和改造升级,边贸市场基础设施逐步完善,有利于带动商贸旅游的迅速发展,兴边富民。

表8-12　西藏对南亚陆路口岸和主要边贸市场

地区	陆路边境口岸	印度 边贸市场	尼泊尔 边贸市场	不丹 边贸市场
阿里	普兰口岸	日土县3个 普兰县1个 噶尔县1个	普兰县3个	
日喀则	樟木口岸(一类) 吉隆口岸 日屋口岸 亚东口岸	亚东县3个 岗巴县1个	仲巴县4个 萨嘎县1个 吉隆县3个 定日县3个 定结县2个 聂拉木县2个	亚东县1个

资料来源:李涛,王新.中国西藏与南亚邻国间的边贸研究:现状、问题与前景[J].南亚研究季刊,2011(02)。

作为西藏加强与南亚各国边贸建设的重要举措之一,中尼双方轮流举办的中国西藏-尼泊尔经贸洽谈会已成为南亚国家经贸交流的平台之一。2013年,第十四届中国西藏—尼泊尔经贸洽谈会成功举办,期间共达成进出口贸易合同和意向性协议3 893万美元,较2009年增长86.54%,创历史新高;其中正式签约16份,签约金额2 800万美元,较2009年净增75.99%,签约项目涉及轻纺、机电和农畜产品等多个领域。

2. 边贸优惠政策

国家对于边民互市贸易、边境小额贸易、跨境经济技术合作等一直给予优惠政策。2008年,国务院对财政部有关边贸政策问题的请示作了批复,提出在现行边境地区专项转移支付的基础上增加资金规模,加大对边境贸易发展的支持力度,提高边境地区边民互市贸易进口免税额度,扩大以人民币结算办理出口退税的试点,扩大对边境口岸建设的支持范围等。2010年3月,财政部、国家税务总局联合发出通知,对于在西藏等8个边境省区内登记注册的出口企业,以一般贸易或边境小额贸易方式出口到接壤毗邻国家的货物,并且采取银行转账人民币结算方式的,可享受应退税额全额出口退税政策。2011年6月,国务院办公厅发布了由国家民委、发展改革委和财政部组织编制的《兴边富民行动规划(2011－2015年)》,明确制订了实施沿边开放重点工程(包括边民互市贸易点建设、承接产业示范区建设、跨境经济合作区建设)等兴边富民措施。2013年7月,为提高边境地区转移支付资金使用效益,财政部还发布了专门的《边境地区转移支付资金管理办法》。

在国家财政的大力支持下,西藏普兰、樟木、吉隆、亚东等口岸建设进展迅速,基础设施不断完善,通关等管理环境不断优化,必将进一步推动西藏边贸发展,为增加农牧民收入做出更大贡献。

(六)特殊援藏政策优势

为加快改善西藏各族人民群众的生产生活条件、推进西藏实现经济发展,1980年以来,中央先后召开了五次西藏工作座谈会,制定对西藏的特殊优惠政策,不断加大扶持力度。中央对西藏的特殊优惠政策涵盖了投资、财政税收、金融、生态建设、改善农牧民生产生活条件、社会事业、基层组织建设、工资待遇、对口支援等多个方面。

根据国务院2011年7月6日批准的《"十二五"支持西藏经济社会发展建设项目规划方案》,"十二五"期间中央将重点支持西藏226个重大项目的建设,规划项目总投资额达3 305亿元,其中"十二五"期间计划完成投资1 931亿元,包括安排中央政府投资1 384亿元,是"十一五"规划投资778.8亿元的2.5倍,这些项目涵盖了民生、基础设施、特色产业发展、生态环境等重要领域。

目前,我国已形成"中央关心西藏,全国支援西藏"的良好局面,各省市、中央有关部门和国有重要骨干企业从人力、物力、财力、技术等多方面开展对口支援工作,在基础设施和公共服务建设、教育培训、就业等多方面为西藏发展提供了有力支持,极大地促进了西藏经济、社会、文化等各方面的发展进步。各方面的援藏极大弥补和改善了西藏在资金、人才、技术等方面的不足,为西藏实现跨越式发展目标做出了巨大的贡献。

二、劣势(W)分析

西藏服务业发展受过去发展水平、技术条件、体制机制等条件的约束,在新的历史条件下,其发展仍受到原有劣势条件的限制。

(一)服务业发展水平低,实力不足

表8-13 西藏与部分省市区服务业产值

单位:亿元

省市区	2012年	2011年	2010年	2009年	2008年	2007年	2006年
全国	231 934.48	205 205.02	173 595.98	148 038.04	131 339.99	111 351.95	88 554.88
北京	13 669.93	12 363.18	10 600.84	9 179.19	8 375.76	7 236.15	5 837.55
上海	12 199.15	11 142.86	9 833.51	8 930.85	7 872.23	6 821.11	5 508.48
四川	8 242.31	7 014.04	6 030.41	5 198.80	4 561.69	3 881.60	3 319.62
内蒙古	5 630.50	5 015.89	4 209.03	3 696.65	3 212.06	2 467.41	1 934.35
陕西	5 009.65	4 355.81	3 688.93	3 143.74	2 699.74	2 178.20	1 806.36
广西	4 615.30	3 998.33	3 383.11	2 919.13	2 529.51	2 156.76	1 835.12
重庆	4 494.41	3 623.81	2 881.08	2 474.44	2 160.48	1 825.21	1 649.20
云南	4 235.72	3 701.79	2 892.31	2 519.62	2 218.81	1 896.78	1 557.91
贵州	3 282.75	2 781.29	2 177.07	1 885.79	1 652.34	1 312.94	989.38
新疆	2 703.18	2 245.12	1 766.69	1 587.72	1 421.38	1 246.89	1 058.16
甘肃	2 269.61	1 963.79	1 536.50	1 363.27	1 234.21	1 037.11	900.16
宁夏	982.52	861.92	702.45	563.74	475.00	366.18	294.78
青海	624.29	540.18	470.88	398.54	355.93	294.91	249.04
西藏	377.80	322.57	274.82	240.85	218.67	188.06	159.76

资料来源:《中国统计年鉴(2013)》。

1. 服务业绝对规模小,人均服务业增加值小

虽然西藏的服务业比重在全国名列前茅,但西藏服务业产值规模的绝对值小(表8-13),不仅远远小于较发达的北京、上海,而且在西部12省中也处于最后一位,在31个省市区中长期处于末位,这反映了西藏服务业发展基础薄弱,发展水平相对落后。

但是,考虑到全国各省市区人口规模差别较大而西藏人口绝对规模较少的情况,我们根据各地区年末常住人口计算出2012年西藏与部分省市区的人均服务业增加值(表8-14)。从表8-14可以看出,2012年西藏的人均服务业增加值远远低于全国水平,在西部12省中,也仅处于第五位的中等水平。因此可以说,与其他省市区相对比较,西藏服务业发展实力不足,发展水平整体比较落后。

表 8-14 2012 年西藏与部分省市区人均服务业增加值比较

单位:元/人·年

省市区	人均服务业增加值	省市区	人均服务业增加值	省市区	人均服务业增加值
全国	17 129.07	宁夏	15 185.78	四川	10 205.93
北京	66 070.23	陕西	13 348.39	广西	9 857.54
上海	51 256.93	西藏	12 266.23	贵州	9 422.36
内蒙古	22 612.45	新疆	12 105.60	云南	9 091.48
重庆	15 261.15	青海	10 895.11	甘肃	8 803.76

资料来源:《中国统计年鉴(2013)》。

2.服务业就业比重相对较低

2012 年,西藏服务业就业比重为 40.3%,首次突破了 40%,高于全国 36.1% 的平均水平,但与同期 53.7% 的服务业产值比重相差较大;与西南地区其他四省市和青海省相比,西藏的服务业就业比重最高,但与服务业较发达的北京、上海相比,西藏服务业的就业比重偏低(表 8-15),就业吸纳能力不足。

表 8-15 西藏与部分省市区服务业就业比重比较

省市区	2012 年	2011 年	2010 年
全国	36.1	35.7	34.6
北京	75.6	74.0	74.4
上海	56.5	56.3	55.2
重庆	37.8	37.2	36.8
四川	32.8	32.0	31.4
贵州	21.8	21.3	20.2
云南	29.7	27.5	27.0
西藏	40.3	37.5	35.5
青海	39.0	36.7	36.0

资料来源:相关省市区 2013 年统计年鉴。

(二)高原气候导致很多服务行业季节性强,硬件设施相对不足

西藏地势高,形成低温、缺氧、干旱、多大风、温差大、太阳辐射强等特殊的高原气候,导致大部分地区发展服务业的气候环境较差,尤其是旅游、交通运输、边贸等服务业季节性强,这种状况不利于西藏人力、物力、生态、设施等资

源的均匀合理配置,闲时过闲,忙时过忙。

西藏地域广阔,人口相对分散,城镇化水平低,制约了交通、运输、能源、水利、通讯等硬件基础设施的建设和完善,严重制约了服务业的发展。例如,从西藏公路等级来看,截至2009年年底,西藏全区公路总里程达53 634.36公里,其中国道5 618.20公里,占10.5%;省道6 269.11公里,占11.7%;县道11 081.12公里,占20.7%;乡道14 564.77公里,占27.2%;专用公路2 345.92公里,占4.4%;村道13 755.24公里,占25.6%。因此,西藏低等级公路所占比重较高,不能充分发挥交通纽带作用。

(三)机制体制适应滞后,现代管理理念和服务意识缺乏

西藏经济社会的发展长期依靠政府主导,政府在土地、矿藏、资金、资产、劳动力、技术、人才等资源配置中起主导作用,企业对政府依赖过多,企业规模化、集团化发展程度低,服务能力弱、服务意识薄弱,市场开拓能力和竞争意识不强,现代经营理念缺乏,自主独立性、自我发展能力较差,极大地制约了现代服务业快速健康发展。

(四)对外贸易战略地位不够突出,对外开放度不高

首先,作为南亚贸易陆路大通道的战略目标还未充分实现。西藏更多地受气候等诸多条件限制,在贸易大通道建设上进展相对缓慢,尤其与云南相比,西藏的对外贸易战略地位劣势明显。

目前,云南连接南亚、东南亚的国际大通道交通网络已初步形成,并不断完善。1999年,云南在实施西部大开发战略中提出建设"中国连接东南亚、南亚大通道"的战略目标。云南地处中国与东南亚、南亚三大区域的结合部,是中国通往东南亚、南亚的重要门户。云南拥有国家一类口岸13个、二类口岸7个,与缅甸、越南、老挝3国接壤,与泰国和柬埔寨通过澜沧江—湄公河相连,并与马来西亚、新加坡、印度、孟加拉等国邻近,是我国毗邻周边国家最多的省份之一。在建设中国—东盟自由贸易区和加快建设面向西南开放重要"桥头堡"的背景推动下,云南已初步形成通往东南亚、南亚国家的3条便捷的国际大通道,云南大通道建设已经初具雏形,云南铁路"八出省四出境"、公路"七出省四出境"、水运"两出省三出境"、航空"中国第四大门户枢纽机场"的立体交通格局初步形成。

西藏在对外贸易大通道地位上的落后可以从贸易额这样的开放度指标上得到部分反映。2012年,西藏进出口贸易总额与云南差距较大,仅为云南的16.3%;2012年西藏的边境贸易额仅为云南的46.4%(表8-16)。这些情况说明,西藏南亚贸易陆路大通道建设严重不足,西藏对外开放度远远不够。

表 8-16 2012 年西藏与云南贸易额比较

单位:亿美元

贸易额	进出口总额	边境贸易额	与亚洲地区贸易额	与东盟贸易额	与南亚 8 国贸易额
云南	210.05	20.05	142.55	67.66	5.69
西藏	34.24	9.30	—	—	—

资料来源:根据《中国统计年鉴(2013)》整理。

其次,作为重要世界旅游目的地的战略地位不突出。我们把国际旅游外汇收入作为一项参考指标,来反映西藏作为世界旅游目的地的重要程度。从表 8-17 中可以看出,除了 2007 年以外,西藏国际旅游外汇收入在西南五省市区中规模最小,说明其作为我国重要世界旅游目的地的战略地位不突出。

表 8-17 西南五省市区国际旅游外汇收入比较

单位:百万美元

省市区	2012 年	2011 年	2010 年	2009 年	2008 年	2007 年	2006 年
云南	1 947.08	1 608.61	1 323.65	1 172.21	1 007.55	860.00	658.44
重庆	1 168.32	968.06	703.20	537.21	449.78	382.00	308.72
四川	798.15	593.83	354.09	288.56	153.88	512.00	395.23
贵州	168.94	135.07	129.58	110.44	116.97	129.00	115.16
西藏	105.70	129.63	103.59	78.73	31.12	135.00	60.94

资料来源:中国国家统计局网站。

以上两方面的分析说明了西藏整体上对外开放程度不高,不能充分发挥国际市场和国际资源对西藏现代服务业发展的推动作用。

(五)服务业体系不健全,服务业内部结构不合理

西藏经济社会发展水平不高,一产发展水平较低,二产工业化程度不高,产业之间关联度较低、互补性差,很多服务业部门发展不健全。一是生产性服务发展相对滞后。不能对一二产业形成有效支撑。西藏的生产性服务业以传统的金融保险、交通运输、商贸物流等为主,科技、教育、信息、研发、电子商务等服务业发展落后。二是生活性服务业有效供给不足,不能满足人民群众日益增长的物质文化需求。西藏的生活性服务业以旅游、商贸、文化等产业为主,法律、教育培训等服务供给相对不足,保健养老、家庭服务、社区服务、体育健身等服务业尚处于起步阶段,服务体系内容相对单一,服务水平落后,不能满足人民群众日益多样化、多层次的需求。

总的说来,西藏服务业结构不合理,传统服务业比重过大,新兴服务业发展滞后;生产性服务业发展滞后、生活性服务业有效供给不足,与第一二产业

发展不协调,尚未形成与一二产业互动发展的有效机制。

(六)技术、资本、人才等要素资源不足

西藏现代服务业发展的基本要素资源配置不足。一是技术要素不足。西藏服务业技术水平低,技术创新不足,服务产品科技含量低、附加值低,后继发展不足;技术落后导致传统服务业改造提升缓慢,新兴服务业无法形成。二是资本要素投入不足。西藏服务市场规模小而分散,大多数生产要素投资见效慢,投资资金难以向服务业集中,导致西藏服务业投资结构不合理,难以形成规模效益。三是人才要素供给不足。西藏服务业教育培训投入不足,从业人员整体素质不高,研发、创意、信息、工程技术、商务服务、现代物流等行业技术和管理人员紧缺,高素质、创新型人才和高级专业技能人才数量少。

(七)促进服务业发展的政策体系不完善

与我国其他地区尤其是东部地区相比,西藏服务业管理政策相对滞后。一是政府政策导向性不强,例如,西藏服务业企业在用地、税收优惠、信贷、水电气价格等方面的待遇低于工业企业。二是西藏服务业总体处于相对零散、自行发展的状态,缺乏统筹指导、协调和具体的促进措施,影响了服务业的发展速度和服务业的竞争力。三是服务统计制度不完善,统计指标体系存在很多空白,导致宏观决策缺乏必要的数据指导和支持。

三、外部机会(O)分析

(一)目前是现代服务业发展的重要战略机遇期

基于服务业对经济发展和就业等问题的重要贡献,各国政府高度重视服务业的发展,发展服务业是大势所趋。目前是西藏发展现代服务业的重要战略机遇期,发展现代服务业也是适应西藏跨越式发展的客观要求。

从国际环境看,世界经济格局正处于重大调整期,全球范围内的区域经济一体化深入推进,我国对世界经济的参与度不断提高,服务业国际化发展机遇增多,有利于我国现代服务业在世界范围内扩展。

从国内环境看,我国已进入了新型工业化发展的历史时期,具备了大力发展现代服务业的良好物质基础。2012年,我国人均国内生产总值已达6 100美元,全国居民人均可支配收入实际增长8.1%,将带动产业结构和消费结构提升,但同年我国服务业产值占GDP比重却仅为45.3%,这表明我国经济发展已进入高消费阶段,服务业市场需求潜力巨大,服务业的发展已指日可待。

(二)发展现代服务业的基础设施条件更加完善

由于不断加大财政投入,西藏的公路、铁路、民航、能源等基础设施不断完善,多途径、多通道的交通运输网络格局初步形成,综合运输能力大幅提高,与全国大市场的联系更加紧密,极大地促进了优质服务资源自由流动和有效配置。目前,西藏中部经济核心区"四小时经济圈"正在加快形成,城镇化建设步伐加快推进,中心城镇基础设施和消费环境不断改善,小城镇快速发展,各类产业园区不断发展壮大,集聚效应更加明显,将进一步激活和扩大服务消费,服务业发展基础不断夯实。

(三)服务业发展的内在动力不断增强

随着西藏产业结构体系的不断完善和第一、二产业的加快发展,西藏的特色优势产业开始向规模化、集聚化方向发展,并不断增加对现代物流、金融保险、商务服务、工业设计、创意产业等生产性服务的需求;随着西藏人民生活水平的提高和消费观念的变化,新的消费群体正在加快兴起,特色化、个性化消费特征开始显现,对教育培训、体育健身、医疗保健、家庭服务、社区服务、社会养老等生活性服务提出了新的更高的要求,使消费性服务业具有广阔发展空间。

(四)新一轮的西部大开发政策带来新动力

2012年1月,国务院通过了《西部大开发"十二五"规划》。其中,涉及西藏的发展规划主要包括:

(1)重点区域建设。①重点经济区:藏中南地区——全国重要的农林畜产品生产加工,藏药产业、旅游、文化和矿产资源基地,水电后备基地。②农产品主产区:西藏"一江三河"坝地(西藏"一江三河"地区指雅鲁藏布江及其支流拉萨河、年楚河、尼洋河冲积平原地区),主要产品是青稞、畜产品,建设现代农业示范区。③重点生态区:西藏东北部三江水源涵养区、西藏东南部高原边缘森林综合保育区(属于重要森林生态功能区)。④特殊困难地区扶助。

(2)基础设施建设。①强化铁路建设:把拉萨至日喀则铁路(已于2014年8月15日开通运营)列为西部重点区际铁路干线,重点规划建设拉萨至林芝铁路,研究建设川藏和新藏铁路。②完善公路网络:建设北京至拉萨国家高速公路。③优化民航(机场)建设布局:提升拉萨等干线机场能力,改扩建拉萨、林芝等干支线机场。④加强水利建设:积极推进西藏日喀则拉洛等重点水利工程前期工作。⑤畅通能源通道:开展青藏天然气管道等工程项目前期论证,适时启动实施。

(3)生态环境保护。实施重点生态工程,加强西藏生态安全屏障的生态环境保护与建设。

(4)发展特色优势产业。①加快发展现代能源产业:加强青藏高原可燃冰勘探和开发及利用研究。②优化调整资源加工产业：推进西藏盐湖资源综合利用；稳步发展西藏中部地区铜铬产业，建设藏青工业园区。

(5)建设美好新农村：加快发展现代特色农业，实施农业产业提升促进工程。一是实施山地高效立体农业工程，二是实施"五小水利"工程，启动实施西南五省区小型水利设施建设规划。

四、外部威胁(T)分析

(一)国内外经济形势

1.国际金融危机影响持续，世界经济增速放缓，世界经济发展的风险和不确定性增加。由于国际金融危机的爆发，世界经济形势复杂多变，并且世界经济复苏将是一个艰难、曲折的过程，这种状况会对西藏服务业的发展带来以下负面影响：一是制约出口产品需求的因素增加，间接影响西藏与贸易有关的商贸、物流等服务的需求；二是影响国外居民收入和就业，间接影响西藏旅游等相关服务产品的出口；三是影响全球市场信心，加大经济衰退和金融风险预期，间接影响或推迟对西藏服务业的投资。

2.国内经济增长速度放缓。2011年以来，我国经济增长速度出现了放缓的趋势，经济增长速度放缓，在客观上会从市场信心等方面制约服务业投资的增长，给西藏服务业发展带来不利影响。

3.服务业发展成本提高。通货膨胀是导致服务业成本提高的重要原因。尽管目前CPI保持合理水平，但几年前为应对国际金融危机，货币供应量过快增长的后续影响仍然存在，成本推动和输入型通货膨胀的压力仍不容轻视。再加上提高最低工资、强化社会保障和劳动者就业目标多元化等因素，导致服务业要素成本提高的压力不断增大。这不仅会直接制约服务业需求和投资的扩张，而且会导致部分中小企业特别是小微企业将原先的服务外包转向服务自给，进一步压缩服务产品的外部市场需求。

(二)经济社会发展水平不高，服务业发展的外部基础薄弱

当前西藏经济发展主要矛盾仍然是人民日益增长的物质文化需要同落后的社会生产之间的矛盾，这决定了西藏经济发展的主题必须是推进跨越式发展。西藏居民的人均收入水平与全国水平有一定差距，这在一定程度上限制了服务消费能力的提高。

第一产业、第二产业水平低，产业间关联度低、互补性差；地域广阔，人口相对分散，城镇化水平低，消费能力有限等也会限制西藏现代服务业的发展速度。

(三)西藏在我国与周边国家的区域经济合作中处于边缘地位

西藏要发挥我国南亚贸易陆路大通道的战略作用,并加强与周边国家的经贸往来,必然受我国与南亚、东南亚周边国家区域经贸合作进展的影响,从而影响西藏经济乃至服务业的发展进程,而在我国与南亚、东南亚国家的区域经贸合作中的地位被边缘化,这极大限制了西藏服务业的对外开放。

印度作为南亚的重要国家,2005年就与我国共同宣布启动了中印区域贸易安排联合可行性研究,并于2007年10月完成了中印区域贸易安排可行性和收益的联合研究,但之后没有实质性进展。

此外,在2013年正式开始推进的孟中印缅经济走廊建设中,中国方面的主要合作参与方是云南;在中国与东盟的自由贸易区合作中,云南也具有比西藏更有利的区位、政策等优势。目前,缅甸已经成为云南第一大贸易伙伴,2013年云南与缅甸贸易额达到41.7亿美元,在南亚,印度、孟加拉国也是云南的第一、第二贸易合作伙伴,2013年滇印贸易额达5.64亿美元。而2013年,西藏的外贸总额仅仅33.19亿美元,西藏与三大贸易国尼泊尔、马来西亚和美国的贸易额分别为19.42亿美元、1.96亿美元和1.76亿美元。

(四)社会安全威胁仍然存在

西藏当前还存在着各族人民同以达赖集团为代表的分裂势力之间的特殊矛盾,"三股势力"(宗教极端势力、民族分裂势力、暴力恐怖势力)对社会安全的威胁依然存在,这在一定程度上会限制西藏现代服务业的发展。但随着西藏经济社会的发展和民生保障水平的提高,这种特殊矛盾必然日益弱化。

通过以上分析,我们认为,当前西藏发展现代服务业的内部优势和外部有利条件多于劣势和挑战,我们应该抓住发展机遇、迎接挑战,发挥自身优势,转变劣势,更好地推进西藏现代服务业的发展。

第五节 西藏现代服务业发展的战略路径与对策建议

一、西藏现代服务业发展的基本战略

通过前面对西藏现代服务业发展环境的分析,结合西藏"十二五"服务业发展规划,我们提出了发展西藏现代服务业的基本战略:为实现西藏经济社会和服务业跨越式发展,坚持以市场主导、政府引导、企业运作的原则,以改革创

新为动力,以"西藏特色"为主线,以"六个重要"的战略定位为导向,实施"五大战略"。

"六个重要"战略定位是指中央第五次西藏工作座谈会对西藏发展的战略定位:"使西藏成为重要的国家安全屏障、重要的生态安全屏障、重要的战略资源储备基地、重要的高原特色农产品基地、重要的中华民族特色文化保护地、重要的世界旅游目的地。"

"五大战略"包括制度创新战略、区域经济一体化战略、区域营销战略、集聚成长战略、"微笑曲线"战略。(1)制度创新战略:以实现服务供给的市场主导、提高服务产品的市场化程度为目的,面向市场需求,深化体制改革,消除管理体制与机制障碍,优化产业治理结构,发挥政府的宏观调控和引导作用,积极推动生产模式、服务模式、服务内容、组织结构等各方面创新,增强服务业发展活力和内在动力。(2)区域经济一体化战略:在国内,通过发挥川、滇、藏区域、青藏铁路经济带等区域经济的联动效应,带动西藏现代服务业的发展;在国际上,通过充分发挥西藏南亚陆路贸易大通道的地域、政策优势,推动西藏服务业的开放力度、扩大开放范围,加强西藏与南亚、东南亚等国的区域经济合作。(3)区域营销战略:改变资源导向等传统的营销思维方式,树立服务导向和营销导向的新型营销理念,进行"神奇西藏"品牌形象的整体推广,做强品质、做响品牌,提高西藏服务业的地区竞争力。(4)集聚成长战略:优化西藏现代服务业的空间发展布局,以线串点、以点带面,积极促进物流、资金流、信息流等生产要素的集中,依据各区域的产业基础和功能定位,以中心城镇为核心,合理配置服务业资源,加快构建中心城镇服务业和农牧区服务业联动发展的格局。(5)"微笑曲线"战略:以提升产业附加值为目标,以创新引领产业转型升级,在产业价值链分工的"微笑曲线"中抢占两端的有利地位,在对西藏传统服务业的改造提升中实现西藏服务业的现代化。

二、促进西藏现代服务业发展的对策建议

根据以上发展战略,结合西藏现代服务业发展的现状特点、内外环境,我们提出以下发展西藏现代服务业的对策建议。

(一)转变政府职能,营造良好发展环境

1. 完善行业管理体制,积极探索实践

推动政府职能由生产投资型向社会服务型转变,强化政府部门主动服务意识,规范行政行为、改进服务态度、提高服务质量和服务效率,加快服务业相关政策法规的制定和完善工作,形成完备的法律体系。

加强与相关部门的沟通协调,积极探索跨部门合作新机制。鼓励地方主管部门、开发区、产业化基地等建立现代服务业工作管理机构,注重发挥相关协会、科研机构等在现代服务业创新中的作用,完善现代服务业体系;开展现代服务业管理机制研究,积极支持地方主管部门、开发区、产业化基地等探索管理新机制,在有条件的地方开展工作试点。

2. 明确并合理调整市场准入门槛

行业市场准入门槛对产业发展影响巨大,市场准入门槛过低,容易引起恶性竞争、无序经营,增加管理难度;准入门槛过高,容易导致垄断经营,降低效率和福利。因此,确定合理的市场准入门槛,有利于现代服务业的健康有序发展,是一个产业顺利成长的保证。在制定现代服务业市场准入门槛时,应考虑不同产业部门的发展特点,制定适当的市场准入门槛。在国家政策允许的基础上,对于邮政、通信、交通运输等垄断性行业,要适度放宽资本准入限制,加大行业开放力度合理引入民间资本,促进市场机制对服务业资源配置的基础性调节作用,推动产业升级,提高核心竞争力。

此外,要简化工商登记审批制度,提供良好的政府服务,同时加强对企业经营过程的监管,保证服务水平。目前的工商登记审批制度手续繁杂,周期漫长,变相提高了服务行业的入门难度,但是对审批后的企业却监管无力。因此,政府主管部门应简化审批手续,同时,对已入行的企业严格按照市场准入标准和行业经营标准进行监管,提高服务质量。

3. 积极落实优惠财税政策

加大财政支持力度,切实落实国家关于西部大开发、边贸、援藏等优惠政策,不断改善西藏现代服务业发展的交通运输等基础条件;切实落实国家对服务业的优惠政策,特别是对如软件研发、产品技术研发及工业设计、信息技术研发等,发展处于起步阶段的新兴服务业实行针对性财税优惠;进一步落实国家关于促进科技成果转化、企业技术进步、鼓励软件产业、物流企业、农牧产品连锁经营等的税收减免政策。

4. 抓住发展机遇,扩大对外开放,加强区域经济合作

当前是服务业发展的最好时期,西藏应充分发挥地域、品牌等优势,不断完善基础设施,扩大对外开放,加强与南亚、东南亚等地区的经贸交流与合作,真正发挥对西藏南亚贸易陆路大通道的作用,提高西藏在区域经济合作中的价值和地位,促进西藏服务业"走出去",提高西藏服务业的竞争力。

5. 推进统计归类工作

统计部门应根据西藏服务业发展的具体情况,按照《国民经济行业分类》

（GB/T 4754-2011）的分类方法,参考北京、上海等发达地区对各类服务业的归类标准,制订有西藏特色的现代服务业统计分类标准,以便及时获取并发布最新统计信息,及时为政府和企业决策提供依据。

(二)加快结构调整,促进行业优化升级

西藏的现代服务业体系不健全,应加快服务业结构调整优化,充分发挥服务业特别是生产性服务业在经济结构调整中的积极作用,加快完善生产性服务体系;加快发展满足不同层次消费需求、市场需求规模大、辐射带动作用强的生活性服务业,促进产业结构优化升级和发展方式转变。

1. 着力发展生产性服务业

现代服务业的发展是以一、二产业为基础,同时也能推动促进一、二产业的进一步发展,尤其在现代技术和管理理念发展的条件下,服务业与制造业的关系日益紧密并互相促进。因此,积极发展生产性服务业有利于加快经济结构转型升级,促进地区经济整体水平的提高;有利于充分发挥现代服务业与其他产业之间的产业联动效应,有利于发挥现代服务业的增强就业效应。

一是大力发展信息服务业,充分发挥信息服务业对其他产业的支撑和引领作用。信息服务业是基础性、战略性、先导性产业,发展和提升信息服务业,对于培育、发展西藏战略性特色产业,加快西藏服务业产业结构调整具有重要意义。要完善电信基础业务,就要加快信息基础的整合力度,积极推动"三网融合"和宽带通信网络升级,特别是信息通讯向农牧区的拓展和延伸;重点发展服务于特色优势产业的信息系统集成、网络技术服务等业务,积极推动重点行业骨干企业生产经营全过程的信息化、自动化和智能化;发展壮大软件产业,广泛应用信息网络技术,大力发展电子商务,推进信息化与工业化融合;要加快信息技术对服务业的提升和改造,推进国内和国际的信息技术外包。

二是大力发展交通运输和现代物流业,充分发挥交通运输、现代物流对三大产业的推动作用。加快交通运输基础建设,充分发挥青藏铁路经济带、川滇藏区域等区域经济效应;加强服务业相关的基础设施建设,以交通运输、仓储配送、物流信息等三大平台为支撑,推进现代物流业集聚发展,提高物流的信息化、规模化、专业化、社会化水平。

三是大力改造提升金融业,充分发挥金融业对三大产业的促进和保障作用。根据市场需求,大胆创新金融服务产品和服务模式,推动网上银行、电子商务服务、担保服务、信用保险等新业务类型的有序发展,建立健全银行保险业服务产品体系。

四是大力发展环保服务,加大对西藏生态保护和环境治理的资金投入力度。西藏的特殊生态屏障地位决定了西藏环保服务发展的重要性,应该把环保服务业作为西藏未来的一种重点扶植行业,通过引进资金、引进技术、自主科研等方式逐步提升西藏环保服务尤其是生态保护水平,保障西藏水源地的生态安全。

五是培养扶植租赁服务业,扶助提高第一产业、二产业的机械化、自动化水平。根据地区产业发展特点,合理推动汽车租赁、农业机械租赁、建筑工程机械与设备租赁等租赁业务,以市场需求为依据,提供个性化租赁服务,完善租赁行业运行机制。

六是发展有西藏特点的高技术服务业,加大对西藏特色优势产业的科研项目投入,提高科技推广和成果转化服务能力。以企业为主体,以科研项目为依托,促进具有西藏特点的气象服务、测绘服务、地质勘探等专业技术的发展,加大对生物技术、高原医学研究等特色优势产业和战略性新兴产业领域科技联合攻关,形成一批具有先进水平的重大技术成果,培育一批具有自主知识产权的品牌。相对我国其他地区,西藏整体科技水平不高,应更加注重国内已有科技成果的引进和科技成果转化。

2. 优化发展生活性服务业

针对西藏生活性服务业有效供给不足的情况,政府应不断推进生活性服务业的优化发展,有效增加生活服务供给,满足人民社会生活发展对服务业持续增长的多样化需求。

一是完善商贸服务业体系。优化商贸服务结构,发展新兴业态,扩大流通规模,增强市场功能,满足区内消费、边境贸易和旅游者消费等多层次需求,实现传统商贸向现代商贸转型升级。加快区域商贸中心建设和农村商贸网店建设,优化商贸服务空间布局,提高商贸服务业组织化程度,建设布局合理、特色明显、功能完备、网络完整的现代商贸服务网络体系。

二是完善发展高原特色医疗服务,并在此方面形成特色医疗优势。针对高原反应、紫外线强、低温等特殊高原气候妨碍区外消费者入藏消费的情况,西藏应加强对应对高原不良条件的方案研究,针对不同年龄、体质、性别等消费群体,制定多样化、多层次的医疗保健方案,并利用各种媒介加强宣传,消除人们入藏的恐惧心理。

三是完善房地产服务。建立房地产综合信息平台,增强中介服务、物业管理等服务功能,规范服务管理制度、制定服务标准、提高服务水平、提高市场化程度,促进传统管理向社会化、专业化管理转变。

四是完善文化产业。依托旅游、建筑、工业等主导产业,引领文化产业发展,加快文化产业市场化。利用西藏丰富的文化资源,发展文化创意产业,加强文化产业与工业、建筑业的融合,促进工业设计、工艺设计、软件设计、包装设计、建筑设计、园林设计、服装设计、家具设计等创意产业发展;加强文化产业与信息技术的融合发展,促进文化产业的网络化、数字化发展;加强文化产业与旅游业的结合,借助住宿、餐饮、娱乐、节庆、教育、培训等文化载体,提高相关产业的文化含量和附加值,延伸文化产业链。

五是完善发展家庭和社区服务业,健全城镇家庭和社区服务网络。加大对家庭服务从业人员的职业技能培训指导,加强从业标准、规范,推进家庭服务的市场化、专业化发展。大力发展社区服务业,合理布局社区服务设施,健全社区服务网络;积极推进社区服务培训,提高从业人员技能和素质。

总之,西藏的现代服务业结构优化发展应坚持特色化发展道路,深入挖掘西藏特色服务资源,丰富服务产品,提升服务内涵,延伸产业链,全面增强服务业整体竞争能力。

(三)优化服务产业发展空间布局

西藏地广人稀,优化服务产业发展空间布局难度较大。服务产业发展空间布局应以满足社会发展和人民群众生产生活需要以及规划中的产业总体空间布局为依据,以中心城镇为核心,合理配置服务业资源,构建中心城镇和农牧区服务业联动发展的合理空间结构。

城镇服务业的布局应以中心城镇、交通干线为依托,以点带线、以线带面,引导人员、物资、资金、信息等生产要素向服务业转移,完善服务设施,增强服务功能,提高服务水平,促进西藏特色的现代服务业发展。

农牧区的服务业布局应以县域中心城镇为依托,以点带面,面向三农,加快完善农牧业基础设施建设,支持、引导各类投资向农牧区倾斜,加快发展农林牧服务业,提升其发展水平,完善农牧区商品流通、金融保险等生产和生活服务体系。

(四)培养和引进现代服务业人才,提高服务业就业比重

现代服务业发展人才不可或缺,人才培育更是现代服务业发展的有效支撑。现代服务业需求更多经过培训的熟练劳动者,需要加大对人力资本的投入。既要加强技术工人、专业人才和高素质企业家等现代服务业人才的培养,又要联合搭建不同地区的人才培育平台,构建多元化人才引入机制,政府还要提供积极有效宽松的吸引人才政策,加快大量引进现代服务业的高素质人才。首先,加强人力资本投资。加强对以现代服务业人才培养为目标的骨干学校和重点专业的投资,提高现代服务业从业人员数量和质量;其次,积极探索集

聚人才、发挥人才作用的人才引进机制。制定优惠政策,引进一批高、精、尖技术人才和优秀管理人才,尤其应重视吸引高端服务人才的流入,充分发挥优秀人才对发展西藏地区现代服务业的主观能动性;第三,加强服务业创新。大力实施科教兴藏战略,加快完善服务业创新机制,全方位推进科技创新、企业创新、产品创新、市场创新、品牌创新,推动创新成果向现代服务的转化。

就业者素质和技能的提高有利于增加服务业就业人数;不断完善促进服务业就业政策措施,进一步增强服务业吸纳各类就业人员的能力,扩大就业规模,并进一步提高西藏服务业的就业比重,凸显服务业作为第一支柱产业的领导地位。

参考文献

[1] 新帕尔格雷夫经济学大辞典(中译本)[M].经济科学出版社,1992

[2] 鲁道夫·吕贝尔特.工业化史(中译本)[M].上海译文出版社,1983

[3] 西蒙·库兹涅茨.现代经济增长(中译本)[M].北京经济学院出版社,1989

[4] 琼·罗宾逊等.现代经济导论(中译本)[M].商务印书馆,1982

[5] H.钱纳里等.工业化和经济增长的比较研究(中译本)[M].上海三联书店,1989

[6] 张培刚.农业与工业化(中下合卷):农业国工业化问题再论[M].华中科技大学出版社,2002

[7] 程必定.对工业化理论和实践的再考察[J].经济理论与经济管理,1987(04)

[8] 龚唯平.工业化范畴论[M].经济管理出版社,2001

[9] 吴敏一,郭占恒.中国工业化理论和实践探索[M].浙江人民出版社,1991

[10] 赵晓雷.中国工业化思想及发展战略研究[M].上海财经大学出版社,1995

[11] 费孝通.我看到的中国农村工业化和城市化道路[J].浙江社会科学,1998(04)

[12] 高伯文.中国共产党与中国特色工业化道路[M].中央编译出版社,2008

[13] 宋正.中国工业化历史经验研究[D].东北财经大学博士论文,2010

[14] 杨宏伟.马克思主义工业化理论与中国特色工业化道路研究[D].兰州大学博士论文,2008

[15] 王玉玲.论中国工业化的主体和主题[D].中央民族大学博士论文,2004

[16] 魏礼群.坚持走新型工业化道路[J].求是,2002(23)

[17] 林兆木. 关于新型工业化道路问题[J]. 宏观经济研究,2002(12)

[18] 张海静. 对我国走新型工业化道路的认识[J]. 经济问题,2003(07)

[19] 崔向阳. 新型工业化道路内涵探析[J]. 社会科学辑刊,2003(03)

[20] 任保平. 新型工业化:中国经济发展战略的创新[J]. 经济学家,2003(03)

[21] 杨民. 工业化与新型工业化的深层次问题研究[D]. 华中科技大学博士论文,2005

[22] 翟书斌. 中国新型工业化路径选择与制度创新[M]. 中国经济出版社,2006

[23] 吴敬琏. 中国增长模式抉择[M]. 远东出版社,2006

[24] 王正伟. 走符合西部实际的新型工业化道路[J]. 求是,2003(22)

[25] 郭俊华. 西部地区新型工业化模式研究[D]. 西北大学博士论文,2005

[26] 李程程. 试论西部民族地区新型工业化[J]. 当代经济,2008(05)

[27] 庞瑞芝. 转型期间我国新型工业化增长绩效及其影响因素研究——基于"新型工业化"生产力视角[J]. 中国工业经济,2011(04)

[28] 罗永乐. 新一轮西部大开发新型工业化模式的选择与创新[J]. 学术交流,2012(01)

[29] 张海翔. 新型工业化——生态、民族与人文视点[M]. 人民出版社,2005

[30] 赵树宽. 区域新型工业化的一般特征与模式研究[J]. 吉林大学社会科学学报,2003(04)

[31] 辜胜阻. 中国新型工业化发展模式及其比较研究[J]. 经济界,2004(03)

[32] 宋小芬. 新型工业化模式及其在西部地区的应用展望[J]. 经济研究参考,2006(64)

[33] 滕堂伟. 论新型工业化进程的区域路径与模式选择——以西北民族地区为例[J]. 经济研究参考,2006(64)

[34] 任才方,王晓辉. 新型工业化指标体系探索[J]. 中国统计,2003(05)

[35] 汪晓昀,吴纪宁. 新型工业化综合评价指标体系设计研究[J]. 财经理论与实践,2006(11)

[36] 易磊. 区域新型工业化综合评价指标体系研究[J]. 新疆财经大学学报,2008(04)

[37]鄢军,王传捷.我国新型工业化的指标体系构建与指数估算[J].商业时代,2010(35)

[38]郝华勇.基于"两个融合"的省域新型工业化水平评价与对策[J].经济与管理,2012(01)

[39]罗永乐.西部地区新型工业化水平动态分析——基于西部大开发的视角[J].经济地理,2012(02)

[40]曹水群.新型工业化道路是我国现代化的必由之路——兼对西藏新型工业化道路的思考[J].西藏大学学报,2004(06)

[41]金杰.新型工业化与西藏跨越式发展战略[J].西藏科技,2005(09)

[42]毛阳海.适度的新型工业化是西藏经济发展的内在要求[J].西藏研究,2009(02)

[43]肖霞.对西藏新型工业化道路的几点思考[J].东方企业文化,2011(03)

[44]祝雅辉,马英.论上升到国家战略层的昆明旅游二次创业[J].经济问题探索,2010(09)

[45]郑乐平.西藏入境旅游研究[J].西南民族大学学报(人文社会科学版),2012(10)

[46]文艳,郑向敏,李勇权.基于锡尔系数的西部12省旅游竞争力差异研究[J].重庆师范大学学报(自然科学版),2013(02)

[47]孟来果,秦国华.基于六要素的西藏旅游产业市场竞争力研究[J].西藏民族学院学报(哲学社会科学版),2010(11)

[48]王起静.旅游产业经济学[M].北京大学出版社,2006

[49]张晓娟.西藏文化旅游开发中的问题与对策分析[J].求实,2006(03)

[50]绒巴扎西、彭泽军.藏区产业成长模式初探[J].中国藏学,2008(01)

[51]陈朴.西藏经济增长影响因素的实证分析[J].西藏民族学院学报,2007(03)

[52]泰勒尔.产业组织理论[M].中国人民大学出版社,1997.

[53]李海舰,魏恒.新型产业组织分析范式构建研究[J].中国工业经济,2007(07).

[54]邓龙安,许玖平.模块化网络运营对竞争性市场效率的影响[J].中国工业经济,2007(08).

[55]肖兴志,吴绪亮.产业组织理论研究的新领域、新问题与新方法[J].

经济研究,2012(08).

[56]沈宏益;毛阳海.西藏文化产业发展的战略意义与对策思考[J].西藏民族学院学报(哲学社会科学版),2012(01).

[57]刘强,西藏文化产业发展的事实、路径与对策建议[J].西藏民族学院学报(哲学社会科学版),2013(05).

[58]罗布次仁.文化产业发展的"西藏模式"探索研究[D].中央民族大学硕士论文,2013

图书在版编目(CIP)数据

西藏特色产业发展研究/张剑雄,沈宏益等著.—厦门:厦门大学出版社,2015.6
(西藏民族学院经管学术文库)
ISBN 978-7-5615-5571-2

Ⅰ.①西…　Ⅱ.①张…②沈…　Ⅲ.①特色产业－产业发展－研究－西藏
Ⅳ.①F127.75

中国版本图书馆CIP数据核字(2015)第121205号

官方合作网络销售商:

厦门大学出版社出版发行

(地址:厦门市软件园二期望海路39号　邮编:361008)
总 编 办 电 话:0592-2182177　传真:0592-2181253
营销中心电话:0592-2184458　传真:0592-2181365
网址:http://www.xmupress.com
邮箱:xmup @ xmupress.com

厦门集大印刷厂印刷

2015年6月第1版　2015年6月第1次印刷
开本:720×1000　1/16　印张:15.75　插页:2
字数:270千字
定价:45.00元

本书如有印装质量问题请直接寄承印厂调换